Allegria

Die Autorin

Doreen Virtue arbeitet als Therapeutin und mediale Lebensberaterin in Kalifornien. Seit einigen Jahren setzt sie dabei auch ihre Verbindung zum Reich der Engel ein. Sie ist in den USA u.a. durch viele Fernsehauftritte bekannt und gibt regelmäßig Workshops, auch in Europa, in denen sie die von ihr entwickelte Engel-Therapie unterrichtet. Ihre zahlreichen Lebenshilfe-Bücher sind bereits in 14 Sprachen erschienen. Weitere Informationen zu ihrer Arbeit finden Sie unter: www.angeltherapy.com

Von Doreen Virtue sind in unserem Hause erschienen:

Medizin der Engel (Allegria)
Erzengel und wie man sie ruft (Allegria)
Botschaft der Engel (Allegria)
Chakra Clearing (Allegria)
Engel Notruf (Allegria)

Engel-Hilfe für jeden Tag
Die Zahlen der Engel
Die Heilkraft der Engel
Die Heilkraft der Feen
Engel Gespräche
Neue Engel-Gespräche
Engel der Erde
Dein Leben im Licht
Das Heilgeheimnis der Engel
Zeit-Therapie
Kristall-Therapie

Medizin der Engel (CD)
Die Engel von Atlantis (CD)
Die Engel der Liebe (CD)
Heilkraft der Engel (CD)
Himmlische Helfer (CD)
Heilgeheimnis der Engel (CD)

Das Engel-Orakel für jeden Tag (Kartendeck)
Das Heil-Orakel der Feen (Kartendeck)
Das Erzengel-Orakel (Kartendeck)
Das Heil-Orakel der Engel (Kartendeck)
Das Orakel der himmlischen Helfer (Kartendeck)
Das Einhorn Orakel (Kartendeck)

Doreen Virtue

Heilgeheimnis der Engel

Himmlische Botschaften für Krankheit und Not

Aus dem Amerikanischen von
Angelika Hansen

Ullstein

Besuchen Sie uns im Internet:
www.ullstein-taschenbuch.de

Allegria im Ullstein Taschenbuch
Herausgegeben von Michael Görden

Aus dem Amerikanischen übersetzt von Angelika Hansen
Titel der Originalausgabe
ANGEL THERAPY
Erschienen bei Hay House, Inc., Carlsbad, USA

Umwelthinweis
Dieses Buch wurde auf chlor- und säurefreiem Papier gedruckt.

Neuausgabe im Ullstein Taschenbuch
1. Auflage November 2007

Umschlaggestaltung: FranklDesign, München
Titelabbildung: Marius Michael George / www.Mariusfineart.com
Gesetzt aus der Weiss
Druck und Bindearbeiten: GGP Media GmbH, Pößneck
Printed in Germany
ISBN 978-3-548-74408-7

Für Pearl und Frederique

DOREEN VIRTUE

Für euch, die ihr das ewige Licht
des Universums seid

DIE ENGEL

Inhalt

Vorwort von Doreen Virtue 11
Vorwort aus dem Reich der Engel 20
Danksagung 23

TEIL I Die himmlischen Botschaften

Anerkennung 27
Angst 30
Arbeitssuche 34
Auseinander-
setzungen 39
Begehren 42
Beruf 45
Besorgnis 50
Burn-out 54
Depression 57
Ego 61
Ehrlichkeit 64
Eifersucht 67
Einsamkeit 71
Entspannung 74
Enttäuschung 76
Ernährung 79
Erschöpfung 83
Freundschaft 86
Führung 89
Gebet 92
Geduld 94
Geld 97
Gewichtsprobleme . 99
Glück 104
Kinder 108
Kindes-
misshandlung 112
Kommunikation . . . 116
Kriminalität 118
Lampenfieber 121
Langeweile 124
Lasten 127
Lebensaufgabe 130
Leere 133
Liebe 135

Liebesbeziehungen . 139
Neid 143
Scham 146
Schlaf 150
Schreiben 153
Schuld 156
Schwangerschaft . . . 159
Selbstentfaltung . . . 162
Selbstverurteilung . . 165
Sorgen 168
Stress 171
Sucht 175
Tod 178
Trauer 181
Träume 184
Trennung 186
Veränderungen 188
Verantwortung 192
Vergebung 194
Vergnügen 199
Verrat 203
Vertrauen 206
Wut 209
Zeit 213

TEIL II

Mit Engeln kommunizieren, leben und heilen

Einführung 219
Von Engeln umgeben 221
Die Erzengel 226
Die Naturengel 235
Um Engel bitten 238
Die Wahrnehmung von Engeln 241
Die Kommunikation mit den Engeln 243
Den Verstand zur Ruhe bringen 245
Die vier Kanäle der Kommunikation 248
Praktische Möglichkeiten der Kommunikation . . . 256
Der Name Ihres Schutzengels 272
Den Engeln vertrauen 274

Die Engel um Hilfe bitten 277
Die Kommunikation verbessern 280
Himmlische Umgebung 280
Die Kanäle der Kommunikation reinigen 282
Klärungsarbeit mit Hilfe
des Erzengels Michael 297
Spirituelle Sicherheit 304
Engeltherapie 308
Von Engelsflügeln umfangen 313

ANHANG

Selbsthilfe-Adressen 317
Über die Autorin 318

Vorwort von Doreen Virtue

Als ich ein kleines Mädchen war, wurde ich manchmal mitten in der Nacht von einer starken, liebevollen Energie aufgeweckt. In meinem dunklen Zimmer sah ich dann funkelnde Lichter und fühlte mich von einer Liebe umgeben, die nicht von dieser Welt war und die mich wissen ließ, dass meine Engel in der Nähe waren. Dann schlief ich wieder ein und wusste, dass mir nichts geschehen konnte und ich von großen, sanften Wesen beschützt wurde.

Im Laufe der Jahre, während ich studierte und promovierte, heiratete und Mutter wurde, verlor ich meinen Kontakt zu den Engeln. Auch wenn ich immer noch alles liebte, was mit ihnen zu tun hatte, so hörte ich doch auf, mit ihnen zu sprechen. Hin und wieder hörte ich eine geistige Stimme, die mich auf notwendige Veränderungen in meinem Leben hinwies. Doch da mein Leben so hektisch war und ich kaum Zeit für mich selbst hatte, ignorierte ich oft die Weisheit meiner Engel.

Das alles änderte sich am 15. Juli 1995, als ich mich für eine Verabredung fertig machte. Die Stimme eines Engels kam von oberhalb meines rechten Ohrs und sagte: »Doreen, mach lieber das Verdeck deines Autos zu oder es wird gestohlen.«

Ich war in großer Eile, daher empfand ich die Stimme nicht als Hilfe, sondern eher als Belästigung. »Ich habe keine extra fünf Minuten Zeit, um das Verdeck zu schließen!«, dachte ich. Wenn das schwarze Stoffverdeck zu ist, sieht mein weißes Cabriolet völlig normal aus, doch mit zurückgefaltetem Dach ist es ziemlich aufsehenerregend. Offensichtlich wollte der Engel, dass ich unauffällig war, um nicht die Aufmerksamkeit eines Autodiebes auf mich zu ziehen. Die Stimme setzte ihre Warnungen fort, aber stur bestand ich darauf, dass ich keine Zeit hätte, das Verdeck zu schließen.

Auf der Fahrt zu meiner Verabredung spürte ich eine negative Energie, die mein Auto wie dichter Nebel umgab. Etwas in meinem Innern sagte mir: »Jemand hat soeben dein Auto gesehen und hat die Absicht, es zu stehlen.« Jetzt war ich davon überzeugt, dass jemand meinen Wagen stehlen würde, also betete ich um Schutz, als ich in den Parkplatz vor der Kirche einbog, wo ich meine Verabredung hatte. Als ich aus dem Wagen steigen wollte, hörte ich hinter mir die Stimme eines Mannes, der mich barsch aufforderte, ihm Autoschlüssel und Handtasche zu geben. Die Warnung meiner Engel war berechtigt gewesen!

Ich folgte einer inneren Führung, die mir sagte, ich solle so laut wie möglich schreien. Meine Schreie wurden von einer Frau gehört, die in ihrem Auto auf der anderen Seite des Parkplatzes saß, und sie drückte auf ihre Hupe. Auf diesen Lärm hin kamen Leute aus der Kirche, worauf der Autodieb und sein Komplize wegrannten. Mir war nichts passiert und ich hatte noch immer die Autoschlüssel und meine Tasche in der Hand. Als ich die Polizei anrief, um den Vorfall zu melden, erfuhr ich, dass die Diebe mit Messer und Revolver bewaffnet waren und an diesem Tag schon mehrere Straftaten verübt hatten.

Das war der Tag, an dem ich endlich lernte, auf meine Engel zu hören! Und nicht nur auf sie zu hören, sondern auch aktiv Führung und Hilfe von ihnen zu erbitten. Je mehr Zeit ich damit verbrachte, mit meinen Engeln zu sprechen, desto einfacher fiel es mir, ihre liebevolle Weisheit zu vernehmen.

In meiner Arbeit als Therapeutin begann ich, meinen Klienten bei der Kommunikation mit ihren eigenen Engeln zu helfen. Heute agiere ich oft als eine Art Vermittlerin, indem ich meinen Klienten Botschaften ihrer himmlischen Begleiter weitergebe.

Die Heilkraft der Engel ist wirkungsvoller als jede mir bekannte Form menschlicher Therapie. Die Engel möchten uns wunderbare Geschenke Gottes überbringen. Daher bin ich sehr froh darüber, dass inzwischen so viele Menschen mit diesen göttlichen Boten Kontakt aufnehmen möchten.

Die Engel sehen alltägliche Situationen anders als wir. Ihre Botschaften helfen uns dabei, unsere Glaubenssätze, Überzeugungen und Gedanken zu heilen, indem sie uns positive und liebevolle Gesichtspunkte anbieten. Sie lehren uns, unsere geistigen Sinne zu benutzen, um die wirkliche Welt zu sehen, zu hören, zu fühlen und zu erkennen, durch die die Probleme der illusorischen Welt transzendiert werden.

Der Sprachstil der Engel und das von ihnen benutzte Vokabular scheinen sich oft von unserem eigenen zu unterscheiden. Ich glaube, das rührt zum Teil daher, dass sie die Welt anders sehen, als wir es gemeinhin tun. Sie betrachten alles mit Liebe und Mitgefühl und oft unterscheiden sich ihre Prioritäten von den unseren. Da die Engel ihre geistigen Fähigkeiten voll nutzen können, sind sie in der Lage, Dinge zu sehen, zu fühlen, zu wissen und zu hören, die jenseits der physischen Welt liegen. Dies sind einige der Gründe, warum die Botschaften der Engel in Teil I dieses Buches auf den ersten Blick vielleicht schwierig zu lesen sind. Wenn Sie sich jedoch Zeit nehmen und über die Worte meditieren, glaube ich, dass Sie sich bald an den besonderen Tonfall der Engel und ihre Sichtweise gewöhnen werden. Lassen Sie sich von dieser wunderbaren Perspektive in Bann ziehen und Sie werden die heilende Kraft im Zentrum der himmlischen Botschaften finden.

Die Engel bieten uns tatsächlich eine Menge praktischer Weisheit an, die wir sofort in die Praxis umsetzen können. Sie zeigen uns, wie wir unsere Beziehungen heilen, unsere berufliche Laufbahn fördern und unsere Gesundheit verbessern können. Es scheint, dass für die Engel kein Problem zu klein oder zu unwichtig ist. Ihre Botschaft an uns ist klar: »Übergebt alles uns und wir werden es dem Licht Gottes zuführen, sodass die Liebe alle scheinbaren Probleme bereinigen kann.« Ich hoffe, dass Sie mit diesem Buch vollkommen in die heilende Energie der Engel auf Erden und im Himmel eintauchen können.

Dieses Buch besteht aus zwei Teilen: In Teil I sind alle Texte direkt von den Engeln durchgegeben. Dafür bat ich jeweils im Gebet um Führung und verlor dann für eine Weile mein körperliches Bewusstsein, während die Worte der Engel durch meinen Geist und meine Hände direkt in die Tastatur meines Computers flossen. Oft hörte ich ihre Worte, während sie durch meine Hände strömten und sich in Buchstaben auf dem Bildschirm manifestierten. Manchmal umgingen die Worte aber auch mein Wachbewusstsein und wurden direkt zu geschriebenen Sätzen auf dem Bildschirm meines Computers.

Selten war ich mir bewusst, was die Engel durch mich schrieben. Das ging sogar so weit, dass ich manchmal davon überzeugt war, nichts als Kauderwelsch zu tippen. Wenn die Durchgabe beendet war, schaltete ich meist den Computer aus in der Erwartung, später nur sinnlos aneinandergereihte Buchstaben zu finden anstatt zusammenhängender Worte und Sätze. Doch wenn ich das Material dann schließlich las, war ich von den tiefsinnigen und süßen Worten der Engel immer tief berührt. Ich habe viel von diesen himmlischen Botschaften gelernt!

Ich wusste aus verschiedenen Gründen, dass ich nicht die Urheberin dieser Botschaften war. Zunächst einmal waren viele der Ideen und Sichtweisen völlig neu für mich und reflektierten in keiner Weise Bücher oder Lehren, mit denen ich mich persönlich beschäftigt hatte, oder Einsichten, die mir vertraut waren. Zweitens unterschieden sich Vokabular und Syntax deutlich von meiner eigenen Sprechweise. Oft wählten die Engel Worte, die mir fremd waren. Oder sie diktierten Begriffe, die für mich keinen Sinn ergaben. In solchen Momenten fragte ich sie: »Seid ihr sicher, dass dies das Wort ist, das ich schreiben soll?« Woraufhin sie mir entweder zu verstehen gaben, dass dem so war, oder mein Verständnis ihrer Worte korrigierten. Zum Beispiel schrieb ich einmal das Wort *ringen*, während sie in Wahrheit *singen* durchgegeben hatten. Außerdem überprüfte ich die mir unbekannten Worte der Engel anhand eines Wörterbuchs. Und jedes Mal stellte ich unweigerlich fest, dass ihre Grammatik und Wortwahl nicht nur korrekt war, sondern offenbar bewusst gewählt, um bestimmte Sachverhalte deutlich zu übermitteln.

Manchmal, wenn ich das durchgegebene Material noch einmal las, stellte ich fest, dass es nicht ein besonderes Wort oder ein bestimmter Satz war, die mich berührten; sondern der allgemeine Tonfall. Die Energie der Engel fühlt sich weich und samten an. Würde man sie mit Hilfe eines Oszillographen messen, wäre ihre Schwingung ohne Zweifel im Hochfrequenzbereich sichtbar.

Jill Kramer, die Cheflektorin des Hay-House-Verlages, und ich haben die Botschaften größtenteils unredigiert belassen, damit Sie die Worte genau so lesen können, wie die Engel sie durch mich übermittelt haben. Die einzigen Änderungen bestanden darin, die richtige Interpunktion einzufügen, lange Passagen in einzelne Sätze und Abschnitte aufzuteilen und die Rechtschreibung zu korrigieren. Hin und wieder entschied ich mich auch, weitschweifige, vieldeutige oder zu Missverständnissen verleitende Sätze zu streichen. Außerdem formulierte ich einige Redewendungen um, die wegen ihrer archaischen Wortwahl unklar oder schwer lesbar waren. Ich nahm diese Änderungen jedoch nur vor, wenn die Engel ihr Einverständnis dazu gaben und die von mir gewählte Formulierung tatsächlich zu größerer Klarheit führte, ohne die Bedeutung zu verändern. Manchmal bat ich die Engel auch, ihre Sätze selbst in eine zeitgemäßere Form zu kleiden, womit sie jedes Mal sofort einverstanden waren. Andererseits forderten sie mich aber auch auf, manche Formulierungen, die mich verwirrten, unverändert zu lassen, wobei sie mir versicherten, dass diese Botschaften früher oder später ihren Sinn enthüllen würden.

Als ich damit begann, aus dem Reich der Engel zu channeln, konnte ich die hohe Frequenz nicht lange ertragen. Nach ungefähr fünfzehn Minuten fühlte sich mein Kopf bereits taub an. So wie üppige, köstliche Schokolade war auch die Energie der Engel zu üppig, zu süß, um mehr als ein kleines Stückchen auf einmal davon zu konsumieren. Nach und nach – durch die Schritte, die im zweiten Teil dieses Buches beschrieben werden – klärte und erhöhte sich meine eigene Frequenz, sodass ich ihre Botschaften über einen längeren Zeitraum channeln konnte.

Die himmlischen Übermittlungen schwingen auf einer so hohen Ebene, dass es Ihnen vielleicht schwer fallen wird, mehr als ein paar Seiten auf einmal zu verkraften. Zum Teil ist diese Schwierigkeit auf unser Ego zurückzuführen, das uns davon abhalten möchte, mit den Engeln zu kommunizieren. Das Ego weiß darum, dass wir unsere Angst verlieren, wenn wir vollkommen auf Gott und die Engel hören. Daher wird Ihr Ego möglicherweise versuchen, Sie von dieser Kommunikation abzuhalten. Einige der »Tricks« des Egos bestehen darin, Sie müde, hungrig oder durstig zu machen oder Sie irgendwie abzulenken, wenn Sie die Botschaften der Engel lesen oder versuchen, mit ihnen in Kontakt zu treten.

Die Engel haben tröstende und heilende Botschaften zu verschiedenen Themen wie zum Beispiel Angst, Sucht und Finanzen übermittelt. Vielleicht möchten Sie bestimmte Abschnitte lesen, die sich auf eine gegenwärtige Situation in Ihrem Leben beziehen. Es kann auch hilfreich sein, einfach das Buch zur Hand zu nehmen, irgendeine Seite aufzuschlagen und zu lesen. Vielleicht werden Sie dabei feststellen, dass sich der Text perfekt auf Ihre momentanen Fragen und Wünsche bezieht.

Die Engel schlagen in ihren Botschaften nicht immer besondere Dinge vor, die man »tun« soll, um sich besser zu fühlen. Die Heilkraft ihrer Botschaften liegt auf einer tieferen Ebene, indem sie Veränderungen unserer Sichtweise bewirken oder uns von negativen Vorstellungen befreien. Die Worte der Engel sind Strahlen der Liebe, sodass allein schon das Lesen der Botschaften unsere Gedanken und Gefühle aus den Schwingungen der Angst zur Liebe emporhebt. Unsere Schwingung gleicht sich der der Engel an, wenn wir unseren Gedanken erlauben, sich zu ihrer himmlischen Energie zu erheben.

In Teil II des Buches folgen Anleitungen, wie man eine tiefere Beziehung und eine direkte Kommunikation mit der geistigen Ebene herstellen kann. Ob Sie nun mit Engeln in Kontakt treten möchten, mit Gott, mit Jesus, mit anderen geistigen Wesen oder mit geliebten Verstorbenen – in jedem Fall besitzen Sie alle notwendigen Werkzeuge für diese himmlische Kommunikation.

Die Engel haben mich gebeten zu betonen, dass die hier aufgezeichneten Botschaften nur einen der vielen Schritte auf dem Weg geistigen Wachstums darstellen. Benutzen Sie die Worte der Engel, um in jedem Bereich Ihres Lebens, in dem Dunkelheit zu herrschen scheint, ein Portal des Lichts zu öffnen. Dann bitten Sie die Engel, Ihnen zu helfen, diesen Lichtstrahl zu erweitern, bis er Ihr ganzes Bewusstsein ausfüllt und alle Ebenen Ihres Seins durchdringt.

Vorwort aus dem Reich der Engel

Ihr seid wahrhaftig irdische Engel, von Gott hierhergeschickt, um wunderbare Taten der Liebe und des Teilens zu vollbringen. Ihr seid geliebt und voller Liebe und wir himmlischen Boten sind hier, um Euch zu unterstützen und zu führen. Wir möchten euch helfen, euer Leben und euren Körper zu reinigen und euch harmonisch auf die ewige Symphonie irdischer Musik einzustimmen, auf dass Ihr daran teilhaben könnt.

Dieses Buch dient euch, die ihr wünscht, eure inneren Schwingungen anzuheben, damit mehr Licht in eure Sphäre strahlen kann. Wir wissen, dass ihr zuweilen unnötig leidet, da ihr glaubt, allein und ohne Freunde zu sein. Lasst uns euch versichern, dass dem nicht so ist! Wir sind immer für euch da, um euch zu führen und zu trösten, und wir werden das Licht der Liebe auf jedes Problem richten, mit dem ihr ringt. Lasst uns an eurem Schmerz teilhaben und wir werden ihn im Licht auflösen.

Jeder von euch ist anders, doch in vieler Hinsicht gleicht ihr einander auch. Auf den folgenden Seiten haben wir Doreen Virtues Hände und Geist geführt, um euch einige unserer Gedanken über irdische Probleme mitzuteilen, die euch alle betreffen. Auch möchten wir euch wissen lassen, dass wir jederzeit für individuelle Konsultationen zur Verfügung stehen, solltet ihr dies wünschen. Wenn ihr also einsam und traurig seid, dann richtet eure Aufmerksamkeit nach oben. In jedem Moment ist ein Engel in eurer Nähe, der – wenn er auch nicht den ganzen Himmel in euer Bewusstsein bringen kann – zumindest in der Lage ist, den Tumult in eurem Geist und Herzen zu klären, sodass ihr Frieden findet.

Wenn ihr unsere Botschaften lest, vertraut auf das, was ihr in eurem Inneren hört. Denn eure eigenen Engel werden im Einklang mit unseren Worten singen. Die Schönheit eures eigenen inneren Chores gibt euch Anlass zu Jubel, wenn ihr in der Stille mit euch selbst verweilt, während ihr unsere Worte lest.

Unsere größte Freude ist es, die Flamme göttlicher Liebe in euren Herzen zu entzünden. Sie wird in euch den Hunger und Durst nach noch mehr Freude wecken. Diese Sehnsucht nach Liebe, das wissen wir, wird euch von irdischen Sorgen befreien und auf den Weg des goldenen Lichts bringen, der direkt in den Himmel führt. Dieser Pfad in eurem Inneren wartet nur auf euren Wunsch und eure Sehnsucht und wir sind hier, geduldig und froh, euch zu helfen, wann immer ihr fürchtet, ins Straucheln zu geraten. Ein einziger Gedanke genügt, ein Ruf nach Hilfe, und wir sind bei euch.

Wir sind immer in eurer Nähe, Geliebte. Wir bitten euch, uns mit den Flügeln eurer Herzen zu umfangen und an unserer Schulter zu weinen, bis eure Tränen versiegen. Ihr seid zu Hause hier bei uns und habt euch nie von uns entfernt. Ihr seid wahrhaftig Wesen von wunderbarer Schönheit, deren Anblick uns zutiefst erfreut, und wir wischen freudig eure Schmerzenstränen fort und erinnern euch daran, dass es nichts zu tun gibt als zu jubeln, denn Gott hat euch für alle Ewigkeit zu unseren Brüdern und Schwestern im Geiste erkoren.

Danksagungen

Gott, die Engel und einige himmlische Menschen haben zusammengearbeitet, um dieses Buch möglich zu machen. Meine immerwährende Dankbarkeit gilt euch, geliebter Schöpfer und himmlische Engel. Danke, Michael, Raphael, Gabriel und Uriel!

Danke auch euch, Frederique und Pearl! Und mein tief empfundener Dank an Emmet Fox und den Rat der Weisen!

Ich möchte an dieser Stelle außerdem Louise L. Hay für ihre Liebenswürdigkeit, ihre Weisheit und Liebe danken; Reid Tracy für seine Wärme, Führung und Unterstützung; Jill Kramer für ihre enorm intuitive Arbeit mit Worten, Liebe und Engeln; Christy Allison sowohl für ihre künstlerischen und kreativen Talente als auch für ihr liebevolles Wesen; Kristina Reece für ihre tiefe Hingabe an die Verbreitung des Wortes der göttlichen Liebe; Margarete Nielsen für ihre wunderbare und enthusiastische Hilfe bei meinen Seminaren; Barbara Bouse für ihre unerschöpfliche Energie und ihre Begeisterung bei der Unterstützung aller Hay-House-Autoren; Jeannie Liberati für ihre mutigen Heilungsreisen nach innen und außen; und Ron Tillinghast, dessen Unterstützung für meine Bücher und Vorträge von entscheidender Bedeutung ist.

Auch möchte ich Lisa Kelm, Adrian Eddi Sandoval, Gwen Washington, Drew Bennett, Joe Coburn, Janice

Griffin, Polly Tracy, Lynn Collins, Dee Bakker und allen Mitarbeitern von Hay House meinen Dank aussprechen.

Darüber hinaus möchte ich den Koordinatoren zahlreicher Seminare, Konferenzen und Ausstellungen danken, die mich eingeladen haben, um über die Kommunikation mit Gott und den Engeln zu sprechen. Mein Dank geht an Debra Evans, Ken Kaufman und Gregory Roberts von der *Whole Life Expo*; an Michael Baietti und Mecky Myers von der *Health & Life Enrichment Expo*; an Dr. Carolyn Miller, Dr. Richard Neves, Robert Strouse, Dr. Susan Stevenson und Dr. Leticia Oliver vom *American Institute of Hypnotherapy*; an Robin Rose und Karen Schieb von der *Universal Lightworker's Conference*; an Shanti Toll und Stella von *Mystical Celebration*; an Ken Harsh von der *Universal Light Expo*; und an viele andere, die mir die Gelegenheit gegeben haben, mit den Engeln so vieler Menschen zu kommunizieren!

Ein Dankeschön geht auch an die Herausgeber esoterischer Zeitschriften für ihre Unterstützung, ihr Licht und ihre Liebe, unter anderem an David Allikas vom *Psychic Advisor*, Donny Walker von *In The Light*, David Young von der *New Times* in Seattle, Gary Beckman und Insiah Vawda Beckman von *The Edge* in Minnesota, Cindy Saul und Gerri Magee von *PhenomeNews* in Michigan, Joe und Shantih Moriarty von *Awakenings* in Kalifornien, Sydney Murray von *Vision* in San Diego, Andrea DeMichalis von *Horizons* in Florida und die vielen anderen, die zur Verbreitung von Liebe und Licht durch das gedruckte Wort beigetragen haben.

TEIL I

Die himmlischen Botschaften

Anerkennung

Fühlst du dich allein, unglücklich und nicht anerkannt? Fühlst du dich verwundet, weil ein anderer deine Leistungen unterbewertet und deine vielfältigen Errungenschaften missachtet? In Wahrheit entwertest du dich selbst durch die Augen eines anderen und nimmst seine Unterdrückerrolle an, mit all ihren Elementen von Eifersucht, Groll oder Gleichgültigkeit.

Lenkst du deinen Blick hinunter auf den Sand oder hinauf auf den Berg? Erfreust du dich an den funkelnden Sternen des Nachthimmels oder hörst du die Schreie der Traurigkeit, die aus der Ferne zu dir herüberschallen? Du gehörst in unsere Mitte hier im Himmel, selbst während du deine Zeit auf der Erde genießt.

Denn auch wenn die Einflüsterungen der Anerkennung dir köstlich erscheinen mögen, so ist doch das freudige Willkommen deines Schöpfers, wenn du Ihm dein Herz und deine Sehnsucht überlässt, viel wertvoller und anhaltender als alle Freude, die du je durch die Komplimente anderer erfahren könntest. Wir bitten dich, deine kleinen Sehnsüchte aufzugeben und dein Herz dorthin zu wenden, wo wir jetzt stehen und dich willkommen heißen, der du unseren Durst und unseren Hunger nach Gottes Liebe teilst.

Er wird diese tiefste deiner Sehnsüchte erfüllen, liebes Kind. Und der einzige Preis für Seine Liebe ist deine

Wachsamkeit, denn sie wird diese Liebe in dein Herz und Dein Bewusstsein bringen. Du musst dich nicht mit den anstrengenden Sehnsüchten plagen, die wir in vielen deiner Brüder und Schwestern auf der Erde sehen können. Es gibt keine Not und kein Leid, wodurch du dir deinen angestammten Platz im Himmel verdienen müsstest. Der Himmel ist hier! Hier auf der Erde, für jene, die sie zu ihrem Heim der Freude und Heiterkeit machen.

Mach dir keine Sorgen, liebes Kind, über deine Fehler oder die deiner Geschwister auf der Erde. Sei nicht hart zu ihnen und verurteile sie nicht, süßester Engel. Warum solltest du deine Aufmerksamkeit auf das Kriechen am Boden richten, wenn du genauso gut in den Schatten des allumfassenden, wunderbaren Himmels eintauchen kannst? Mühe dich nicht auf Erden in deinem Bewusstsein ab, sondern gib alle deine Sehnsüchte an Ihn weiter, der dich vor dir selbst erretten kann.

Gott weiß um jedes deiner Bedürfnisse, Liebes. Er flüstert deinen Namen in immerwährender Anerkennung dessen, was du in Seinem heiligen Herzen bist. Du befindest dich auf dem richtigen Weg, sobald du die Partnerschaft mit deinem heiligen Schöpfer hier auf der Erde suchst. Denn du wirst Gott im Herzen deiner Wärter finden, die in Wahrheit deine Brüder und Schwestern im Fleisch sind. Du musst dir keine Gedanken darüber machen, ob jemand aus Versehen in deiner Nähe ist. Wir sind alle hier bei dir in einem frohen Kreis der Freude und bitten dich, mit uns in diesen Kreis der Zelebration des Lichtes zu kommen, das dich mit Verzückung umhüllt.

Du bist Sein heiliges Kind! Du bist Sein göttliches und reines Kind! Deine Anerkennung ist bereits in der ursprünglichen Essenz dessen, was du bist, garantiert. Und indem wir vor dir niederknien, der du Gott in menschlicher Form bist, bitten wir dich um deinen immerwährenden Segen, indem wir dem Göttlichen auf dieser heiligen Erde ins Antlitz blicken.

Angst

Wir lieben dich, süßes Kind, und wir schicken dir tröstende Strahlen in dem Augenblick, in dem wir dich in Erwartung kommender Schwierigkeiten zittern sehen. Die von dir ausgesandten Signale der Angst sind wie ein Trompetenschall, der uns Engel an deine Seite ruft. Also bist du nie allein in den Stunden deiner Angst.

Es scheint einige unter euch zu geben, denen die Angst Vergnügen bereitet. Überrascht dich das? Doch ein Teil von dir weiß, dass es wahr ist. Der Umgang mit Angst in eurer Gesellschaft ist für uns verwirrend, doch wir wollen hier darauf eingehen, da es ein guter Ausgangspunkt für unsere Botschaft ist.

Wenn du schreist, weil du Angst hast, woher kommt die Intensität dieses Gefühls? Ist es nicht, als käme sie aus deinem tiefsten Inneren? Dieser Schrei ist das Freisetzen einer lange zurückgehaltenen Energie. In eurem Sprachgebrauch wird dies als »Katharsis« bezeichnet. Das Heraufbeschwören von Angst im Bereich der Unterhaltung, in euren Filmen, Büchern und Gesprächen, ist nichts anderes als das Ablassen von unterdrücktem Dampf. Das angenehme Gefühl, das von manchen hinterher zuweilen empfunden wird, resultiert aus dieser Befreiung des Herzens.

Wir bringen dieses Thema zur Sprache, weil wir euch wissen lassen wollen, dass die evolutionäre Entwicklung eurer Welt heute viel schneller abläuft. Es wird sehr bald eine Zeit kommen, in der ihr euch möglicherweise von der halsbrecherischen Geschwindigkeit der Veränderungen um euch herum überwältigt fühlt. Wir Engel möchten euch jedoch versichern, dass nichts sich schneller bewegt als der Herzschlag der Liebe. Eure Liebe und Gottes Liebe befinden sich in einem wunderbaren Rhythmus vollkommener Übereinstimmung, heute und in alle Ewigkeit.

Dieser Rhythmus ewiger Liebe ist der Anker, der euch in den vor euch liegenden Zeiten vor zusätzlicher Angst bewahren kann. Wie der sanfte Herzschlag der Mutter ein Baby tröstet und wiegt, so enthält deine Essenz bereits das Gegenmittel für die Angst. Benutze die gegenwärtige Zeit relativer Ruhe zur Vorbereitung, indem du Körper und Geist durch sanfte Übungen mit diesem Rhythmus vertraut machst, um für die kommenden Perioden der Veränderung gewappnet zu sein.

Um was wir euch bitten, liebe Kinder, ist Folgendes: Schreitet furchtlos voran, nicht indem ihr euch durch Katharsis vorübergehend der Angst entledigt, sondern indem ihr diese Zeit für friedliche Aufenthalte im weiten Terrain des großen Unbekannten in eurem Innern nutzt. Habt keine Angst davor, in eurem Innersten etwas zu sehen, zu hören oder zu fühlen, das unangenehm ist, wenn ihr einfach still alleine dasitzt. Erlaubt uns einzugreifen, indem ihr eure Ängste mit uns Engeln teilt. Gebt sie uns!

Diese Übungssitzungen sind unbedingt erforderliche Heilmittel für die kommenden Zeiten. Gewöhnt euch durch diese rechtzeitige Praxis an den Umgang mit furchteinflößenden Gedanken und diese Lektionen werden euch in Zukunft von großem Nutzen sein. Wir bitten euch, eure Gedanken viel aufmerksamer zu überwachen, als ihr dies in der Vergangenheit getan habt. Wie ein entschlossener Gärtner, der bereit ist, beim ersten Anzeichen von Unkraut zur Hacke zu greifen, so solltet ihr auf euren Geist achten.

Mache es dir zur Gewohnheit, deinen Geist von allen Gedanken zu reinigen, die sich einstellen, wenn du über die Vorstellung des Alleinseins nachdenkst. Sage dir: »Ich bin nicht allein, weder jetzt noch jemals«, während du dir vorstellst, wie du die Gedankenform der Angst in unsere ausgestreckten Hände legst. Erlaube dir nicht, dich als zitterndes Wesen zu sehen, allein und verlassen den Elementen furchteinflößender Umstände ausgesetzt. Denn auch wenn die Dinge um dich herum sich verändern, ist deine tiefe Verbindung mit Gott und uns Engeln doch beständig und unveränderlich.

Mit Angst kann man auf vielerlei Weise umgehen, liebstes Wesen. Mache es weise und mit Anmut! Rufe nach deinen Freunden, den Engeln des Himmels, und wir werden alle Vorstellungen von Angst aus deinem Geist hinwegfegen. Halte nicht den kleinsten Schrecken zurück, weil du vielleicht glaubst, deine eigenen Lösungen für die Angst finden zu müssen. Gib sie vollständig an uns weiter!

Es gibt eine einfache Lösung für Angst: Bitte Gottes himmlische Heerscharen um Hilfe und Beistand, sobald du dir des Schmerzes in deinem Inneren bewusst wirst. Ein kluger Hausbesitzer, der schwelenden Rauch riecht, wartet nicht, bis sein Haus in Flammen aufgeht, bevor er die Feuerwehr ruft. Denn dann ist ein solcher Anruf praktisch sinnlos. Warte also nicht, bis große Angst dich überwältigt hat, bevor du Gottes Namen rufst.

Auch in solch einem Augenblick – wie zu allen Zeiten – wird Er dir Trost und Hilfe schicken. Doch wirst du dann möglicherweise Seine liebenden Arme nicht spüren, weil du eingeschlossen bist zwischen vielen Schichten von Angst. Klüger ist, wer lernt, seine eigenen Empfindungen zu überwachen, und nicht zögert, jederzeit ein himmlisches Wesen um Beistand und Hilfe anzurufen.

Daher lerne diese Lektion gut, geliebtes Kind, und vergiss nie, auf dein inneres Wesen zu achten und um Hilfe zu bitten, wann immer du sie brauchst. Auf diese Weise werden die Gezeiten der Angst keine hohen Wellen in dir schlagen, sondern nur ein sanftes Anschwellen hervorbringen, das deinen inneren Frieden nicht untergraben kann.

Arbeitssuche

Wir wissen, dass euch diese Situation zuweilen nervös macht, doch es gibt auch viele Gründe, warum sie euch große Freude bringen kann! Wir begleiten dich auf deiner Suche nach wahrer Harmonie. Denn das ist schließlich unsere Aufgabe und wir schweben glücklich um dich herum, wenn du dein Glück mit uns teilst. Lass uns gemeinsam Frieden in dieser Welt finden bei einfachen Dingen, die regelmäßig jeden Tag passieren. Du bist das Zentrum dessen, was auf diesem Planeten wesentlich ist, und letzten Endes gibt es überhaupt nur *ein* Wesen. Zusammen vollziehen wir den heiligen Akt der Schöpfung und das bringt uns zu dem Thema, mit dem wir uns jetzt beschäftigen wollen.

Wenn du Hals über Kopf zum nächstbesten Job rennst, von dem du meinst, er wäre das Richtige für dich, läufst du sofort gegen eine Wand in deinem Innern. Denn wo es ein Rennen gibt, gibt es auch einen gnadenlosen Endspurt. Wir wollen das für dich, was du selbst willst, Liebes: Sanftheit und Anmut mit einer Zeitlosigkeit, die alle irdischen Ängste aufhebt. Also zentriere dich in deinem Inneren und lausche unseren Worten auf der tiefsten Ebene deines Herzens. Lass unsere Liebe in dir ein Echo finden, während wir die Aura deiner Energie mit beruhigenden Einflüssen umgeben, die den Puls deines Körpers zum süßen Flüstern eines Windhauchs verlangsamen.

Du bist wesentlich für diese Welt. Diese Botschaft musst du in der Tiefe deiner Seele hören und akzeptieren. Du hast keine Zeit zu verlieren, die dir zustehende Rolle in Angriff zu nehmen; doch solltest du dich auf Umwege begeben, indem du dich in bestimmte Jobs verrennst, warten wir geduldig. Denn wir wissen, dass eine größere Freude dich in deinem Inneren erwartet.

Du glaubst, dass eine passende Arbeitsstelle schwierig zu finden ist, aber wir glauben, dass genau das Richtige in diesem Moment bereits für dich existiert. Es gibt keine Lücke zwischen dem Annehmen von Gottes Plan und der Schaffung passender Gelegenheiten für die Verwirklichung dieses Planes. Verneige dich in deinem Inneren, sanftes Wesen, und höre Seine liebevolle Stimme, die dich in den Dienst Seines perfekten Planes ruft. Seine Stimme wartet auf diejenigen, die ihre Zeit im Dienst am Nächsten verbringen, doch in himmlischer Zeitlosigkeit existiert dieser Dienst nicht so, wie wir ihn kennen. Die Anmut in deinem Inneren zeichnet dich als Seinen demütigen Diener aus, was für alle, die diese Worte hören, eine erstrebenswerte Position ist. Denn jedem, der sich Seiner Gnade beugt und Seinen Dienst auf sich nimmt, werden unendliche Freuden zuteil.

In Seinem Zuhause gibt es keinen Mangel und alle, die an Seinem Tisch speisen, weiden sich für immer unter Seinen Augen. Er, der über dich wacht, ist gleichzeitig dein Diener. Diese Kommunikation zwischen dir und Ihm ist die Essenz deines Dienstes: das ewige Kreisen und Geben der Liebe untereinander. Lass die Liebe nun durch dich fließen, süßes Wesen, sodass sie dich wie ein seidener Faden auf deinem Weg führt. Dann wird dein Leben durch die strahlende Anmut anderer bereichert, die dich auffordern, dich mit ihnen in Seinem Dienst zu verbinden.

Du glaubst, einem Ruf folgen zu müssen, und damit hast du völlig Recht, herrlicher Erdenengel. Du bist tatsächlich berufen! Und Er, der dich ruft, lockt dich mit der sanften Zusicherung, dass du Grund zur Freude hast. Gehe nicht in die Irre, indem du im Äußeren nach der Freude suchst, denn selbst in diesem Moment ist sie in deinem Inneren. Deine wahre Aufgabe sorgt auf vielfache Weise für dich und wer in Demut nach heiliger Gnade sucht, wird sie nicht in heimlichen Verstecken finden. Denn Sein Licht scheint strahlend in jedem einzelnen von uns, der es wagt, sich diesem Licht mutig zu stellen.

Bescheidener Diener Gottes, nimm deine Partnerschaft mit jenen an, die die Erde auf der Suche nach Seiner sanftmütigen Gnade durchstreifen. Deine Arbeit liegt nicht außerhalb von dir, sondern besteht darin, deine eigene Hand entgegenzunehmen, die in der Verkleidung eines Bruders oder einer Schwester auf dich wartet. Denn jeder, den du auf deinen Wegen triffst, ist nichts anderes als eine Reflexion deiner selbst. Diene Ihm von Herzen und du wirst Sein Antlitz in allem erkennen, was dir begegnet. Verbirg dich vor Seiner Gnade und du wirst die Maske der Angst in den anderen sehen, so wie du sie in dir selbst siehst.

Es gibt nichts zu fürchten, Liebes, daher vertraue darauf, dass wir dich zu perfekten Situationen führen werden, in denen du deine himmlischen Aufgaben erfüllen kannst. Lass die falschen Türen hinter dir und kämpfe nicht darum, sie gewaltsam zu öffnen. Sie verschwenden deine Lebenskraft, während du auf Erden weilst, und wir müssen uns nicht irgendwelche Dinge aufladen, solange wir Seiner liebevollen Weisheit folgen, die wie ein Sommerwind in unserem Inneren weht.

Du wirst in alle Ewigkeit geführt – wisse das mit absoluter Sicherheit. Denn mit Sicherheit wird Er dir Gelegenheiten eröffnen und dich sanft auf allen deinen Wegen führen. Du kannst Seine Größe spüren, wenn du Seine Hand hältst, während Er dich über dunkle Straßen leitet, deren Ende du nicht absehen kannst. Er, der dein ganzes Vertrauen verdient, wird dich weder jetzt noch jemals betrügen. Fühle Dankbarkeit unter deinen Füßen pulsieren und lass uns dir versichern, dass sie dich wie die Flügel des Merkur zu neuen Perspektiven trägt.

Gott wird dich nie hungern oder mangeln lassen, du liebstes und kostbares Kind des Einen, der dich in alle Ewigkeit liebt. Sei dankbar für die Segnungen, die du erhältst, und siehe, wie sie sich auf vielfältige Weise multiplizieren. Die richtige Arbeitsstelle für dich existiert bereits und wir werden dich mit deiner Erlaubnis dorthin führen. Wir singen vergnügt, während du mit uns in der Fröhlichkeit des Lebenstraumes dahinschwebst. Genieße dein Wesen, Liebstes! Du bist ein kostbares Kind des

Himmels, das eine Zeit lang auf dieser heiligen Erde weilt, und du hast viele Gründe, dich zu freuen!

Suche nach der Freude und wir werden unmittelbar hinter dir sein und dich sanft auf deinem Weg voranschubsen. Vergiss nie, dass du zutiefst geliebt wirst. Die Liebe ist deine Arbeit, für die du auf das Beste geeignet bist. Amen!

Auseinandersetzungen

Hat dich die Heftigkeit der Worte, die zwischen dir und einem anderen gefallen sind, verletzt und erschöpft, liebes Kind? Dann ruhe dich eine Weile aus, wie ein Ringkämpfer, während wir dir den Schweiß von den Brauen wischen und dir mit den Flügeln der Liebe zufächeln, die allen Ärger zunichte macht. Du bist großartig, oh köstliches Wesen, und du bist jeden Tag und ohne Ausnahme von vollendeter Schönheit.

Deine Auseinandersetzung ist ein Duell sich bekämpfender Wahrnehmungen, wobei die Schwerter der Gesichtspunkte aufeinanderprallen, um herauszufinden, wer Recht hat und wer nicht. Vielleicht benutzt ihr auch noch andere Waffen, doch so wie kleine Kinder sich mit Spielzeugpfeilen und Schlingen bekriegen, ist es auch euch in Wahrheit unmöglich, einander weh zu tun. Doch entsteht der geisterhafte Schatten einer Verletzung, wenn ihr beschließt, einander in einem Kräftemessen des Verstandes gegenüberzutreten. Dies hat seine Ursache in Gedanken der Rivalität, wobei der »Preis« die begehrte Spitze des Berges ist. Doch ist dieser Preis in Wahrheit ein Gefängnis der Trennung und der Einsamkeit und oft entstehen daraus noch mehr Verletzungen und aus Stolz geborene Missverständnisse.

Heiliges Kind Gottes, sieh dich selbst und die anderen durch die Augen der Barmherzigkeit, die weinen, während eure Egos kämpfen! Erkenne, dass die Schärfe deiner Worte niemals die Lautstärke und Heftigkeit erreichen wird, mit der dein Herz nach Liebe und Vertrauen ruft. Wenn du nur einen Tropfen der Liebe annehmen könntest, die wir dir von Gott überbringen, würde dein Herz überfließen. Du würdest ganz natürlich diesen Überfluss an Liebe nehmen und sie aus deinem innersten Wesen hervorquellen lassen, auf dass sie alle erquickt, die an dich denken. Wenn du in diesem Zustand auch nur neben einem anderen Menschen stehst, so reicht dies aus, um alle bösen Absichten zu heilen.

Denk darüber nach, liebes Kind: Es gibt eine andere Lösung, einen besseren Weg, diese Situation zu heilen, bei dem es nicht nötig ist, dir zusätzlichen Schmerz aufzuladen! Ist das nicht die Lösung, nach der du dich sehnst? Gott schenkt dir jederzeit eine Möglichkeit, aus der Ecke hervorzukommen, in der du kauerst und darüber nachdenkst, was du dir selbst angetan hast.

Es ist nicht nötig, vor Mitleid mit dir selbst oder einem anderen auf dem Boden zu kriechen, denn kein Kind Gottes muss bedauert werden. Du solltest lediglich für das geradestehen, was du in diesem Augenblick in deinem Inneren als richtig empfindest. Wenn du diese Quelle der Kraft in dir spürst, dann kannst du den anderen Menschen, mit dem du gestritten hast, heimführen. Erlaube der Erinnerung an eure aufeinander geprallten Egos nicht, mehr zu sein als ein Echo des Schlachtfeldes, das nur noch schwach widerhallt. Freue dich stattdessen, dass du dein kindliches Wissen um deine wahre Gottesnatur wieder gefunden hast.

Die Wahrheit kann niemals durch Auseinandersetzungen erkannt werden. Wahrheit ist Wahrheit, unabhängig davon, ob jemand sie erkennt oder nicht. Du und dein Freund, ihr könnt euch streiten bis in alle Ewigkeit, doch wird euch die Freude an der Wahrheit verborgen bleiben, solange ihr nicht eure Streitwaffen niederlegt und seht, in welch herrlicher Umgebung ihr euch befindet. Nicht mehr ist dazu nötig, als dass einer von euch einen Moment lang innehält, auf den Sonnenuntergang deutet und darauf hinweist, wie wunderbar er ist; oder dass er vom zarten Schleier des Nebels spricht oder vom Tau des Regens – und sogleich wird sich eure Wahrnehmung in Harmonie vereinen.

Glaube nicht, liebes Kind, dass du dich selbst verlieren musst, um den Kampf zu gewinnen. Ihr habt beide schon gewonnen, denn in Wirklichkeit gab es nie die Möglichkeit, das zu verlieren, was euch rechtmäßig zusteht. Genieße dein Geburtsrecht als ein heiliges Kind Gottes und lache freudig mit allen, die deinen Weg kreuzen, indem du einen Ort des Entzückens schaffst, in dem Liebe und Wahrheit frei regieren, ohne Einschränkung durch Zeit und Raum.

Begehren

»Ich werde nichts begehren«, lautete das heilige Versprechen, das du beim Sturz in die menschliche Form gegeben hast. Doch die gewaltige Erkenntnis des Erwachens im Fleische erschütterte deine tiefste Seele mit der Offenbarung, dass du dich selbst nähren musst. Diese Erkenntnis katapultierte dich in eine längst vergangene Zeit zurück, in der dein innerstes Wesen Augenblicke tiefer Verzweiflung erfahren hatte. Du hast diese Vergangenheit genommen und in deine gegenwärtige Erinnerung geholt und die Zeiten miteinander verschmolzen.

Die Vergangenheit befleckt die Gegenwart mit dem Begehren nach Vergnügungen des Fleisches. Liebes, glaube nicht, dass es unsere Absicht ist, Schatten auf deinen Erdengarten zu werfen. Doch die Zeit ist gekommen, da wir dich bitten, deine Wünsche zu überdenken angesichts dessen, was du wirklich willst, während du auf der Erde bist. Wir flehen dich an, einige deiner Vorstellungen davon, was du brauchst, neu zu überdenken. Glaubst du wirklich, als Kind Gottes könntest du Reichtümer ansammeln, um sie zum Vater nach Hause zu bringen wie ein Kind, das die Anerkennung seiner Eltern sucht?

Was ist es, das du wirklich begehrst, liebstes Wesen? Denke lange und gründlich über diese Frage nach und du wirst dich nach innen wenden und bald den Reichtum finden, der deine Seele erfüllt. Denn du selbst bist der

Reichtum, ein glitzernder Schatz, der sich so viele Male vermehren kann, wie du es dir zutraust. Benutze dein Glück zur Unterstützung der vielen, die dich in dem Moment finden werden, in dem du in deinem Herzen die Entscheidung triffst: »Ich bin bereit, die Bedürfnisse der Welt mit meinem Reichtum zu befriedigen. Ich berufe mich auf meinen inneren Reichtum und gebe freiwillig alles, was ich habe, und werde gleichzeitig erfüllt.«

Liebes himmlisches Wesen, das du auf Erden weilst – die Freude, die aus dieser Entscheidung entspringt, ist unermesslich viel größer als jedes irdische Begehren. Gib großzügig von dem Schatz in deinem Inneren und entzücke dich an den Wonnen, die dann deines Weges kommen! Sieh, wie die Augen zum Himmel gerichtet sind, während du lachst und strahlst mit anderen, die deine Nähe suchen. Befürchte nicht, dass du deinen Vorrat erschöpfen könntest, denn unser Himmlischer Schöpfer gibt so frei wie du aus Seiner eigenen Schatzkammer des Guten.

Du bist der Reichtum, den die Welt in diesem Augenblick sucht, und indem du deine Schatzkammern den anderen öffnest, erkennst du deinen eigenen Wert. Dein Frieden vervielfältigt sich, indem du ihn teilst, und deine Vorratskammer fließt über mit reifer Frucht für alle, die Trost suchen. Halte dich nicht zurück, sondern gib reichlich von deiner Liebe. Du hast sie, um sie zu teilen. Lasse dein Licht großzügig von innen nach außen scheinen, während es in einem ununterbrochenen Strom durch dein Leben fließt.

Wir möchten dieses Geheimnis mit dir teilen: dass du nämlich nur einen einzigen Wunsch hast, und dieser Wunsch ist bereits erfüllt. Suche diesen größten aller Schätze in seiner herrlichen Umgebung und du wirst dich selbst finden. Denn du bist der himmlische Schatz, den Gott uns allen versprochen hat, und indem du zulässt, dass wir dich beschenken, suchen wir keine größeren Reichtümer, als Er für uns bereithält. Denn der Himmel ist hier und wir geben dir seine Samen der Freude weiter. Genieße aus ganzem Herzen seine Herrlichkeit, Liebes, und stille deinen Durst an seiner Freude.

Lebe in der freudigen Erkenntnis, dass es so ist, und du wirst das Zeichen erfüllter Sehnsucht auf deiner Stirn spüren. Und in dieser Erfüllung wirst du erkennen, was auch alle deine Brüder und Schwestern wissen: dass du und wir eins sind in Seinem Herzen. Ein herrliches Kind Gottes, glitzernd vor Millionen schimmernder Reflexe wie die Facetten eines Edelsteins, dessen Licht aus einer Quelle kommt und in alle Richtungen strahlt. Dieser Edelstein bist du!

Beruf

Wir meinen, dass das Wort Inspiration hier wesentlich ist, denn du kannst inspiriert werden von einer beruflichen Laufbahn, die dir Freude macht. Wir sagen »Freude«, denn das ist es, was eine Karriere ausmacht. Du bist ein Tropfen Sonnenschein, auf die Erde geschickt, um den Morgentau zu küssen. Stell dir die Freude der Sonne vor, wenn sie ihre Strahlen in Verlängerung von Gottes ewigem Leuchten nach außen sendet. Dann wird dir klar, warum wir so früh in dieser Diskussion die Freude erwähnen.

Viele von euch haben entschieden, dass sie in Bezug auf ihren Beruf mit dem Rücken zur Wand stehen und von äußeren Kräften dort festgehalten werden, sodass sie keine eigene Wahl haben. Liebe Kinder, nichts könnte weiter von der Wahrheit entfernt sein! Wir wünschten, ihr könntet euch selbst aus unserer Perspektive beobachten. Wir sehen geliebte Kinder, die ihre vollkommene Freiheit aufgeben. Es ist wahrhaft tragisch zu sehen, wie so viele von euch in Berufen gefangen sind, die eure tiefste Essenz der Freude ersticken.

Ihr müsst nicht da bleiben, wo ihr unerwünscht seid, ihr Lieben. Befreit euch zunächst in eurem Geist von einer Arbeit, die euch nicht ausfüllt, und bald werdet ihr euch auch tatsächlich davon befreit finden. Konzentriert euch, vor allem am Abend, wenn ihr schlafen geht, auf diesen Gedanken: »Es gibt nichts, was ich fürchten muss. Ich beschließe jetzt, in Bezug auf meinen Beruf an das zu denken, was mir Freude macht.« Wenn ihr dies tut, ihr Lieben, werdet ihr eine deutliche Veränderung eures Bewusstseins spüren.

Als Nächstes geht es um eure Bereitschaft, den Beruf eurer Wahl zu finden. Viele von euch träumen von einer Zukunft, in der ihr bereit seid für eure bewusst gewählte Karriere. Unserer Meinung nach ist dies ein Fehler des Bewusstseins. Wir bitten euch, mit beiden Füßen im Heute zu stehen, während ihr über euren Beruf nachdenkt. Auf diese Weise kann die Sonne bereits heute für euch aufgehen, anstatt erst an einem kommenden Tag.

Versteht ihr, um was wir euch bitten? Wir bitten euch, mit euren Wünschen in der Gegenwart zu bleiben. Während ihr euren nächsten Schritt überdenkt, sagt euch, dass dies der Augenblick ist, in dem die Veränderung geschieht. Nicht später, nicht niemals, sondern jetzt. Wenn ihr es schafft, diese Wahrheit nicht aus den Augen zu verlieren, könnt ihr euch selbst gratulieren, denn sie ist für Sterbliche sehr schwer zu erkennen. Doch wir bitten euch, sie zunächst selbst zu lernen und dann andere zu lehren, denn wir müssen diese Wahrheit weitergeben.

Viele von euch sehen ihren Beruf mit den Augen eines Kindes, das sagt: »Wenn ich groß bin, werde ich dies oder jenes sein.« Die meisten Erwachsenen behalten diese Einstellung bei und betrachten bis ins hohe Alter hinein ihren Beruf aus dieser Zukunftsorientierung heraus.

Heute ist der Tag und jetzt ist der richtige Zeitpunkt! Nie gibt es einen besseren Tag als heute, um sich mit eurer wahren Berufung zu beschäftigen. Und was ist diese Berufung? Wir haben diesen wichtigen Teil bisher außer Acht gelassen, weil wir erst jetzt, da ihr die bewusste Entscheidung getroffen habt, dass heute der richtige Tag ist, über den nächsten Schritt, nämlich das Wie, sprechen können.

Natürlich wisst ihr – oder versucht zu wissen –, dass euer Beruf die Essenz eures wahren Wesens ist. Indem ihr nach außen strahlt wie das Licht der Sonne, gebt ihr eure Energie nach außen. Ihr wachst tatsächlich an Größe und Strahlkraft, wenn ihr gebt. Und ihr bekommt auch etwas in jeder Sekunde des pulsierenden Gebens und Empfangens der Sonnenstrahlen. Wenn ihr dieses Bild vor euch seht, könnt ihr eine Ahnung davon bekommen, was Berufung eigentlich ist.

Eine Sonne kann nicht vorgeben, ein Mond zu sein, oder umgekehrt. Erkenne, was du in deiner Essenz bist, und du wirst wissen, was du automatisch aussendest und empfängst. Du musst deine natürlichen Qualitäten ausstrahlen, doch viele von euch wissen nicht um die Schönheiten in ihrem Inneren, da ihr euch noch nicht die Zeit genommen habt, sie zu entdecken.

Wir fordern euch dringend auf, dies zu tun. Und während ihr diese Qualitäten aufzählt, fühlt, wie sie von eurem Inneren nach außen strahlen.

Dies ist deine wahre Berufung, stets auf kreative Weise nach außen zu strahlen. Deine künstlerischen Fähigkeiten leuchten bereits, wenn du über diese Dinge nachdenkst. Du hast die notwendigen Zutaten und Voraussetzungen, um ein großartiges Bild um dich herum zu malen, wie immer es dir gefällt. Wir unterstützen dich auf jede Art und Weise, sodass du dein natürliches Selbst sein kannst, das wunderschön nach außen pulsiert wie der Sonnenstrahl, der du bist.

Du selbst bist dein größtes Kapital und es ist dein innigster Wunsch, dich selbst auf bestmögliche Weise einzusetzen. Das ist bewundernswert, liebes Kind, und wir möchten dir bei diesem Vorhaben gern helfen. Doch anstatt dir einfach deine Berufung zu nennen, beschützen und leiten wir dich wie Hirten auf eine Weise, die auch der größeren Herde zugute kommt. Wir nehmen dich in unsere Mitte und geben dir unseren Segen, was unsere bewährteste Methode ist, um dich und alles, was dich umgibt, zu den höchsten Idealen emporzuheben.

Denn siehst du, es ist nicht die materielle Ebene, auf der wir am wirkungsvollsten sind. Doch indem wir deine Aufmerksamkeit auf deine himmlischen Pflichten richten, üben wir einen großen Einfluss auf die materielle Ebene aus. Bei jeder Interaktion mit einem anderen Wesen lasse dein Herz sprechen, um diesem anderen die Liebe zu zeigen, die in ihm selbst wohnt. Denn das ist deine Aufgabe, liebes Kind. Helft einander, über das Anrufen Seines heiligen Namens hinauszugelangen und die Erkenntnis zu gewinnen, dass Seine Liebe in uns allen wohnt.

Die Güte der Barmherzigkeit, die du einem anderen zeigst, wird dich mit einer Resonanz beglücken, die von der Dunkelheit nicht durchdrungen werden kann. Denn in der Freude, deren Licht einmal geweckt ist, kann keine Dunkelheit existieren. Dein Licht, das machtvoll von deinem Herzen in das andere strahlt, reicht aus, um deinen Bruder an seine schlafende Heiligkeit zu erinnern. Gebrauche nicht Worte, sondern ein Lächeln. Suche nicht nach einer Tat, sondern nach einem Gedanken. Richte deine Aufmerksamkeit auf das Licht in uns allen und sieh, wie sein herrlicher Glanz in deinem heiligen Licht wächst. Denn du bist das Licht auf dem Berg, das für alle Brüder scheint, die seine Wärme suchen.

Kannst du jetzt erkennen, dass die Art deiner Beschäftigung nicht so wichtig ist wie dieses Strahlen nach außen? Jetzt, in diesem Augenblick, bist du in der Lage, einen Bruder von allem zu heilen, das ihm Angst macht! Du bist voll und ganz fähig, alle negativen Gefühle auszulöschen, die das Herz eines anderen gefangen halten. Benutze deine Macht, Liebes! Und benutze sie gut!

Fürchte dich nicht davor, dich von einer Woge der Liebe für einen anderen ergreifen zu lassen. Deine Herrlichkeit ist am stärksten, wenn du dein Herz weit öffnest und jedes Lebewesen mit liebenden Augen umfängst, genau wie wir Engel dich betrachten und nichts sehen als die Herrlichkeit deines Wesens. Denn unsere Arbeit und deine Arbeit sind eins im Licht und in der Größe Gottes vor uns und in uns. Der gewaltige Berg, den du erklimmen willst, geliebtes Wesen, befindet sich schon in diesem Augenblick unter deinen Füßen. Und während du da stehst, vor Entschlossenheit zitternd, verliere nicht aus den Augen, dass jetzt der höchste Moment ist. Es gibt keinen besseren Augenblick, um einen Bruder zu umarmen, als jetzt.

Besorgnis

Wenn sich dein Geist mit Gedanken an die Zukunft beschäftigt, ist es nur natürlich, dass dich Ängste überkommen. Du möchtest über den Zaun ins Morgen schauen und einen Blick auf die unmittelbar vor dir liegende Zeit werfen mit der Zusicherung, dass alles gut sein wird. Lass uns dies für dich tun, du perfektes Kind Gottes.

Es gibt nichts, worüber du dir Sorgen machen musst, und wir geben dir unsere liebevolle Zusicherung, dass alles, was heute, morgen und fürderhin geschieht, in perfekter Ordnung ist. Gib uns deine Befürchtungen und wir werden sie für dich neu organisieren, bis sie sich in einen makellosen Zustand des Glaubens verwandeln. Es gibt tatsächlich nichts, oh heiliges Kind, das du fürchten musst, denn du bist der Herr deines Lebens. Es gibt kein Problem, das du nicht heute oder morgen überwinden kannst, und wir sind immer bei dir, um dich aufzufangen, solltest du straucheln und den Boden unter den Füßen verlieren.

Als du noch ein Kind warst und dir beim Fallen auf dem Bürgersteig das Knie aufgeschlagen hast, wer, glaubst du, hat dein Gesicht zur Sonne gehoben, auf dass deine Tränen im Kuss der Liebe Gottes trocknen konnten? Wir waren es, du liebes Wesen, und wir werden dich auch in deinem erwachsenen Leben nie verlassen. Wir können von einem Augenblick zum anderen in deine Gedanken eintauchen, um dir zu helfen, deinen Weg zurück zum Himmel zu finden.

Solltest du dir Sorgen machen, dass du einen anderen Menschen enttäuscht hast, so bitten wir dich, uns diese Gedanken zu überlassen. Könnte ein Engel jemals einen Geliebten im Stich lassen? Rufe dir in Erinnerung, dass du ein Engel bist, ein heiliges Kind Gottes. Du bist ein Engel, von Ihm auf die Erde gesandt, der dich in Seiner tiefsten Essenz liebt. Sind deine Gedanken recht und entspringen deine Intentionen einem reinen Herzen, dann ist es unmöglich, dass du einen geliebten Menschen enttäuschst.

Wir werden dich immer und in allem unterstützen. Auch wenn Verzögerungen unvermeidlich sind und du dich fragst, ob Gott deine Gebete gehört hat, fürchte dich nicht. Wir sind bei dir. Unsichtbar halten wir deine Hand und führen dich sicher zu den Orten und Menschen, die dein Herz erfreuen. Dein Wunsch, für deine Familie zu sorgen, ist so rührend und liebevoll, dass Gott deine Gebete in dem Moment erhört, da du sie in deinem Herzen empfindest.

Gott weint auf Seine eigene Weise über die Ängste Seines Kindes. Er bittet dich nur, Ihn immer weiter in dein Herz zu lassen, damit du dich erinnerst, dass du nicht allein auf dieser Erde bist. Er bittet dich, Ihm zu erlauben, Seine überirdische Liebe durch das Gefäß deines Herzens und deines Körpers fließen zu lassen, damit du diese kostbare Fracht in die Welt tragen und eintauschen kannst für die Dinge, die du brauchst.

Der Weg zum Himmel führt nach innen. Du magst dich fragen, ob dieses »Innen« verschlossen ist und wie du diese Zuflucht vor den Stürmen des Lebens betreten kannst. Liebes Wesen, es ist nicht nötig, weiter zu schauen, als deine Gedanken reichen. Alles, was du tun musst, um die Flammen der Angst zu beruhigen, ist deine Aufmerksamkeit auf die Stille auszurichten. Löse dich von dem Glauben, dass Angst und Besorgnis ein Zeichen dafür sind, dass du dich bemühst, eine Lösung zu finden. Gott weiß, dass du dein Bestes tust, und Er bittet dich, den Weg zu bereiten für Sein Eingreifen in dein Leben.

Nun lehne dich zurück, atme dreimal tief durch und zentriere und kläre deinen Geist, damit wir Engel die Führung übernehmen können. Gib uns eine Weile die Zügel in die Hände, während du deinen müden Geist und Körper ruhen lässt. Du hast so lange und so hart gearbeitet und du hast eine Ruhepause verdient, während wir dein Herz von den Schatten der Angst befreien.

Sollte dir dies zu einfach erscheinen – dieses »Bitte einfach darum« –, so vertraue trotzdem darauf, dass es tatsächlich so einfach ist! Denn Einfachheit ist das Herz Gottes und die Antwort auf deine Ängste. Lass nicht zu, dass dein Geist sich verwirrt, indem du dich fragst: »Was, wenn dies geschieht?« oder »Was, wenn jenes passiert?« All diese Fragen »Was wäre, wenn…« werden dich nur erschöpfen und dir nichts geben, was dir weiterhilft!

Wir, die Boten des Himmels, singen ein Lied der Harmonie in vollendeter Anmut. Der Grund für die Schönheit dieses Liedes ist seine einfache Melodie. Lass deinen

Geist in Harmonie mit dieser Melodie schwingen, indem du dich auf einen einzigen Gedanken konzentrierst: Liebe. Lass sie dein Mantra sein, während du tief ein- und ausatmest, und spüre, wie dein Geist sich klärt, so wie die Sonne den Nebel auflöst.

Oh liebes Kind, du hast das Recht, herrliche Tage frei von Angst und Sorgen zu verbringen. Lass uns deine Ängste mit unseren sanften Umarmungen verscheuchen. Gib uns deine Sorgen, damit wir sie dem Schöpfer überbringen können und sie nie mehr zu dir zurückkehren. Diese himmlische Amnesie ist unser Geschenk an dich und deine Freiheit von Angst ist dein Geschenk an uns.

Burn-out

Was könnte erschreckender sein, als seine Arbeit nicht zu lieben und keinen Ausweg zu sehen aus dieser geistigen Falle? So viele von euch befinden sich in dieser Lage, dass wir diesem Thema ein ganzes Kapitel widmen wollen. Von unserem Standpunkt aus sehen wir Burn-out als einen Schrei deines Emotionalkörpers nach Hilfe und Aufmerksamkeit. Genau wie dein physischer Körper dir sagt, dass irgendetwas nicht stimmt, wenn er vor Schmerzen aufschreit, so gibt auch dein emotionaler Körper dir klare Zeichen.

Was, glaubst du, versucht dein Emotionalkörper dir mit diesem Gefühl zu sagen, das ihr »Burn-out« nennt? Natürlich weißt du, dass es die Notwendigkeit von Veränderungen in deinem Berufsleben anzeigt. Wusstest du, dass du diese Veränderungen vornehmen und dennoch hundertprozentig in Sicherheit sein kannst? Es ist wahr! Du kannst ruhig auf deinen Emotionalkörper hören und musst nicht meinen, deine Situation sei unveränderlich. Wir sind hier, um dich auf all deinen Wegen zu unterstützen, und das trifft auch auf einen Übergang in einen neuen Beruf zu, der im Einklang ist mit den Erwartungen, die du an dich selbst stellst.

Lass es uns anders ausdrücken: Wenn du wegen deiner Arbeit leidest, blockierst du das freie Fließen des Lichtes in die Welt. Du bist erkoren, ein großer Heiler zu sein, unabhängig davon, in welchem Beruf du tätig bist. Wenn du versuchst, die Hilferufe deines Emotionalkörpers zu ersticken, fühlt er sich zurückgewiesen wie ein kleines Kind, verlassen und ungeliebt. Nun kannst du verstehen, warum er zunächst heftig aufbegehrt und dann aufgibt. Dieses Aufgeben ist das tote Gefühl, das den Burn-out begleitet, und es ist wahrhaft tragisch.

Zudem ist es sinnlos zu versuchen, dieses Gefühl der Erschöpfung zu bekämpfen. Dein Emotionalkörper, tot wie ein unter seiner Last zusammengebrochenes Pferd, ist eingeschlafen wie ein tauber Arm, auf dem du zu lange gelegen hast. Du kannst diesen Teil deines Körpers nur wieder beleben, indem du dich auf die andere Seite rollst und deinen tauben Arm reibst. Ebenso verhält es sich mit deinem Emotionalkörper, der erst wieder zum Leben erwacht, wenn du aufhörst, auf ihm zu sitzen und ihn zu unterdrücken, dich erhebst und ihm deine Aufmerksamkeit schenkst.

Wir empfehlen dir, Liebes, eine Weile allein in ruhiger Kontemplation zu verbringen. Es wäre gut, wenn du ein Notizheft bereit hieltest, denn die Gedanken und Ideen werden fließen und wir möchten, dass du sie auf Papier festhältst. Wir sind hier, um dir zu helfen, und wir versichern dir, dass alles besser werden wird. »Wann?«, fragst du. Sobald du es willst, antworten wir. Willst du – in diesem Fall meinen wir das kleine Du, das seine Tage hier auf der Welt verbringt – beiseite treten und deinem inneren Selbst erlauben, hervorzutreten? Wäre es nicht fair, das für das Wesen zu tun, von dem du dir Freude erhoffst und das du unterdrückst, sobald es sich niedergeschlagen fühlt?

Ja, es ist nur gerecht, wenn du deinem Emotionalkörper gestattest, seiner eingeschlossenen Energie Ausdruck zu verleihen. Du musst dich nicht entscheiden, der Führung dieses Wesens bereits in diesem Augenblick zu folgen. Glaube bitte nicht, dass wir von dir verlangen, dein Leben völlig umzukrempeln, um es auf die Bedürfnisse deines Emotionalkörpers auszurichten. Es ist besser für dich, wenn du dir zunächst Gelegenheit gibst, deinem inneren Selbst zuzuhören, das dir viel zu erzählen hat.

Zusammen könnt ihr beide dann einen Kompromiss ausarbeiten, auf dass euer beider Bedürfnisse befriedigt werden. Normalerweise bedeutet dies, dass du um eine langsame und allmähliche Veränderung bittest. Dein Emotionalkörper wird erleichtert sein zu wissen, dass er gehört wurde und dass eine Veränderung bevorsteht. Ihr beide seid Freunde, Liebes, und ihr müsst nicht durch Burn-out zu Feinden werden.

Depression

Wir sind in deiner Nähe, wenn du niedergeschlagen und deprimiert bist. Wir werfen einen flüchtigen Blick auf deine Traurigkeit, nicht um sie zu verstehen, sondern um dein Leuchten zu feiern, das heller zu strahlen scheint, sobald du deine Sehnsucht nach Liebe nach innen richtest. Voller Trauer gehst du nach innen und findest dort die Offenbarung, aus der das Glück geboren wird.

Wenn du in Weisheit diese Energie benutzt, um dich damit zu heilen, bringt dies eine besondere Süße hervor. Denn immer wenn du dich nach innen wendest, um deine Wunden zu lecken, wiegen wir sanft Deine Seele und halten dich, selbst wenn du nicht spürst, wie unsere Gegenwart dich umkreist. Du schließt uns aus, doch in deinem Inneren gibt es ein Wissen darum, dass dein Ruf nach Hilfe beantwortet worden ist.

Und obwohl es dir ein Bedürfnis ist, immer wieder aufs Neue das Brennen deiner Wunden zu spüren, geben wir dir Blumen der Fröhlichkeit, die dich aus deiner Traurigkeit heraus und in deinen inneren Himmel locken wollen. Wenn also deine Emotionen auf und ab schwanken, so wisse, dass dies deine Herrlichkeit ist, die dir enthüllt wird inmitten all der Wolken, die du in deinem Inneren spürst. Zuweilen sehnst du dich danach, von den Wolken deiner Traurigkeit eingehüllt zu werden, auf dass du dich eine Zeitlang vor der Dunkelheit verbergen kannst. Du benutzt deine Trauer als ein Mittel der Flucht vor der Welt, die du als grausam und fordernd betrachtest.

Wir applaudieren der Anmut, mit der du dich nach innen wendest, süßes Kind des Himmels. Wende dich deinem Inneren zu, wann immer es dich ruft! Es gibt keinen besseren Augenblick für dich als den gegenwärtigen, um zu dem erfrischenden Schweigen zurückzukehren, das nur einen Augenaufschlag entfernt ist. Ob in Trauer oder in Freude, erfrische dich immer wieder, indem du von deinem inneren Brunnen trinkst.

Du bestimmst, was du mit deiner Zeit machst, und wir unterstützen dich mit Freuden in jeder Situation, für die du dich entscheidest. Wir geben dir jedoch diesen kleinen Anstoß: nämlich dass du strahlendes Licht genauso leicht wählen kannst wie Traurigkeit. Wir missachten deinen Kummer nicht. Wir suchen einfach einen Weg der Freude für dich, bei dem dein leuchtendes Strahlen anderen zuruft, schnell den Sturm hinter sich zu lassen und in den Schutz ihres eigenen Allerheiligsten einzutreten.

Benutze dein Strahlen, um andere Leben zu wärmen, und spüre, wie deine eigene Kälte im gleichen Moment dahinschmilzt. Du bist ein Schutz vor dem Sturm für andere Wesen und deine größten Augenblicke der Herrlichkeit dienen als Leuchtturm für lächelnde Seelen. Benutze die Kraft des Sturms, um an Schwung zu gewinnen. Spüre, wie dich der tobende Sturm auf deinem Lebensweg voranstößt und dir Mut und Ausdehnung bringt.

Du verwendest die Ruhepausen der Depression weise, wenn sie dich schließlich zu dem Entschluss führen, nicht länger dein eigener Gefängniswärter zu sein. Wir sehen, wie du aus der Falle der Dunkelheit ausbrichst und die Mauern des Gefängnisses hinter dir lässt. Der Beifall donnernder Stürme kann dich nicht erschrecken, wenn du sie in diesem Kontext siehst.

Dein Atem ist die Lebenskraft, die dich antreibt, eine sanftere Brise zu finden. Deine Umgebung ist nichts als ein Spiegel deiner Entscheidungen, Liebes, und freundlichere Tage warten auf dich. Wir haben keine Möglichkeit, uns in deinen Mustern einzufinden, wenn du dich von uns fernhältst. Benutze unser Flattern, um die Flügel deines Herzens auszubreiten, und spüre, wie das Licht hereinströmt, selbst wenn du dich vor den Schmerzen der Dunkelheit fürchtest.

Deine Entscheidung bestimmt die Richtung, in welche dich dein Leben führt. Glaube nicht, dass ein Opferdasein auf dich wartet, denn du selbst bist der Gefängniswärter deiner eigenen Seele und du bist gleichzeitig der Befreier, der jedes Wesen befreit, mit dem du in Berührung kommst. Daher wähle die Freiheit für jeden und du wählst Freiheit für dich selbst.

An diesem wunderbaren Tag ist deine Herrlichkeit meilenweit sichtbar. Du bist ein strahlendes Beispiel, daher lass andere dieses Leuchten der Freiheit deines Wesens sehen. Du bist die Freiheit, die andere jetzt suchen! Beschwere deine Seele nicht mit dem Glauben, dass Lasten dir Ruhm und Ehre einbringen. Sie verzögern lediglich dein Weiterkommen, also bestrafe dich nicht länger.

Die Melancholie, die du Depression nennst, ist nichts anderes als ein umgekehrter Weg, die Welt zu sehen. Die Ehre, die du suchst, wartet auf dich in diesem Augenblick, und es ist nicht nötig, dass du sie erzwingst. Doch begehre Ehre nicht für dich selbst, sondern suche in allen Dingen Ruhm und Ehre nur für Gott. Dann wirst du deinen Namen für immer in Seiner Herrlichkeit in allen Himmeln geschrieben sehen.

Daher suche keine Ehre in Depression, die bedeutet, sich in die Erde einzugraben. Stelle dich auf den Berg der Enthüllung und lobe Seinen Namen, der in dir ist. Lass kein Lebewesen dich woanders stehen sehen als auf diesem heiligen Grund und erhebe dich, indem du die Menschen mit deinem Leuchtfeuer führst. Dann wird deine Gefangenschaft ein Ende haben.

Ego

Was hat es mit diesem Ding auf sich, das wir »Ego« nennen – auch wenn es überhaupt kein Ding ist? Seine Essenz entfaltet sich für viele von euch als die größte Illusion aller Zeiten. Und doch hat es jederzeit die Macht, dich mit dem Paradox zu blockieren, dass es – obwohl kein Ding – dennoch die Illusion der Erfahrungen aufrechterhält, die du zu haben glaubst.

Lass uns ein wenig näher erklären, was dieses Ding beziehungsweise Nicht-Ding wirklich ist. Zunächst einmal hast du beschlossen, eine gewisse Zeit lang als selbst ernannter Halbgott zu wirken. Diese Entscheidung wurde aus einem Ego-Geist geboren, der aus dem Hintergrund heraus nicht mehr tun musste, als dir Eingebungen zuzuflüstern, um dich zu diesem »großen Abenteuer« des Dienstes am eigenen Ich zu verlocken.

Die Überzeugung, dass du dich selbst gefangen halten kannst und dabei keinem anderen Zweck dienst, als dich in diesem selbst errichteten Königreich zu versklaven, war das Erwachen des Egos. Doch seine Handlungen sind keine Barrieren, die Gottes Vertrauen – das unermesslich ist – nicht in jedem Augenblick durchdringen kann! Es gibt keine Wände, die Gott von dir fernhalten. Doch in deinem Bewusstsein kannst du als deine eigene Barriere dienen, die dich scheinbar vor Seiner Größe »beschützt«.

Er ist dein größter Verbündeter. Doch dein Ego versucht, sich zu deinem Meister aufzuspielen, indem es dich mit einer Myriade von Lügen über seine Funktionen umgarnt, die alle nur einem destruktiven Zweck dienen. In Wahrheit dient es eigentlich überhaupt keinem Zweck. Denn das, was destruktiv ist, ist ein Nicht-Ding, ist nicht existent und deshalb nicht zu fürchten. Und würdest du tatsächlich die Herrlichkeit des Himmels wegwerfen wollen für einen winzigen Moment der Versklavung an deinem eigenen Ego? Glaube nicht, dass das alltägliche Leben auf dem Film der selbstfabrizierten Kreation des Egos festgehalten ist. Denn das, was du suchst – was wir Frieden und Glück nennen – findet sich im Bereich des Jetzt.

Die Zärtlichkeit und Gnade, die Gott auf dich herabregnen lässt, baden dich in seiner strahlenden Herrlichkeit, durch die du dich mit seinem Geist verbindest. Freue dich über die Erkenntnis, kostbares Wesen, dass das, was du zu deinem eigenen Zweck geschaffen hast, nichts anderes ist als eine großartige Illusion. Wie die Papierpuppe eines Kindes, so kann auch sie jederzeit in die Spielkiste zurückgelegt werden im Austausch für die wahre Existenz des himmlischen Königreiches, wie es hier und jetzt auf dieser freundlichen Erde gegenwärtig ist.

Es gibt nichts zu fürchten, doch das Ego möchte dich etwas anderes glauben machen. Begehre nicht seinen Status noch seine hochmütige Erhabenheit, denn im himmlischen Königreich gibt es nichts, was über dir steht. Gott teilt seine Reichtümer gleichmäßig mit jedem von euch.

Der Vorsprung, den du vor deinen Brüdern und Schwestern erreichen willst, ist nichts anderes als Seine verschleierte Absicht. Denn dein Bruder hat die Erlaubnis, diese Geschenke über deinem geweihten Haupt auszuschütten, und zusammen mit dem Sonnenlicht wirst du von der freudigen Erkenntnis überflutet, dass das Himmelreich hier ist, hier und jetzt.

Kein Warten mehr, keine Erwartungen. Sie sind die Sklaven des Egos, liebste Kinder. Die Zeit eurer frohen Botschaften ist heute, nicht in der fernen Zukunft. Atmet sie ein, trinkt sie mit Freuden. Denn Gott will, dass Seine heiligen Kinder in freudiger Lobpreisung singen und fröhlich miteinander zu Seinem Lied tanzen. Sei dankbar dafür, dass dies so ist, liebstes Kind, und suche nicht weiter nach dem, was bereits hier und jetzt für dich vorhanden ist. Denn es ist hier und es ist jetzt und es ist sehr, sehr gut!

Ehrlichkeit

Wen außer dir selbst gibt es, dem gegenüber du ehrlich sein müsstest? Es gibt Gott, der die Wahrheit in deinem Herzen sieht. Ja, Er sieht ununterbrochen deine Liebe und Sein heiliger Geist wischt deine Sorgen weg, sobald du um Hilfe rufst. Wir Engel und deine geistigen Führer sehen deine Gedanken aus deinem Geist erstrahlen und wie du bald erkennen wirst, gibt es keinen Gedanken, der versteckt gehalten werden kann, auf dass ihn kein Auge je erblicke. Alles geschieht im offenen Raum, hier im Himmel, und wir wollen deine Gedanken nicht kontrollieren, sondern dir helfen, sie mit deinem liebenden Herzen zu schützen.

Wenn du sehen könntest, was wir in deinem Geist und deinem Herzen sehen, würdest du ganz besonders darauf achten, deine Gedanken mit großer Liebe zu überwachen. Du würdest nicht länger deine Gedanken einfach dem Wind überlassen, der sie wegträgt wie Samen, der über die Prärie bläst.

Oh Gärtner großer und kleiner Schöpfungen, nimm dir einen Moment Zeit, um deine zärtlich gehegten Schösslinge von unserem Standpunkt aus zu betrachten! Du fürchtest, dass wir dir Gabel und Schaufel aus deinen emsigen Händen nehmen. Doch unser Bestreben ist nur, die Schönheit deines Gartens zu vergrößern und dir zu helfen, kein Unkraut zu säen. Der Zaun, den du um dich herum errichtest, ist nicht in der Lage, das zu begrenzen, was du in deinem Boden pflanzt. Denn es gibt kein Leid, das von Gott kommt, sondern nur das, was du mit dir herumschleppst.

Die reife Liebe, die vor dir liegt, damit du sie pflückst und genießt und mit anderen teilst, ist so wunderschön wie jede Blüte, die man sich auf dieser Erde nur vorstellen kann. Erkenne die Liebe, die du gepflanzt und erfolgreich durch gemeinsame Momente der Süße mit anderen genährt hast! Zögere nicht, diese Frucht zu genießen, kostbares Wesen, denn der Reichtum deiner Seele wird immer größer, während du ihre Leben spendende Kraft in deinen Gedanken und Handlungen erntest. Der Vorrat dieser Liebe wird sich nie verringern und ihre Fülle existiert, damit du in ihr schwelgen und sie teilen kannst.

Das Unkraut, auf das du dich gegenwärtig so sehr konzentrierst, kannst du einfach durch deine Ehrlichkeit entfernen, heiliges Wesen. Betrachte alles, was du gepflanzt hast, mit den Augen der Liebe und versuche nicht, die Dinge mit Gewalt auszureißen, derer du dich entledigen möchtest. Stattdessen nimm sie zärtlich in deine Arme und übergib sie uns Engeln, die wir bereit stehen, den Garten in vollendeter Schönheit erstrahlen zu lassen. Gib sie uns, Liebes! Überlasse uns dein Unkraut! Und wir werden es dankbar zum Schöpfer bringen, der alles wiedergutmachen kann, was irrtümlich gepflanzt worden ist. Er kann auf wunderbare Weise die vertrockneten Blätter in herrliche Fülle verwandeln, die wir dann in deine wartenden Arme legen.

Halte kein Unkraut zurück, um es mit Gedanken heimlicher Sehnsucht oder Scham zu bewachen. Es gibt kein Unkraut, das du für dich behalten solltest! Es gibt kein Unkraut, das du mit blühenden Blumen verwechseln könntest, wenn du deine Unsicherheiten dem Einen überlässt, der weiß. Gib sie uns ohne Ausnahme und entspanne dich in dem Wissen, dass alles, was wirklich ist und schön, für alle Zeiten an deiner Seite erblüht.

Eifersucht

Glaubst du, kostbares Wesen, dass ein anderer mehr hat als du? Machst du dir Gedanken darüber, dass dich jemand davon abhält zu bekommen, was dein Herz sich wünscht? Diese wimmelnden Gedanken im Kopf halten dich in Anspannung, während du doch die ganze Zeit alles hast, was köstlich ist. Denn das sind die Phantasien des Egos, auf die sich alle Welt konzentriert, und währenddessen bleibt die Liebe unbemerkt und ungenossen.

Lass uns dir Eifersucht auf diese Weise erklären, heiliges Wesen: Einst gab es eine Zeit, in der du absolute Einsamkeit in Gottes Geist genossen hast. Dein Herz und das Seine kannten nicht die Sehnsucht der Trennung, denn alles, was du brauchtest und wolltest, war da. Dann sorgte eine Berührung des Ego-Verstandes dafür, dass du in Bewegung kamst und dich umschautest. Plötzlich stelltest du fest, dass du nicht allein warst. Und in diesem Augenblick glaubtest du in deiner Vorstellung, dass deine Brüder und Schwestern mit dir um die Zuneigung Gottes konkurrieren.

In diesem Moment des Wettbewerbs gabst du das Wissen um deine Heiligkeit im Austausch gegen Schreckensvorstellungen auf. Denn wer wäre nicht voller Angst und anfällig für Missgeschicke und Missetaten, wenn er seine Heiligkeit verloren hat? Doch ist diese verrückte Vorstellung nichts als ein nächtlicher Traum, Liebes. Schau dich noch einmal um und nimm den Herzschlag Gottes wahr, der dich nie verlassen hat und der in der Brust jedes Lebewesens auf eurem schönen Planeten schlägt.

Deine Seele manifestiert sich in allen möglichen Formen und Größen und auch die Seele eines Flohs oder einer Ratte sind nichts anderes als Gottes Ausdruck in der sichtbaren Form des Fleisches. Suche nicht länger nach Not und Elend, süßes Wesen. Stattdessen bedecke deine Wunden mit dem Balsam Seiner Liebe. Gönne dir die Erfrischung des Nachhausekommens in deinem eigenen Herzen. Und zentriere dich in der Wahrheit, dem ewigen Gegenmittel für alles, was dich zu plagen scheint. Seit der Alptraum begann, sind wir nie von deiner Seite gewichen, heiliges Wesen. Und während du zu leiden glaubst, sind wir bei dir und behüten dich.

Süßes, kostbares Kind Gottes, du warst dem Himmel nie näher als in diesem Augenblick. Denn die Wahrheit ist, dass du ihn nie verlassen hast, außer in deiner Vorstellung. In der Umarmung unserer Flügel heißen wir dich willkommen daheim und bitten dich nur, dir selbst zu verzeihen. Denn wir sehen, dass du viel zu hart mit dir selbst bist, und obwohl dir Gnade gewährt wird, nimmst du sie oftmals nicht an. Sei ab sofort nachsichtig deiner Seele gegenüber, liebstes Kind, und erkenne die Wahrheit in deinem strahlenden Licht.

Denn jetzt erkennst du die illusorische Natur der Vorstellung, dass ein anderer mehr haben könnte als du. In Wirklichkeit gibt es niemand anderen als dich selbst. Gibt es niemand außer der Seele, die in Myriaden leuchtender Facetten von dem einen Edelstein strahlt, der Gott ist. Und Er könnte niemanden mehr lieben als dich! Er schenkt dir Sein ganzes Königreich der Liebe, oh süßes Wunder, welches du bist. Du hast die Schlüssel zu Seinem strahlenden Reich verdient. Niemand kann diesen Schlüssel deinen Händen entreißen, außer du selbst. Nur durch deine eigene Wahl bist du benachteiligt oder in Ungnade gefallen. Nur durch deine eigene Entscheidung, Elend zu erleiden, finden deine Bedürfnisse keine Erfüllung. Und durch deine eigene Entscheidung kannst du all das wieder herstellen, was du in Wahrheit nie verloren hast!

Wir beten darum, dass du deine Wahrheit wieder zum Leben erweckst und dir das heilige Königreich für deine bewussten Erfahrungen auf dieser Erde eröffnest. Der Himmel enthält dir nie deine Wünsche vor noch bringt er dir Leiden. Gott möchte, dass deiner Seele und deinem Fleisch Wahrheit und Liebe wiedergegeben werden. Stehe nicht länger draußen vor der Tür und leide im Regen, wenn du doch die Wahl hast, in den Schutz und die süße Herberge Seiner allmächtigen Liebe zu kommen. Das Ende allen Leidens ist hier!

Und wenn du diesen Schritt machst, strecke deine Hand deinem Bruder und deiner Schwester entgegen, die im Stillen einen Atemzug von dir entfernt leiden. Lächle das strahlende Licht Gottes, während du kraftvoll ihre Hände ergreifst und ihnen liebevoll den sicheren Hafen zeigst, der euch beide erwartet. Das Fließen und Strömen der Liebe von deiner Hand in die Hand eines anderen ist der Weg deines himmlischen Schöpfers, euch beide zu erreichen und in Seinen Armen zu wiegen! Zögere nicht, wenn du eine Bewegung in deinem Herzen fühlst, die dich drängt, auf deine Brüder und Schwestern zuzugehen und ihnen die Liebe zu geben, derer du teilhaftig geworden bist. Zögere nicht eine Sekunde, sondern strecke ihnen furchtlos deine Hand entgegen, die einfach zum Ausdruck bringt: »Mein Bruder, meine Schwester, wir teilen die Liebe Gottes als ein Wesen. Indem ich dir helfe, mögen wir beide den Segen ewigen Friedens erhalten.«

Denn es gibt keinen Wettkampf mit dem Ziel, die Liebe des Schöpfers zu gewinnen. In dem Augenblick, in dem du dich entscheidest, sie herzugeben, teilst du sie mit allen anderen. Erfülle die Sehnsüchte deines Herzens vollständig mit dieser Liebe und indem du ihren Überfluss in die wartenden Hände eines anderen fließen lässt, wird dein Vorrat wieder und wieder aufgefüllt. Wie ein Wasserfall sich in einer herrlichen Demonstration von Schönheit ergießt, ist das Strömen der Liebe vom Herzen des Schöpfers durch das deine in das Herz eines anderen ein für alle sichtbares überwältigendes Wunder. Suche nicht danach, was du haben kannst, sondern nur danach, was du geben kannst. Auf diese Weise wirst du alles haben und noch mehr.

Einsamkeit

Das Portal in deinem Herzen, das es der Liebe gestattet hineinzufließen, kann leer erscheinen, wenn du vergisst, dass sie im Fließen begriffen ist. Du magst dich danach sehnen, dein Herz mit mehr Substanz aufgefüllt zu wissen, da du glaubst, sie nähme dir deinen Schmerz. Doch diese Sehnsucht ist dein Durst nach unserem himmlischen Schöpfer, der in alle Ewigkeit und überall existiert. Und das, von dem du glaubst, es sei leer, ist in Wahrheit selbst in diesem Moment bis zum Überströmen gefüllt.

Liebes Wesen, glaubst du, Gott würde dich ohne Trost lassen, während du zwischen den Bäumen und Menschen der Erde wandelst? Glaubst du, Er würde dich nicht in jedem Augenblick genau zu dem Menschen führen, der deines liebenden Trostes bedarf, des Trostes, der von Ihm kommt, der euch beide jetzt und immerdar liebt?

Du wirst so über alle Maßen geliebt, dass dein Bewusstsein nur ein Schimmer auf dem Lächeln in deinem Herzen ist. Du verstehst deine Größe nicht und daher wendest du dich von ihrem Anblick ab, aus Angst, vor Ehrfurcht angesichts des in dir strahlenden Lichtes zu erschauern. Erkenne deine Größe, kostbare Seele! Wende dich nicht von dem Licht ab, das deine Leere erleuchten und mit einer Liebe erfüllen kann, die so wirklich und ewig ist, dass sich nichts jemals mit ihr vergleichen ließe!

Umfange ihre Substanz in einer liebenden Umarmung für das, was einzig deine Leere auffüllen kann mit Liebe, ewiger Liebe, die rein und klar dein ganzes Wesen durchströmt.

Kostbares, heiliges Kind Gottes, schau dich um und sieh, wo immer du dich hinwendest, die Reflexionen Seiner Liebe für dich. Richte deine Aufmerksamkeit nicht auf den Makel, der bisher deine Freude beeinträchtigt hat, sondern sieh stattdessen das offene Tor ewiger Bruderschaft mit jedem, der dir begegnet. Überall hier sind deine Freunde und du musst dich nur nach ihnen umsehen, denn sie sind hier bei dir.

Wie viele Freunde möchtest du haben? Bitte darum und sie werden dir noch heute gegeben! Die Partnerschaften, nach denen du dich sehnst, beginnen in dir, in der Partnerschaft mit deinem heiligen Selbst. Vereinige dich mit deinem Selbst und verpflichte dich jetzt sofort zu dieser Verbindung. Dann trage dieses feierliche Versprechen, das du in deinem Inneren gegeben hast, in die Welt hinaus, wo immer du hingehst, und strahle seine Heiligkeit jedem entgegen, der dir begegnet.

Der Schein dieses wunderbaren, strahlenden Lichtes ist unverwechselbar für alle, deren Augen in deine Richtung schauen, und sie werden Seinen Blick der Liebe erwidern. Lausche auf die Stimme, die dich zu sich ruft, und verbinde dich mit deinen Brüdern und Schwestern im frohen Wissen um eure heilige Partnerschaft.

Halte einen Augenblick inne und spüre, wie alle Leere dahinschmilzt. Denn du bringst nichts in diese Welt, das nicht ein Teil von dir ist. Das, was du besitzt, besitzt auch dich, und daher bitten wir dich, darauf zu achten, dass andere ausschließlich zu Zeugen deiner Liebe werden. Erblicke in ihnen nur das, was du in dir selbst sehen willst, und wähle deine Worte mit Bedacht.

Mache Platz für Freundschaft in deinem heiligen Herzen und sie wird kommen. Entferne alle Zäune aus deiner Seele, mit denen du dich gegen die Liebe schützen wolltest, denn jetzt bist du bereit, die Liebe hereinzulassen und ihr dein inneres Territorium ganz und gar zu öffnen. Nun ruhst du in der Gewissheit, liebes Kind, dass Seine ewige Sicherheit mit deinem Bedürfnis nach Schutz verschmilzt.

Liebe kann nie verletzen und dein Flehen um Freundschaft wird erhört. Schaffe Raum in dir, auf dass Gnade geschehen kann, und sie wird dir einen Freund zeigen, der deiner Ausstrahlung entspricht. Du bist uns allen, die wir auf der himmlischen Ebene weilen, ein Freund, den wir bedingungslos und in jeder Beziehung lieben. Wir schicken dir perfekte Gefährten, um diese Öffnung deines Herzens für Seine heilige und segensreiche Liebe zu feiern.

Entspannung

Stille Einsamkeit ist eine Kraft spendende Notwendigkeit für euren Körper, der zum Licht aufsteigt, liebe Kinder. Wir kommen heute zu euch, um euch über dieses Bedürfnis zu informieren, da wir sehen, dass so viele es zu lange vernachlässigt haben. Wir flehen euch an, eure Einstellung zu überdenken, die Entspannung als »Vernachlässigung der eigentlichen Aufgaben« oder »sinnlos« bezeichnet, denn das Gegenteil ist der Fall.

Nimm zum Beispiel eine Eiche. Wächst sie nicht in Schüben? Bietet sie nicht Nahrung und Zuflucht für viele Lebensformen, die sie als Freund betrachten? Und doch versucht die majestätische Eiche nicht, ununterbrochen zu wachsen, sondern richtet sich stattdessen nach den Gezeiten ihrer eigenen Zellen. Würde sie ohne Unterlass Nahrung aus dem Boden unter ihren Wurzeln ziehen, hätte die Erde nicht genug Zeit, sich zu erneuern, und die Eiche würde sie auslaugen. Ihr schnelles Wachstum während bestimmter Jahre wird durch ihre anfangs langsame Entwicklung möglich gemacht.

Auch ihr habt das Bedürfnis nach Ruhepausen, die oft sehr notwendig sind und doch von vielen übersehen werden, auf die unser Blick fällt. Ihr Lieben, könnt ihr denn nicht verstehen, dass Gott euch nicht drängt, über eure eigenen Grenzen zu gehen? Setz dich ruhig irgendwo hin und mach es dir bequem, während du die Kraft unserer

Worte in dir aufnimmst. Denn wann immer du unseren Namen rufst, nähren wir dich mit unermesslichem Wachstum. In der Zeit des Stillsitzens passieren viele Dinge. Ein zweites Augenpaar in deiner Seele ist erforderlich, um dieses innere Wachstum zu ermessen.

Sei versichert, dass wir während deines »Nichtstuns« emsig damit beschäftigt sind, viele Bereiche innerhalb deiner Struktur neu zu ordnen. Und wenn du schließlich aus deinem Winterschlaf erwachst und dich rundum erneuert fühlst, spürst du damit die Berührung eines Engels in deinem Innersten. Daher sei dankbar für die Momente, in denen deine Seele dich dazu drängt, innezuhalten.

Glaube nicht, dass ein Innehalten bedeutet, dass du keine weiteren Fortschritte auf deinem goldenen Weg machst. Das Licht in deinem Inneren strahlt am stärksten, wenn es nicht durch hastige Bewegungen durcheinandergewirbelt wird. Also sage nicht, dass es selbstsüchtig oder weltfremd sei, still im kühlen Schatten des Grases zu sitzen und den Geschmack der Luft zu trinken. Es ist vielmehr eine Gelegenheit für uns, dir unter dem unverwandten Blick unserer Liebe Schutz und Erfrischung zu gewähren.

Gib uns diese Möglichkeit, dich zu erfrischen, liebes Wesen, und lass uns in frohem Wissen um unseren Schöpfer erstrahlen. Zusammen umkreisen wir Ihn in Dankbarkeit dafür, dass die Arbeit, die wir gemeinsam auf dieser Erde tun, uns allen so viel Freude bringt!

Enttäuschung

Erscheint es dir manchmal schwer, dich selbst zu lieben, wenn andere ihre Herzen auf eine Weise bewachen, die dich enttäuscht? Sei versichert, dass wir deinen Schmerz über menschliches Verhalten verstehen. Oft hast du auch Entscheidungen getroffen, von denen wir dir abgeraten hätten, hättest du unseren Rat eingeholt. Dennoch sehen wir das Gute leuchten in jedem von euch.

Wir wissen, dass ihr alle kurz davor steht, die erstaunlichsten Entdeckungen über euch selbst zu machen! Wir machen euch Mut, wenn ihr leidet und kein Ende in Sicht scheint. Ihr steht unmittelbar vor einer Zeit ungeheurer Entdeckungen, Liebes, und wir bitten dich, gemeinsam mit uns an der Hoffnung festzuhalten, dass alles sich zum Guten wenden wird. Denn dieser Glauben wird dich weiter bringen, als es je ein anderer Mensch vermöchte.

Doch es scheint, als sei das nicht so einfach, nicht wahr? Vielleicht hast du eine Stufe erreicht, von der du hofftest, dass sie eine Belohnung für dich bereithalten würde, doch diese Vorstellung hat sich nicht erfüllt. Du fühlst dich niedergetrampelt, als wären andere über dich hinweg gegangen und hätten den Schmerz ignoriert, den du unter ihren Füßen spürst. Du magst dich nutzlos fühlen, unwürdig der Ehre, von der wir sagen, dass sie dir gebührt. Doch in dieser Hinsicht gibt es eine einfache Wahrheit, die eine heilende Wirkung hat.

Dir von diesen Dingen zu berichten birgt ein Risiko, doch wir glauben, es liegt in deinem besten Interesse, wenn du dies hörst: Es kommt morgen nichts auf dich zu, das du nicht heute schon in deinem Herzen trägst. Wenn du also das Gute im Morgen erwartest, wirst du immer enttäuscht sein. Denn das Fließen, das du suchst, geschieht in absoluter Vollendung bereits hier und jetzt, liebes Wesen!

Denke nicht, dass der morgige Tag zu deiner Ganzheit beitragen kann, denn das wäre ein unmögliches Kunststück. Es gibt nichts, was man jemandem hinzufügen könnte, der – so wie du – in Wahrheit keine Bedürfnisse kennt. Was könnte morgen zu deinem Wesen hinzukommen, das du nicht heute schon hast?

Vielleicht meinst du, etwas zu brauchen, das du im Moment nicht hast. Wir fragen dich: Was könnte das sein? Was hat Gott dir nicht gegeben oder was würde er dir nicht zukommen lassen in diesem Augenblick? Glaube nicht, dass ein anderer dir etwas hinzufügen oder dich um eine Sache bereichern muss, die dir gegenwärtig fehlt. Denn du hast dir deine Erschaffung bereits verdient und dein Schöpfer hat dir alles andere versprochen.

Einige unter euch denken oft an ihre Vergangenheit, was dazu führt, dass sie unter Schuldgefühlen leiden und sich unwürdig fühlen. Doch selbst diese Glaubenssätze reichen nicht aus, um Gottes Schätze von dir fernzuhalten! Denn kein irdischer Sterblicher wäre jemals in der Lage zu verhindern, dass der Reichtum des Himmlischen Schöpfers sich heute und bis in alle Ewigkeit in einem unaufhörlichen Strom auf seine Schöpfung ergießt. Daher fordern wir dich auf, voller Freude mit diesen Segnungen zu tanzen, die dein sind in diesem Augenblick, in dem wir dir davon berichten. Deine Freude sendet lichterfüllte Botschaften zu dem Einen, der mit dir im Himmel wohnt. Und deine Freude ist die Seine.

Glaub uns, es birgt keinerlei Gefahr, deine Vorstellungen von dem aufzugeben, was dir deiner Meinung nach zusteht. Diese Abmachungen, die du wie ein Drehbuch im Zusammenhang mit anderen Menschen verfasst, führen immer zu Enttäuschungen. Denn Gott sendet Menschen zu dir so sicher, wie er dich zu anderen schickt. Lasse den anderen Raum zum Atmen und erlaube ihnen, so zu sein, wie sie sein wollen, dann kann nichts an ihrem Verhalten dich enttäuschen. Und so wie deine Bedürfnisse erfüllt werden, so sind auch die anderen voll mit den Schätzen des Himmels. So erkennst du die Herrlichkeit des Teilens, die euch allen gemeinsam ist!

Ernährung

Würde es euch überraschen zu erfahren, dass menschliches Leben auch bei einer deutlichen Reduzierung der Nahrungsaufnahme aufrechterhalten werden kann? Vielleicht überrascht es euch auch nicht, da ihr wisst, dass die Realität von Glaubenssätzen bestimmt wird. Es ist nur euer Glaube, der quälenden Hunger und andere Bedürfnisse innerhalb eures Denksystems erschafft.

Essen hat nichts mit Moral zu tun, doch sehen wir, dass viele von euch Trost in der Nahrung suchen, während ihr tieferer Hunger in Wahrheit Gott gilt. Wir möchten diese Menschen mit unserer heilenden Gegenwart trösten, aber zuweilen ist es sehr schwierig, zu ihnen durchzukommen! Daher erinnern wir euch an einen Brauch, der früher »Tischgebet« genannt wurde. Wir würden diese Tradition gerne als einen neuen Trend am Horizont sehen und nicht als etwas, das der Vergangenheit angehört.

Während der Momente, da du den Kopf senkst und dich an deinen himmlischen Ursprung erinnerst, erlaubst du uns Engeln, mit dir am Tisch zu sitzen. Wir gesellen uns zu dir mit süßer Musik und sorgen dafür, dass dein Geist fröhlich ist. Das Tischgebet ist nur eine von vielen Möglichkeiten, uns an deine Seite zu rufen. Bediene dich jeglicher Methode, die dir gefällt, Liebes. Doch wir flehen dich an: Lade uns zu deinen Mahlzeiten ein.

In der unmittelbaren Zukunft wird dein Körper sich neuen Energieschwingungen anpassen müssen, die dich und die Erde aus dem Weltraum bombardieren. Nahrung leitet Energie weiter und dein Körper assimiliert sie in vielerlei Weise. Eine Möglichkeit ist die Übertragung von Informationen aus der Erde in dein Bewusstsein. Die Erde spricht zu dir durch ihre Kinder, die lebendigen Pflanzen, die dir als Nahrung dienen.

Stell dir das so vor: Dein Abendessen ist eine Begegnung, bei der Botschaften und Gedanken ausgetauscht werden, selbst wenn du dir dessen nicht bewusst bist. Wir sprechen von dem, was auf der unsichtbaren Ebene geschieht, denn wir fühlen, dass es an der Zeit ist, das Wissen um diese Dinge mit euch zu teilen. Mutter Erde ruft nach dir, auf dass du ihre Schreie hörst. Doch werden ihre Rufe schwächer, wenn du viel isst – und dabei vielleicht auch noch wenig Nahrungsmittel, die aus ihrem lebendigen Körper kommen.

In der Zeit, die es braucht, um Pflanzen in endloser Variation zu züchten und auf den Markt zu bringen, könntest du dich liebevoll mit der Erde befassen und ihre Botschaften hören. Ein Spaziergang mit nackten Füßen im Gras, eine Ruhepause unter einer Eiche oder das sanfte Wiegen deines Körpers im Wind kann deine Energieschwingungen mit den Botschaften in Kontakt bringen, die dir in dieser Zeit gesendet werden.

Auch Wasser überträgt wesentliche Botschaften. Trinke mehr davon, als du es bisher getan hast, und konsumiere es so unverändert und natürlich wie möglich.

Damit meinen wir, dass du Pflanzen, Mineralien und essenzielle Vitamine in ihrer ursprünglichsten Form zu dir nehmen solltest. Es gibt kein noch so köstliches Gericht, das dir mehr geben kann als Mutter Erde selbst.

Haltet euer altes Erbe aufrecht, indem ihr zu den Pflanzen zurückkehrt, und während ihr sie esst, hört ihnen zu. Lauscht still. Hört die liebende Botschaft der Pflanze, die von ihrer Wurzel, ihren Blättern und ihrem Samen kommt. Achtet auf das, was ihr in eurem Herzen und in eurer Seele vernehmt, und würdigt ihre Botschaft in Liebe.

Vielleicht fühlt ihr euch dazu hingezogen, eure Mission durch diese sanfte Form der Ernährung zu erfüllen. Wir wissen, dass dies anfangs eine gewisse Umstellung für diejenigen bedeutet, die Sicherheit, Trost und Geborgenheit auf mehr traditionelle Weise suchen. Doch wir sagen euch die Wahrheit, ihr Lieben: Das Suchen nach Sicherheit in althergebrachtem Verhalten bringt keine wirkliche Lösung!

Eure Sicherheit und die Sicherheit eurer Kinder hängt von der fürsorglichen Aufmerksamkeit ab, die ihr dem Reich der Pflanzen schenkt. Verbringt mehr Zeit in ruhiger Gelassenheit und falls ihr nichts vernehmen könnt, bittet uns Engel um Hilfe! Wir wünschen uns, dass ihr die Schreie der Erde hört, nicht weil ihr euch für irgendetwas schuldig fühlen sollt. Nein! Das würde überhaupt nicht helfen. Wir möchten, dass ihr hört und seht, was uns Engeln als Wahrheit bekannt ist: dass es noch nicht zu spät ist, Mutter Erde zu retten. Sie möchte sich mit euch zusammentun, sowohl in den endlosen Weiten ihrer Schönheit als auch in ihren unfruchtbaren Landschaften. Sie wird euch sagen, was sie braucht, wo sie Schmerzen empfindet. Doch wir können niemandem etwas vermitteln, der beschließt, nichts wissen zu wollen. Das ist euer Recht, euer freier Wille.

Wir bitten dich nur, dass du nach innen in dein Herz gehst und dich in Liebe mit dem göttlichen Wesen verbindest, das dich wahrhaft liebt: deine Mutter, dein Planet. Wenn du ihrer Führung folgst, wird sich alles, was du tust, viel natürlicher entwickeln. Und du wirst Nahrungsmittel wählen, die das Bild deiner selbst als natürliches Wesen widerspiegeln. Es ist deine Essenz. Es ist dein Leben.

Erschöpfung

Fühlst du dich müde und erschöpft, Liebes? Niedergeschlagen von des Lebens harten Anforderungen, deren Gewicht zu oft auf deinen Schultern lastet? Gestatte dir selbst einen Augenblick der Erholung und während du süße, sanfte Luft in deine Lungen atmest, werden wir den Sauerstoff mit unserer Zärtlichkeit anreichern. Du hast Schmerzen und sehnst dich danach, deine Lasten eine Weile los zu sein, und doch weigerst du dich, dir diese Freude zu gewähren.

Wir stehen neben euch und wundern uns darüber, wie ihr euch immer wieder selbst unterdrückt. Dass ihr euch fortwährend zu dieser Unterdrückung zwingen müsst, ist doch ein deutliches Zeichen dafür, wie unnatürlich dieses Verhalten ist. Ohne Entspannung kann der Mensch nicht gedeihen. Die Zeit ist gekommen, da du in ruhiger Kontemplation über das nachdenken solltest, was im Universum von Wert ist. Wenn du Zeit allein mit deinem Schöpfer verbringst, schlägt dein Herz in glücklicher Harmonie mit Seinem universalen Rhythmus.

Euer Erwachen, liebe Kinder, wird durch diese goldenen Momente der Ruhe beschleunigt. Und während ihr ohne Pause auf eurem Weg voraneilt, könnt ihr unser Flehen vernehmen, langsamer zu werden und euch Ruhe zu gönnen zwischen den hektischen Atemzügen, mit denen ihr euch in das Treiben der Welt stürzt.

Wir sehen die Inschrift der Angst auf deiner schwitzenden Stirn und wissen, dass diese Angst dich davon abhält, deiner Sehnsucht nach süßer Ruhe nachzugeben. Du eilst und hetzt durch die Welt und jetzt bist du müde. Doch sei dankbar für diesen Moment der Erschöpfung, liebstes Kind Gottes. Denn während du deinen müden Geist und Körper ausruhst, legen wir uns neben dich und erzählen dir unsere Geschichten.

Du wirst nicht lange erschöpft sein, wenn du unser Erscheinen durch dein Rufen nach uns beschleunigst. Die Zeit der Engel ist anders als die der Menschen und wir sehen deine Sehnsucht nach Liebe, weil unser Blick ständig auf Gott gerichtet bleibt, während wir an deiner Seite sind. Daher komm näher und du wirst alles erhalten, wonach dein Herz sich sehnt. Stärke dich an unserer Nahrung, die unmittelbar vom Schöpfer kommt, und gib deinem Herzen einen immerwährenden Vorrat davon.

In einem Herzen, das für immer vom Strom der Liebe seines Schöpfers trinkt, gibt es keine ungestillte Sehnsucht mehr. Spüre, wie dein Hunger vergeht und dein eigener Vorrat unweigerlich aufgefüllt wird, wenn du dir dies endlich gestattest. Ja, es ist wahr, du verdienst dieses herrliche Vergnügen, das du dir selbst schenken kannst, daher zögere nicht einen Augenblick länger.

Was immer du im Moment auch tun magst, du kannst es jetzt zur Seite legen. Wir Engel stehen bereit, während du dir einen Augenblick wohlverdienter Ruhe gönnst. Atme nun die Liebe des Schöpfers ein, während wir eine Herzensbrücke bauen von Gottes Geist zu deinem Geist.

Du wirst diese Brücke von nun an schneller überqueren, da du jetzt leichter erkennst, wann du dich nach einer Vereinigung mit Ihm sehnst. Vergleiche jeden Moment deines Tages mit diesem Augenblick der Vereinigung mit dem Schöpfer und du wirst dir nie mehr gestatten, dich allzu weit von Ihm zu entfernen.

Unablässiges Gebet ist alles, was von dir verlangt wird, um dauerhaft auf dieser Brücke zu sein. Ein ständiger Strom von Gedanken von deinem Geist zu Seinem Geist, die unaufhörlich in erleuchteter Verbindung mit Ihm fließen. Denn du bist eins mit Gott und ebenso verbunden mit uns Engeln. Der unablässige Strom der Liebe ist wunderschön anzusehen und dein Herz sehnt sich immer danach, auch in diesem Augenblick. Trinke, süßes Kind! Trinke, bis der Durst deines Herzens durch die Liebe gestillt ist. Zögere nicht, sondern lass dich von der Liebe tragen, denn dort findest du alle Antworten auf deine Fragen.

Die Stille dieser Liebe trägt dich durch den Tag und beruhigt deinen Geist in allen Situationen. Halte deine Gedanken unablässig auf Ihn gerichtet und es wird dir an nichts mangeln. Und du wirst nie mehr ermüden.

Freundschaft

Wir sehen, dass viele von euch glauben, keine Freunde zu haben, und sich alleine fühlen, getrennt von den anderen. Ihr betrachtet euch selbst als einsam und von der Mehrheit missverstanden. Und diejenigen unter euch, die von einem Freund enttäuscht sind, suchen Trost, indem sie sich über denjenigen stellen, der ihnen seine Freundschaft geschenkt hatte.

Es ist wichtig, euch dies mitzuteilen, liebe Freunde: Wir Engel sind euch zahlenmäßig weit überlegen. Es gibt ungeheuer viele von uns und wir können uns durch alle Ebenen des Universums bewegen. Wir bringen dir einen himmlischen Beweis der Zuneigung, sobald du darum bittest, und dennoch bestehst du darauf, dass du allein bist. Diese Einstellung ist es, die deine Einsamkeit schafft, liebes Wesen. Vielleicht formst du dieses Bild deiner selbst aus romantischen Gründen, doch ist es ein Bild, das kein Spiegelbild hat, in dem es sich betrachten könnte. Du, der du ein Teil der einen Form bist, aus der alles Leben entstanden ist, siehst dich selbst als getrennt und allein.

Durch diese Betrachtungsweise zerfallen deine Erfahrungen in scharfkantige Splitter, welche die tiefste Essenz deiner Seele vor Kälte erschauern lassen. Wenn du die Welt in Verbindendes und Trennendes aufteilst, isolierst du dich, versteckt in einer dunklen Ecke, ohne einen Menschen, dem du dich mitteilen könntest.

Es gibt Zeiten, in denen Alleinsein wichtig ist; dessen sei versichert. Doch ist es ungeheuer wichtig, dass du das Folgende wirklich verstehst, solange du auf dem Planeten Erde weilst: Jeder Mensch, auf den dein Blick fällt, ist ein anderes Beispiel für das, was du selbst bist. Es gibt keinen Unterschied zwischen dir und den anderen, zwischen ihm und uns. Die Fragmentierung, die du siehst, ist nichts als eine optische Täuschung – wie ihr es nennen würdet –, die Bilder der Einsamkeit für dich kreiert, die du für dich behalten oder mit anderen teilen kannst.

Und das gilt für alle Menschen, wo du auch hinschaust. Es ist immer die gleiche Erfahrung. Und was die Wahlmöglichkeiten betrifft: Dir ist die größte Entscheidung überlassen, die jemand treffen kann! Während du nach Vereinigung suchst, scheint das Ziel in immer weitere Ferne zu rücken. Es sieht so aus, als würde es auf alle Zeiten so weitergehen, bis du schließlich irgendwann frustriert protestierst und entscheidest, dass es dir reicht.

Doch wir Engel sind hier, um die herrliche Neuigkeit des Erwachens in eurer Mitte zu teilen. Und durch dieses Erwachen erhältst du das unerschütterliche Wissen darum, dass die Vereinigung nicht von Raum und Zeit abhängig ist. Sie geschieht nicht oben, unten, vorne, hinten, in der Zukunft, in der Vergangenheit oder in irgendeiner anderen Dimension. Die Verbindung geschieht hier, jetzt, in diesem Augenblick.

Sei froh, dass du für die Dauer deiner Erdenmission auf diesem schönen Planeten zu Hause bist, denn die vor dir liegende Zeit ist voller Freude. Doch kannst du dir während deines kurzen Aufenthaltes hier das Leben auch zur Qual machen, wenn du glaubst, dass dir etwas fehlt. Und dieser Gedanke macht dir Angst. Daher suche Vereinigung nicht auf eine Weise, die Furcht in dein Leben bringt, sondern sieh die leuchtenden Strahlen in dir selbst und anderen und erkenne die Großartigkeit und Schönheit, die sich dir überall zeigt, wohin du auch schaust.

Der Freund, den du suchst, bist du selbst, liebes Wesen, und immer wieder du selbst. Überall auf der Welt warten deine Freunde auf dich. Schiebe sie nicht beiseite inmitten der Veränderungen, in denen euer Planet begriffen ist und die euch dazu aufrufen, eure Handlungsweise neu zu überdenken. Verbringe diese Zeit stattdessen damit, deinen Bruder und deine Schwester zu rufen, die sich ebenfalls nach Liebe sehnen. Geleite sie durch deine Liebe nach Hause. Heile sie mit deiner Wahrheit und lass alle Waffen fallen, die dich der süßen Früchte der Freundschaft berauben. Akzeptiere zuerst dich selbst als Freund und du wirst nie mehr ohne Freunde sein.

Führung

Fühlst du dich manchmal verloren, süßes Kind? Zuweilen kämpfst du, um deinen Weg zu finden, doch wir stehen neben dir, um dich jederzeit nach Hause zu geleiten, wenn du uns darum bittest, dir die Richtung zu zeigen. Deine innere Führung, die einen Fuß sicher vor den anderen setzt, steht dir jeden Tag zu Diensten. Es gibt nie einen Moment, in dem deine Führung verloren geht, doch gibt es Zeiten, in denen du dich vor dem Wissen um ihren Kurs abschirmst.

Du zweifelst und schwankst zwischen dem stets verfügbaren Tor der Führung Gottes und dem Zurückfallen in deine alten Muster. Während du noch denkst, du bewegst dich vorwärts, erblickst du plötzlich ein altvertrautes Muster, das dir anzeigt, dass du deinen Pfad verloren hast, und fühlst dich entmutigt. Das ist der Moment, in dem du dich niedersetzen und nicht gegen dich selbst kämpfen solltest, denn diejenigen, die gegen das Verlorensein ankämpfen, entfernen sich nur noch weiter von ihrem Pfad. Doch wer innehält, tief atmet und sich eine Zeit lang ruhig umsieht, wird bald wieder Mut schöpfen. Und damit wird das Dilemma, den Weg verloren zu haben, rechtzeitig gelöst, sodass die untergehende Sonne dich nach Hause geleiten kann.

Du bist niemals verirrt, gutes Kind, auch wenn die Zeichen in verschiedene Richtungen zu deuten scheinen und dich noch mehr verwirren. Wenn du dein Bewusstsein von einer Ebene auf die nächste verlagerst, macht es dir Angst, dass du den Fokus verloren hast. Füge dir keinen weiteren Schaden zu, Liebes, indem du über dein »Verlorensein« nachgrübelst. Denn wir werden dich zum besten Zeitpunkt wieder zurückführen.

Es gibt auch noch andere unter euch, die sich auf ihrem Weg verirrt haben, und manchmal führt ihr einander in Kreisen, die nirgendwo hinführen. Wenn du dir Sorgen über deinen Weg machst, denkst du dann jemals daran, dass eine innere Stimme dich nach Hause geleiten wird? Wir künden dir von diesem immer verfügbaren Kompass und bieten dir eine Gelegenheit, seine Wirksamkeit zu erproben. Denn wenn du zulässt, dass er dich aus der Dunkelheit führt, dann wirst du auch in schwierigen Zeiten seiner Führung vertrauen. Der Kompass ist immer in perfektem Zustand, Liebes! Benutze ihn oft und er wird dich immer sicher führen.

Vielleicht nimmst du dir nicht die Zeit, ihn hin und wieder zu testen, und benutzt ihn nur, wenn du deinen Weg völlig aus den Augen verloren hast. Auch so wird er dir seine Zuverlässigkeit beweisen. Doch wir fordern dich dringend auf, diesen inneren Kompass häufig zu benutzen, denn er enthält die Weisheit des Schöpfers, die Er dir als Ausstattung mitgegeben hat.

Wer sich über dieses Peilgerät wundert und seine vielen Einsatzmöglichkeiten entdecken möchten, höre unsere Worte: Wir werden dich gerne von seiner Existenz überzeugen, wenn du uns darum bittest. Sitze still in Kontemplation und stell dir vor, wie wir zu dir kommen. Während wir in einer Sprache der Gefühle dein Herz betreten, benutze dein inneres Ohr, um die Botschaft zu entziffern, die deine Fragen beantwortet.

Du wirst wissen, dass wir in der Nähe sind, da unsere Gegenwart Signale zu deinem Geist sendet. Es liegt an dir, ob du diese Signale als Einbildung abtust. Doch wir kommen zu jedem, der uns ruft, und die Wärme unserer Gegenwart ist unverwechselbar. Bitte uns, dir diesen Kompass zu zeigen, den wir »Zuhause« nennen, und wir werden dir mit Vergnügen seine Funktion erklären. Denn es ist uns eine Ehre, die Freude über die volle Erkenntnis der Liebe, die in uns allen ist, mit Euch zu teilen.

Gebet

Wenn du still dasitzt und dem Schöpfer für alle Geschenke deines Lebens dankst, dann sind wir dir sehr nahe. Wir fliegen in den Herzensstrahlen derer, die das Lachen und die Freude des Lebens mit uns teilen. Wir atmen mit dir ein und aus, während du in der andächtigen Kontemplation deines Gebetes Kraft findest. Entspanne dich, kostbares, geliebtes Wesen, und sättige dich an dem stillen Mahl, nach dem du hungerst und dürstest. Du musst nicht auf einen späteren Zeitpunkt warten, um in der Fülle des ewigen Banketts zu schwelgen, das geduldig auf dich wartet und sich seit Ewigkeiten genau hier vor dir befindet.

Wenn du im Stillen über die Dinge meditierst, die du dir wünschst, hört Gott dir zu und antwortet dir. Doch richtet er sich nicht nach irgendeines Menschen Zeit, sondern nur nach seiner eigenen – ein Gesetz, das im ganzen Universum Gültigkeit hat. Gottes gewaltige Energie pulsiert ruhig und gelassen, doch bringt sie die Essenz aller Dinge im richtigen Moment an den richtigen Ort. Vertraue auf Gottes Timing, Liebes, und schränke dich nicht durch deine eigenen Vorstellungen ein, wie und wann Gott deine Schmerzen heilen sollte.

Gott weiß, bevor du Ihn danach fragst, wie deine Bedürfnisse erfüllt werden können, und es ist nicht nötig, dass du Ihn mit förmlichen Gebeten darum bittest. Die

Zeit, die du im Gebet verbringst, dessen sei versichert, dient deinem Wohl und nicht dem Gottes. Wenn du in Dankbarkeit und Respekt für die Ehrfurcht gebietende, immense Macht Gottes verweilst, dann ruhst du in deinem Geist und deinem Bewusstsein in dieser Macht. Lege deinen Geist mitten in das Herz Gottes und spüre, wie diese pulsierende Energie sich mit der deinen verbindet und deine Gedanken heilend in den Rhythmus bringt, dessen Ursprung universal und ewig ist.

Wenn du in Übereinstimmung mit der Energie des Schöpfers bist, wird sich dein Rhythmus in Harmonie mit allem in der Natur und mit den Menschen befinden. Der richtige Zeitpunkt für all deine Unternehmungen erreicht dich unfehlbar auf unseren Engelsflügeln, um dir die Momente zu zeigen, die die beste Gelegenheit für dein geistiges Wachstum bieten. Und dann schreite furchtlos zur Tat, kostbare Seele, und wenn es sein muss, wate durch den Morast, um an den Ort zu gelangen, an dem Gott dich sehen möchte. Bete um Erkenntnis in deiner Seele, auf dass sie dich sicher auch zu den entlegensten Orten führen möge, wo du Seinen Dienst vollbringen kannst.

Denn während du hier auf Erden weilst, bist du ein auserwähltes Werkzeug für Gottes heilende Arbeit. Es ist deine Bestimmung, ein ebenso mutiger Schöpfer zu sein wie Er. Um Seine Arbeit zu tun, musst du zunächst Sein Wesen erkennen, das du selbst bist. Das Gebet bietet dir Gelegenheit, deine eigene Herrlichkeit wie in einem Spiegel zu sehen und zu sagen: Ich bin Er, der Ich ist!

Geduld

Die Zeit ist eine nur dieser Erde inhärente Gegebenheit. Im Himmel gibt es keine Zeit, denn wir sind unsterblich und nicht vom Ticken der Uhr und dem Ablauf des Kalenders betroffen. Wir sind nicht Insassen des Gefängnisses, mit dessen Hilfe du deine Leistungen misst, sondern voller Mitgefühl für den Druck, der auf jenen lastet, die mit solchen Ritualen leben.

Wir fordern euch nicht auf, eure Zeitmesser wegzuwerfen. Doch wir bitten euch, die Sehnsüchte in euren Herzen besser zu verstehen, die euch immer weiter antreiben, aus eigenem Willen zu hasten und zu eilen. Zu diesem Zeitpunkt sehen wir deutlich die Notwendigkeit von Geduld. Wir erkennen euer Verlangen nach der Veränderung, die ihr euch ersehnt und die ihr am Horizont bereits erspüren könnt.

Laufe uns hier nicht davon, denn wir wollen sorgfältig die Umrisse unserer Vision von Geduld für dich artikulieren. Setze dich einen Augenblick nieder und atme langsam und tief ein und aus. So ist es gut, jetzt können wir wieder mit dir reden. Fühle, wie wir mit unseren Worten deine Seele betreten, wo wir dich noch einmal bitten – nein, anflehen! –, deine hastige und überstürzte Geschwindigkeit sanft zu verlangsamen.

Wir Engel versuchen alles zu tun, was in unserer Macht steht, um die explosive Angst im Zaum zu halten, die auf eurer Erde immer mehr zunimmt, doch könnten wir mit eurer Erlaubnis und Unterstützung so viel mehr tun! Würdest du zum Beispiel den explosiven Jubel zurückhalten, den du empfindest, wenn du einen Plan entwirfst, mit dem du viel Geld verdienen kannst? Wenn du danach strebst, zu erobern oder zu zerstören, können wir nichts weiter tun, als die austretende Energie aufzufangen, die du wie eine Spur hinter dir zurücklässt.

Wir flehen dich an, entspannter und ruhiger zu sein, wenn du im Laufe des Tages von dem ununterbrochenen Wunsch nach materiellen Gütern überwältigt wirst. Dies ist ein besonderer Punkt, den wir gerne noch weiter ausführen möchten. Bei uns im Himmel gibt es keine Zeit, doch in deiner Erdenzeit gibt es Augenblicke, die erfüllt sind von der ewigen Sehnsucht nach materieller Fülle. Was wir damit meinen, ist die Fülle, die du im Himmel suchst, eingefangen in einem Gegenstand, den du auf der Erde kaufen kannst. Wir möchten dir mitteilen, dass diese Sehnsucht sich herrlich erfüllt, wenn du sie mit Gott teilst, denn nur Er kann sie erfüllen.

Doch solange du Sklave und Gefangener des materiellen Menschen bist, der nach künstlichen Formen der Gnade strebt, werden Seine Strahlen durch deinen nach außen gerichteten Bewegungsfluss und deine Begeisterung für Idole abgelenkt. Die Ungeduld, die du fühlst, weil du glaubst, die Zeit renne ohne dich davon wie ein Schiff, das in See sticht, während du am Ufer stehst und winkst, raubt dir auf subtile Weise den größten Sieg, den ein Mensch je erringen kann. Denn im menschlichen Herzen tickt eine andere Uhr mit dem größten Maß an Liebe, das je in diesen heiligen Gefilden gesehen wurde. Richte die Strahlen dieses Lichtes auf die Erde und beobachte, wie die Blumen aus dem Nichts hervorsprießen.

Gott teilt Seine Heiligkeit mit jedem, den Er berührt, und selbst in diesem Moment schickt er Seine Gedanken, auf dass sie die deinigen umkreisen. Es gibt nicht einen Gedanken an das Morgen, der dich auch nur annähernd so bereichert wie ein ewiger Gedanke deines Schöpfers, der dich nach Hause bringt. Dieses Geschenk kommt genau in dem Augenblick, in dem du dazu bereit bist, und nicht eine Sekunde früher. Wenn du deine Bedürfnisse an Ihn weitergibst und fühlst, wie er dich erhebt, dann lässt du die Zeit hinter dir und deine Geduld wird für alle Ewigkeit in Seinen Armen belohnt.

Selbst in diesem Moment gehst du auf heiligem Boden, doch viele von euch sind sich dessen nicht bewusst. Warte nicht auf morgen in der Hoffnung, dass morgen der Tag sein wird, an dem du errettet wirst. Deine ewige Sehnsucht wird in diesem Augenblick erfüllt, liebes Wesen, indem wir Engel sanft unsere Flügel ausbreiten in einer liebevollen, alles umfassenden Umarmung der Freude über die Heiligkeit, die wir alle unser Zuhause nennen.

Geld

Würde es dich überraschen zu hören, dass wir keine Meinung haben in Bezug auf Geld? Denn wie alles Materielle ist es nur schädlich, wenn es deine Aufmerksamkeit von dem ablenkt, was heilig ist. Aus diesem Grund betrachten wir Geld einfach als das, was es ist: ein Instrument der Zerstörung, wenn es missbraucht wird, und ein Sprungbrett auf dem Weg zu wahrer Größe, wenn es richtig angewandt wird.

Du magst wissen wollen, wie du den Unterschied erkennen kannst. Doch während du diese Frage noch stellst, erhältst du bereits die Antwort aus der Quelle, die dich auf all deinen Wegen leitet. Diese Quelle ist das Wissen, das dein Leben lang die richtigen Antworten für dich bereithält.

Bitte diese Quelle um Antworten, nicht das Geld, und erkenne, welchen Unterschied diese innere Fokussierung für dein Leben macht. Die Meinung, Geld sei wesentlich, entspringt gierigen Zähnen, die zuschnappen, um zu bekommen, was sie wollen. Dies ist einfach nur eine Sichtweise, liebes Wesen! Um eine andere Sicht der Dinge zu erlangen, schlagen wir dir vor, dich einfach umzudrehen und einen anderen Tanz zu entdecken, bei dem Materialismus nicht der einzige Partner ist.

Siehst du also die Wahlmöglichkeiten, die vor dir liegen, und die vielen Wege, die dir in deinem Erdenleben zur Verfügung stehen? Doch welche dieser Wahlmöglichkeiten bringt dir die größte Freude? Und wirst du dich selbst mit dieser größten Belohnung verwöhnen?

Nicht nach Geld, sondern nach dem Gefühl von Fülle hast du dich so viele Jahre lang gesehnt. Könntest du nicht direkt auf diese Fülle zugehen, so voller Schätze, die dir niemals vorenthalten werden? Wer oder was könnte dir Freude schenken, wenn nicht du selbst? Geld vermag es nicht. Menschen vermögen es nicht. Die Zeit kann es nicht. Nur deine eigene, frei getroffene Entscheidung gibt dir die Antwort in Form der reichsten Belohnung, die du dir je wünschen kannst. Ignoriere diese Antwort nicht wegen ihrer offensichtlichen Einfachheit, liebstes Wesen. Denn die Antwort, die in deiner tiefsten Essenz lebt, wartet in immerwährender Geduld darauf, dass du dich ihr zuwendest, auch in diesem Augenblick. Die Antwort ist einfach. Die Antwort ist ein Quell der Freude.

Gewichtsprobleme

Wenn du dich dem wunderbaren Licht in deinem Inneren verschließt, ziehen wir gnädig unsere Kreise um dich herum. Wir rufen dich nach Hause, doch bist du taub für unsere Stimme. Du starrst wie gebannt vor Schreck auf den Schmerz, der vor dir liegt, und du erschauerst vor der Erkenntnis, die immer näher kommt, bis du ihr nicht mehr ausweichen kannst. Wie ein vor Furcht gelähmtes Tier, das im Straßenverkehr gefangen ist, zögerst du und flüchtest dich dann in vorübergehende Sicherheit, während dein Herz wegen der vermuteten Gefahr um dich herum immer schneller schlägt. Du duckst dich und versteckst dich vor dem Tosen des Verkehrs und alles scheint chaotisch und tödlich gefährlich zu sein.

Auch jetzt singen wir Engel dir süße Lieder ins Ohr, um dich im Namen Seiner Herrlichkeit zu beruhigen, doch der Lärm des Verkehrs übertönt unsere Stimmen. Da du die ungeheure Glückseligkeit nicht wahrnimmst, die dich in Wahrheit umgibt, quälst du dich mit dem stummen Schmerz der Sehnsucht, die einfach nicht verschwinden will, diesem Hunger nach Frieden und dem Ende des unaufhörlichen Drucks, der dich immer und immer weiter verfolgt.

Liebes Wesen, du suchst die Herrlichkeit am falschen Ort, wenn du bei deiner Suche immer nur Dunkelheit findest! Siehst du nicht die blendende Helligkeit, die alle Schmerzen und Sorgen auslöscht? Das Licht, das unvermeidlich ist für alle, die seine Herrlichkeit sehen? Beschäftige dich nicht mit der Dunkelheit und versuche nicht, ihre Schmerzen zu analysieren, denn das wird dir nur noch mehr Leid und inneren Aufruhr bringen. Es zerfrisst deine Seele und verführt dich zu einem so grausamen Verhalten, dass du dich voll schmählicher Gedanken von dir selbst abwendest und mit niedergeschlagenen Augen nach Lösungen suchst.

Deine Erlösung liegt im Licht und nicht im Fleisch, liebes Wesen Gottes, und in deinem Herzen weißt du das. Dein Fleisch gründet auf der tödlichen Wunde, mit der du dich windest, so als sei Gott nie Teil deiner Essenz gewesen. Du bist Er und Er ist du, dessen sei versichert! Das Bedürfnis in deinem Herzen, dich mit Mund und Zähnen an Seinem Wesen gütlich zu tun, ist nichts anderes als eine Verwirrung deines Herzens, die im Licht nach der Dunkelheit und in der Dunkelheit nach dem Licht sucht.

Lege deine wertlosen Werkzeuge nieder, denn sie sind nicht die Instrumente, die dich zu Seiner Herrlichkeit führen. Die Werkzeuge, mit denen du dein Fleisch quälst, sind nichts als stumpfe Messer, die dich mit Traurigkeit durchbohren und mit einer Schwere erfüllen, die bald zu deinem Körpergewicht wird wie ein Anker, der dich nach unten zieht. Dein wahres Zuhause ist im Himmel, leicht und hell wie ein Sonnenstrahl. Erwarte keinen Kummer und fürchte nicht, dass Er dir Schmerzen bringen wird. Es gibt keinen Augenblick, in dem du Ihn verlassen könntest, daher lasse diese Gedanken los, die dir nur unaufhörlich Trauer bringen!

Der Appetit deiner Zunge verursacht dir immer mehr Kummer, doch deine Seele hungert ausschließlich nach dem Geschmack ihres wahren Zuhauses im Himmel. Stille diesen Hunger jetzt sofort, liebes Kind, und bedecke dein Herz nicht mit dem Fleisch der Erde, das dir nur noch mehr Kummer und Schwere bringt. Schaue mit deinem Herzen gen Himmel und finde dort ein Paradies, das dich mit offenen Armen erwartet. Dort kannst du die allumfassende Güte deines Wesens in vollendetem Strahlen leuchten sehen wie die Sonne.

Du bist der Strahlende, der sich in einen sterblichen Körper gehüllt hat. Doch selbst dieser Körper verwehrt dir nicht das Erkennen des Tores zum Himmel, in dem du dich tatsächlich befindest. Breite deine Arme aus vor Erleichterung, dass der sterbliche Traum vorüber ist, liebes Wesen, und fühle, wie du sicher und friedlich in Seinen Armen ruhst. Du musst dich nicht länger quälen, denn endlich hast du den Trost gefunden, den zu verkünden du in diese Welt gekommen bist.

Erhebe dich gemeinsam mit deinen Brüdern und Schwestern und spüre die Leichtigkeit deines wahren Wesens, wenn Er dich mit Seinen Strahlen durchflutet. Das Gewicht der Sorgen ist von deinen Schultern genommen, und das Gewicht, das dich in deinem Körper gefangen hat, ist geheilt und verschwunden. Hungere nicht länger, sanfter Engel, und denke nie, dass der Schöpfer dich verlassen hat, damit du Hunger und Durst leidest.

Deine Bedürfnisse werden unermesslich erfüllt durch Seine Wahrnehmung deiner Herrlichkeit, die Ihn entzückt und der Er auf viele Weise Ausdruck verleiht. Deine heiligen Begegnungen mit Gott sind die Nahrung, die das sterbliche Fleisch bei Kräften hält und seinen vielfältigen Hunger zähmt. Jetzt wird dir dein Körper aufs Beste dienen, während du dein sterbliches Dasein zu Ende lebst.

Behandle den Körper gut, Liebes. Benutze ihn nicht als eine Schranke gegen die Wahrheit, wenn du dich auf seine Bedürfnisse und auf seinen Hunger einstellst. Verwechsle nie die Sehnsucht des Körpers nach Seiner Liebe mit einer dürftigen Portion menschlicher Nahrung. Wenn du dir in Erinnerung rufst, dass alles eine Reflexion Seiner Herrlichkeit ist, wirst du deinem Körper damit Gutes tun.

Und deiner eigenen Herrlichkeit ist gut gedient, wenn du nie vergisst, dass dein Dasein auf dieser Erde tatsächlich einen heiligen Zweck erfüllt. Diejenigen, die dem Schöpfer die größten Dienste erweisen möchten, stellen fest, dass ihre Last zuweilen sehr schwer ist. Doch fürchte nicht, dass Er dir mehr gibt als das, worum du gebeten hast. Denn Er unterstützt dich immer und in allem, was du tust, auch in diesem Augenblick.

Lege dein Ohr auf die Erde und lausche auf die Stimmen der Natur. Höre Seine leisen Schritte, wenn Er kommt, um die Bedürfnisse der Erde zu erfüllen. Glaube nie, dass du von dieser natürlichen Ordnung der Dinge ausgeschlossen bist, denn du wirst so sehr geliebt! Ja, du bist ein göttliches Wesen Seiner unerschöpflichen, grenzenlosen Liebe. Er sorgt in jedem Moment für dich und wir bitten dich, von dieser Liebe zu trinken. Sie kann deinen tiefsten Durst löschen und du wirst feststellen, dass sie auch deine tiefe Sehnsucht nach Frieden erfüllt. Dein Gewicht und dein irdischer Schmerz werden von dir abfallen, wenn du von diesem Frieden trinkst. Denn du bist alles, was du suchst, und das ist Liebe. Lass es dir gut gehen.

Glück

Wir wissen, dass viele heute das suchen, was ihr »Glück« nennt, doch sehen wir auch viel Verwirrung im Hinblick darauf, was diesen Zustand hervorrufen kann! Daher wollen wir ein paar Seiten darauf verwenden, über diesen wichtigen Zustand nachzudenken, den ihr euch so sehr wünscht. Auf diesen Seiten können wir einen großen Teil der Verwirrung auflösen, die in Wahrheit das einzige Hindernis ist, das euch von eurem heiligen Ziel fernhält.

Einige werden dir sagen: »Mein Weg ist der einzig richtige.« Folge nie jemandem, der dich von der wahren Quelle allen Glücks wegführen will. Gehe mit den Engeln, die nicht von Torheit singen, sondern von dem, was »heilig, heilig, heilig« ist. Suche Schutz unter unseren Flügeln der Liebe, während du über das nachdenkst, was wir dir sagen wollen.

Zunächst musst du wissen, dass alles, was dir Schmerzen verursacht, nur eine Illusion ist, eine Ablenkung, dazu ausersehen, dein Bewusstsein von Gott abzuwenden. Es gibt keine Trennung zwischen dir und deinem Schöpfer, die dich auch nur für einen Augenblick des Glücks berauben könnte. Alles ist Gott und es gibt nichts, was nicht Gott ist. Demzufolge ist Unglücklichsein unmöglich.

Du fragst, wenn das wahr ist – und wir versichern dich dessen –, warum schmerzen mich dann mein Herz, mein

Geist und mein Körper? Warum spüre ich eine Sehnsucht, die so tief ist, dass ich für einen Augenblick des Friedens alles weggeben würde, was ich besitze? Wir werden dir diese Fragen beantworten, wenn du uns mit deinem Herzen lauschst. Lasse für einen Moment all deine Zweifel los und du wirst hören, was wir dir sagen.

Zudem musst du unbedingt verstehen lernen, dass alles Elend, dessen Zeuge du bist, ein Spiegel ist für all das, was du in deinem eigenen Geist nicht sehen willst. Die Bereitschaft, diese Wahrheit zu erkennen, ist der erste Ausweg aus dem brodelnden Kessel des Schreckens, von dem du dich umgeben siehst, sanftes Wesen.

Ist es dein Wunsch, diesem so genannten Schmerz zu entgehen? Dann halte einen Moment lang inne und überlege, ob du nicht vielleicht all das nur erfunden hast. Und wenn es dir möglich ist, so lache über die Verrücktheit all dieser Dinge. Denn nur ein wahrhaft Verrückter könnte für den Preis seiner Unabhängigkeit das Gegenteil Gottes haben wollen.

Kehre an den wahren Ort deiner Heiligkeit zurück, Liebes, auf den Thron im Frieden deines Herzens. Suche nicht länger nach einem Ersatz für dein wahres Königreich, das unmittelbar vor dir liegt. Konzentriere dich nicht mehr auf Schmerzen und sehne dich nicht länger nach Boten außerhalb deines heiligen Selbst. Denn das Glück ist deine Heimat und dein Wesen und es drängt dich dorthin zurück in einer einfachen Erkenntnis, so natürlich wie der Atem. Suche das Glück nicht in deinem Verstand, der Fluchtmöglichkeiten außerhalb deines eigenen Selbst verfolgt. Stattdessen sei zufrieden mit der Einfachheit unseres Rezeptes, das dich dazu auffordert, eine Weile in deinem Herzen zu ruhen.

In deinen Vorstellungen glaubst du, Glück sei etwas, das du jagen und niederwerfen musst, bevor du es fangen kannst. Dieses wilde Tier, das du dir ausmalst, ist nichts anderes als deine eigene Idee, die dir glauben machen will, dass deine Wahrheit von Natur aus eine Illusion ist. Glaube uns, dem ist nicht so! Wenn du ablehnst, was dir zu einfach erscheint, ignorierst du die beruhigenden Beteuerungen, die dich unbeschwert zu deinem wirklichen Zuhause führen könnten.

Denke nicht, dass du deinen Körper oder die Situation, in der du dich befindest, vor Unglück schützen musst, indem du außerhalb deines eigenen Selbst nach der Wahrheit suchst. Denn durch deine Vorstellung, dass du Angst ertragen musst, um etwas zu erlangen, wonach du dich sehnst, versetzt du deine Seele in einen Zustand kontinuierlichen Schreckens. Es gibt in Wahrheit nichts, was du verlieren kannst, liebes Kind! Niemand, der so kostbar ist wie du, könnte Not und Elend ausgesetzt sein, es sei denn, du entscheidest dich dafür. Doch auch das kannst du ändern, indem du dir einfach wünscht, damit aufzuhören und dich erneuern zu lassen.

Glück kennt keine Komplexität, Einfachheit ist ihr wichtigster Bestandteil. Darum freue dich an der tatsächlichen Natur deiner wahren Essenz. Freue dich an dem lebendigen Geist, der du bist und den Gott zu heiligen Zwecken geschaffen hat. Und in deiner Freude bade in

in Anspruch zu nehmen, und spüre, wie eine Erfrischung durch deinen Körper fließt, während sie dich heimführen. Die natürliche Neugier der Kinder mag dich zum Beispiel dazu bringen, eine Raupe aus nächster Nähe zu beobachten. Betrachte sie, wie ihre pelzigen kleinen Füße fröhlich auf dem Boden entlang kriechen und wie sie sich zusammenrollt.

Verliere nicht die Fähigkeit, mit liebevollen Augen die Natur zu betrachten, kostbares Kind. Wir bitten dich, dir mehr der natürlichen Wunder um dich herum bewusst zu werden. Dies ist die heilende Botschaft, die durch die Kinder eindringlich von Gott zu dir gebracht wird. Sie erinnern dich täglich daran, doch wie oft siehst du sie stattdessen als Ärgernis? Tue die Unschuld der Kinder nicht als wertlos ab, denn hier auf Erden sind sie deine besten Lehrer.

Erkennst du, um was es uns hier geht? Um eine vollständige Umkehr der Wichtigkeit anderer Menschen. Die Rangordnung der Lehrer auf der Welt ist von großem Wert, doch in umgekehrter Reihenfolge. Es gibt Lehrer der verschiedensten Art, das ist wahr. Doch die größten Lehrer kommen frisch aus dem Himmel und sie bringen das triumphale Lied der Würde und des Wunders mit. Einfachheit versetzt sie in ehrfürchtiges Staunen – ein Wert, den du für dich selbst von ihnen lernen kannst.

Benutze die Kinder als unfehlbare Zeugen für Gottes Wunder und Anmut, Liebes, und du kannst dich nicht verirren, wenn du während deines Lebens hier auf Erden die Wege wahrer Größe beschreiten willst. Ihre Flügel mögen deinen Blicken verborgen sein. Doch du hast unsere Zusicherung, dass die Kleinen machtvolle Engel sind, hierher gesandt zu deiner Unterstützung auf diesem sich entwickelnden Planeten. Sie bringen dir wundersame Geschenke, wenn du dir nur einen Augenblick Zeit nimmst, um mit einem Kind zu plaudern, und die Bereitschaft hast, auf eine neue Art zu sehen.

Fragt ihr uns, ob Kinder in die Politik eingreifen sollen, die ihr auf dieser großartigen Erde pflegt? Tatsächlich sehen wir Raum für solche Eingriffe, wobei sich eure praktischen Überlegungen mit der sanften, unschuldigen Weisheit der Kinder verbinden sollten. Ihr tätet gut daran, euch von Kindern beraten zu lassen, bevor ihr ein neues Gesetz festlegt, und es wäre sinnvoll, in Angelegenheiten von großer Wichtigkeit auch ein Kind nach seinem Gesichtspunkt zu befragen.

In der Stimme des Kindes werdet ihr eine sanfte Liebe hören, die auf eine unermesslich tiefe Weisheit hindeutet. Erlaubt es der süßen Macht des Kindes, alle Dissonanzen hinwegzuschwemmen. Vergesst nicht, sie sind gerade erst von der Seite des Schöpfers gekommen und haben es sich noch nicht gestattet, Seine Lehren zu vergessen, wie so viele von euch es getan haben, die ihr schon länger hier seid.

Erfrische dich an Seinem Brunnen durch die Gnade Seiner himmlischen Engel, die ihr auf dieser Erde »Kinder« nennt. Gott ist immer und auf allen Wegen mit dir, denn wir legen Sein mächtiges Schwert der Weisheit in dein Herz, während du zum Wohle der Kinder überall auf der Welt zur Tat aufgerufen wirst. Der Kampf findet nicht in deinem Haus statt, sondern in deinem Herzen. Übergib ihn Gott und du wirst siegreich sein, wo immer Er ist. Und Er ist hier, selbst in diesem Augenblick, Liebes. Er ist in deinem Herzen und in deinem Heim.

Vertraue der Liebe und du wirst niemals und von keiner Fraktion auseinandergerissen werden, kostbares und heiliges Kind Gottes. Du wirst geliebt. Vergiss das nie.

Kindesmisshandlung

Wir sehen, wie viele unserer Kleinen auf mannigfache Weise verletzt werden, und wir möchten diesen Dingen Einhalt gebieten. Unsere Herzenergie lindert die Schmerzen der Kleinen, die grundlos unter angsterfüllten Erwachsenen leiden. Doch wir wissen, dass Mitgefühl die Wut nur noch verstärkt, und daher bieten wir dir eine andere Lösung an.

Wusstest du, dass du die Zeit der Dunkelheit unterbrechen kannst, indem du einmal in der Stunde innehältst und betest: »Eine Lösung wird sich einstellen«? Damit dringst du durch den Schleier der Dunkelheit und enthüllst ihn dem Licht, sodass er zu einem fahlen Hintergrund verblasst, aus dem zarte Töne süßer Musik freudig hervorklingen, wobei sich alle Hände zu einem einzigen Kreis der Freundschaft vereinen.

Zögere dieses Unternehmen nicht hinaus, denn wir unterstützen dich aus dem Himmel, um deine Gebete für die Kinder zu überwachen und zu leiten. Doch selbst ein Händedruck des Himmels reicht nicht aus, um das tatsächliche Wesen hinter dieser Brutalität gegenüber unseren Kindern auszumerzen. Wir brauchen die Zeugnisse von Menschen, denen – wie dir – das Wohl der Kinder so sehr am Herzen liegt, dass ihre Herzen wie gefroren sind in der Unfähigkeit zu entscheiden: »Wem sollen wir helfen?« und »Was können wir tun?«

Mit Würde und Anmut setze einen Fuß vor den anderen auf dem Weg aus dieser Unentschlossenheit, die dich lähmt und verhindert, dass du die aus der Liebe deiner Seele entspringenden Handlungen in Angriff nimmst. Wir rufen dich zum Handeln auf, doch nicht aus einem wütenden Herzen, sondern von einem mit solcher Liebe erfüllten Herzen, dass es die Dunkelheit dahinschmelzen lässt in jenen, durch deren Hand die Kinder verletzt werden könnten.

Versteht ihr, was wir sagen wollen, ihr Lieben? Wir rufen euch auf, sodass wir alle Seelen vereinen können, deren Bestreben es ist, in einem gemeinsamen Bemühen die Ursache dieses Elends zu heilen. Auf der Erde gibt es keine Lösung, um das Leiden von Millionen Kindern zu beenden. Hört also auf, dieses Leiden zu untersuchen in der Hoffnung, dass ihr dadurch die Heilung finden werdet. Wenn ihr es studiert und euch mit ihm befasst, kreiert ihr nur zusätzliches Leid, ihr kostbaren Kinder unseres Heiligen Schöpfers!

Versuche nicht, Not und Elend durch eine gründliche Untersuchung zu heilen. Wende dich stattdessen innerlich an den Einen, der alle Antworten kennt. Er ruft dich an Seine Seite, auf dass du alle Übel und Sorgen Seiner liebenden Gnade übergibst. Während Er Entscheidungen aufspürt und dich auffordert, deine Fähigkeiten mit Taten zu krönen, musst du nicht tatenlos zögern und dich fragen, ob Sein Ruf wirklich erschollen ist. Gott macht keine Fehler und Er weiß genau, wozu du in diesem Moment fähig bist!

Freue dich darüber, dass der Schöpfer dein liebevolles Wesen in Seinen mächtigen Plan einbezieht, alles Leid auf der Welt zu beenden. Gott ist von großer Herrlichkeit und du bist Sein größtes Wunder. Lasse die Traurigkeit nicht eine einzige Sekunde länger währen, indem du zweifelst, ob der Ruf nach deiner inneren Größe wirklich erklungen ist. Vertraue darauf, dass es sich so verhält, und du wirst dich in die gewaltige Liebe eingehüllt fühlen, die dich jetzt und immer umgibt.

Du entdeckst deine Größe, die alle menschlichen Schwächen heilen kann, indem du deine Augen von der Blindheit befreist, die dich vom Wissen um Seine Liebe fernhält. Macht keine weiteren Fehler im Hinblick auf diese kostbaren Kinder, die Er in eure Fürsorge gegeben hat, ihr Lieben. Ihr seid aufgerufen, sie in der Weise zu beschützen, die Er euch aufzeigt.

Bitte Ihn, dich zu den notwendigen sozialen Veränderungen zu führen, die deine Leidenschaft entfachen. Er ist das Werkzeug der Heilung und du bist Seine gesellschaftliche Ursache. Du bist der Treibstoff, der vielen Eltern Liebe gibt, ihre Herzen von der Furcht befreit und ihnen Trost bringt. Heile ihre Angst und Schuld, damit auch sie auf ihre Knie fallen können in Ehrfurcht vor dem gewaltigen Einen, der sie bedingungslos liebt. Gib deine Vorurteile auf, damit das Licht durch dich scheinen und alle überfluten kann, mit denen du kommunizierst.

Es ist nicht deine Aufgabe, diesen Heilungsstrom auf irgendeine andere Weise zu dirigieren, als von der Natur für dich vorgesehen. Du bist einfach aufgefordert, den

Vorhang zurückzuschieben, der das Licht in deinem Inneren verbirgt, und wie ein klares Fenster zu werden, das dem Sonnenlicht vorbehaltlos gestattet, zu allen hindurchzuscheinen, die es sehen und berühren wollen. Du bist ein Fenster zu Gott für alle, die Ihn suchen, Liebes, und deine sorgenden Eigenschaften sind ein angeborener Teil von dir. Erlaube ihnen, nach außen zu strahlen, damit du andere zu Seinem Licht führen kannst, auf dass sie Heilung finden und auf diese Weise die Liebe zu ihren Kindern in ihr Bewusstsein treten kann.

Alles ist geheilt in dem Augenblick, in dem wir vor Ihn treten. Lasst uns gemeinsam singen: »Halleluja, Halleluja. Denn sein mächtiger Wille besteht im liebenden Dienst an allen.«

Kommunikation

Als Mittel der Kommunikation ist die Sprache ein unzulänglicher Ersatz für Herz und Augen. Wir hoffen, dass viele von euch diese wenig benutzten Werkzeuge entdecken, in dem Bewusstsein all der Möglichkeiten, die sie euch bieten. Wenn ihr eure Herzenergie erweckt und sie als das Werkzeug entdeckt, das sie in Wahrheit ist, werdet ihr feststellen, dass ihr viel schneller in Kontakt mit anderen treten könnt.

Es gibt eine unbewusste Energie zwischen den Menschen, unabhängig davon, was sie zusammengebracht hat. Vielleicht ist dir diese »innere Kommunikation« bereits aufgefallen, die eurer äußeren Kommunikation folgt. Höre mit deinem inneren Ohr auf diese innere Kommunikation und du wirst eine andere Seite deiner Beziehungen erfahren. Auf dieser Ebene wird die absolute Wahrheit gesprochen, so wie ein Kind mit dem anderen spricht, ohne ein Geheimnis zurückzuhalten.

Dieser Austausch ist der Kern der Sache, denn er ist wesentlich in all deinen Interaktionen mit anderen Menschen. Daher solltest du dir nicht nur das genau ansehen, was du in dieser stillen Kommunikation empfängst, sondern auch das, was du selbst zu diesem fließenden Strom unsichtbarer Energie zwischen den Menschen beiträgst. Achte darauf, welche Gedanken du in diesen Strom hineingibst, da sie unverzüglich zum anderen gelangen und von ihm auf der Ebene unbewusster Wahrnehmung empfangen werden. Gedanken an Säbel und Schwerter werden vom anderen als schmerzhafter Angriff empfunden. Gedanken der Liebe werden als solche aufgenommen.

Begib dich in diesen Fluss der Gespräche, wie er bereits existiert, und lausche heimlich deinem stilles Selbst, wie es zu einem anderen spricht. Vielleicht wirst du erstaunt sein über das, was du hörst, doch bezweifle es nicht, denn es wird dich in Wahrheit zu einem anderen Menschen führen, der so ist wie du. Habe Mitgefühl für dich und den anderen, wenn du die Schreie der Herzen hörst, die auf dieser Ebene erklingen. Der Austausch ist in vollem Gange und wenn du dir dessen bewusst bist, wirst du ihn auf der Ebene hören, auf der er in diesem Augenblick um dich herum geführt wird.

Kriminalität

In diesem Abschnitt möchten wir über Kriminalität reden, doch aus der Perspektive der Sicherheit. Wir wissen, dass viele Menschen in eurer Welt sich vor Kriminalität schützen möchten, und wir haben ein paar Antworten für dich. Lass dein Verlangen nach Sicherheit los und entspanne dich. Im Augenblick ist die Welt kontemplativ und wir bringen dich durch Empfänglichkeit und Offenheit, nicht durch Anspannung in Sicherheit.

Leidenschaft ist der Kern jedes Verbrechens; es ist das Aufgewühltsein einer Seele ohne Möglichkeiten zur Flucht. Dies erzeugt eine ungeheure Energie, die für alle Wesen im Reich der Engel sichtbar ist. Glaube uns, dass wir dich warnen werden, wenn ein Unwetter dieses Ausmaßes auf dich zurast. Doch deine Spannung – von der du glaubst, sie sei ein Schutz gegen die Sintfluten negativer Aktivität – sorgt dafür, dass du tatsächlich völlig durchnässt wirst.

Wir können deine Mauern nicht mit unseren Warnungen durchdringen. Ist dir klar, dass deine beste Verteidigung gegen kriminelle Aktivität in diesen Zeiten der Veränderung darin besteht, überhaupt keine Verteidigung zu haben? Wir wissen, dass dies in deiner Welt unlogisch erscheint, und es ist sicher paradox – es sei denn, du betrachtest die Welt mit unseren Augen.

Die Farben dunkler, krimineller Aktivität sind so leuchtend, dass wir wie Feuerwehrleute agieren, die von ferne

Brände entdecken. Wir suchen Nischen der Sicherheit und wir verstecken dich dort, während die Welt wie verrückt dabei ist, sich auf ihre neue geistige Geschwindigkeit und Ebene einzustellen. Es wird lodernde Brände geben und wenn du deine geistige Sicht erweckst, wirst du sie gemeinsam mit uns sehen können.

Nimm Verbrechen nicht auf die leichte Schulter, doch gleichzeitig achte darauf, dass du dein Leben nicht übermäßig auf die Erwartung von Verbrechen ausrichtest. Denn was immer du erwartest, wird eintreten, auch wenn wir dich immer in Sicherheit bringen werden. Daher tust du uns einen großen Gefallen, wenn du deinen Geist von Angst und Sorgen im Hinblick auf angenommene Gefahren reinigst. Du möchtest keine negative Energie anziehen, also wirf deine Leine nicht ins Wasser, um nach ihr zu angeln. Und wenn du sie schon eingefangen hast, wirf sie zurück!

Was wir damit sagen wollen, Liebes, ist Folgendes: Es ist nicht notwendig, dass du dir in irgendeiner Weise Gedanken über deine physische Sicherheit machst. Wir wachen über dich Tag und Nacht. Das ist Teil unserer Aufgabe. Und du tust dir selbst keinen Gefallen, wenn du die Zähne zusammenbeißt und dich auf Unsicherheit in der Welt gefasst machst.

Geliebtes Kind, wisse, dass die Welt deine Wünsche widerspiegelt! Würdest du dir Gefahr wünschen? Nein, natürlich nicht. Daher flehen wir dich an, befreie deinen Geist von Gedanken an Sicherheit, denn du kennst nicht die Macht deines Geistes. Du bist wie ein kleines Kind, das mit einem Pulverfass spielt und nicht um die Gefahr weiß, in die du dich jedes Mal bringst, wenn du dir die Frage stellst: »Bin ich sicher?« Wir sehen den schwarzen Rauch, der von deinem Geist ausgeht, wenn du solcherlei Fragen stellst, und dieser Rauch ist ein Signal, das genau das anzieht, was du fürchtest.

Wir sagen dir dies nicht, um dich noch mehr zu ängstigen, liebes Kind. Doch du musst wissen, wie viel Macht deinem Geist gegeben ist, von einem Augenblick auf den nächsten alles anzuziehen, worüber du nachdenkst. Und dafür solltest du dankbar sein. Gott würde dir kein Geschenk geben, das dir wirklich schaden könnte. Auch wenn du mit deinen Gedanken große Gefahr anziehen kannst, handelt es sich dabei doch von einem höheren Standpunkt aus betrachtet um reinen Kinderkram.

Denn du musst wissen, liebes Wesen, dass du in deiner innersten Essenz niemals in ernster oder tödlicher Gefahr bist. Der Teil von dir, der sich von deinem Körper trennt, ist dein wahres Wesen, und dieser Teil lacht nur über die absurde Frage der eigenen Sicherheit. Es gibt keine Gefahr, die diesen sanften Riesen in jedem Einzelnen von euch bedrohen könnte.

Du schläfst und ruhst wohlig wie in einer Muschel im Herzen Gottes. Und Er sorgt dafür, dass dir nichts geschehen kann, weder jetzt noch irgendwann in der Zukunft. Ruhe in Frieden, süßes Kind, während wir dir sanfte Schlaflieder singen, die deinen Geist von allen Ängsten und Sorgen befreien, die nicht dem Himmel oder deiner wahren Heimat entspringen.

Lampenfieber

Wenn du dich ins Licht der Öffentlichkeit begibst, ist es nur natürlich, dass du nervös und sogar voller Angst bist. Du hast Angst vor dem, was andere über dich denken oder sagen könnten, und du fürchtest, dass deine Handlungen vielleicht nicht mit deinen Intentionen übereinstimmen könnten. Lass uns dir versichern, dass wir in solchen Momenten unmittelbar in deiner Nähe sind – besonders dann, wenn du aufgerufen bist, andere auf eine höhere Schwingungsfrequenz zu bringen oder dazu beizutragen, in ihrem Inneren Antworten auf ihre Ängste entstehen zu lassen.

Für diejenigen unter euch, die für einen höheren Zweck auf die Bühne treten, sei es nun im Zusammenhang mit Kunst, Unterweisung oder Anleitung, wollen wir näher betrachten, was es mit Lampenfieber auf sich hat. Du machst dir dabei Gedanken darüber, was bei der ganzen Sache für dich herauskommt. Du sorgst dich darum, was andere über dich sagen könnten, solange du nur an dich selbst denkst. Wenn du dir jedoch Gedanken darüber machst, was für andere dabei herauskommt, was du wirklich geben, sagen oder tun kannst, um die Ängste eines anderen Menschen zu heilen – dann wird deine Darstellung, deine Rede oder Vorführung Ausdruck der heilenden Funktion der dir innewohnenden Göttlichkeit sein.

Deine Ängste werden sich auflösen, wenn du weißt, dass du hier bist, um eine höhere Funktion zu erfüllen. Eine andere Möglichkeit zur Beseitigung deiner Ängste besteht darin, die Intention des Publikums vor dir zu spüren. Ob du nun im gleichen Raum mit ihnen bist oder weit entfernt in einer anderen Zeit, du kannst deine inneren Frequenzen so schwingen lassen, dass sie mit denen der Personen übereinstimmen, die deinen Auftritt erleben. Auf diese Weise assimilierst du ihre Bedürfnisse in deinem Inneren und bist dadurch auf ihre Frequenz eingestimmt, was dich in die Lage versetzt, automatisch ihre Bedürfnisse durch deine Worte und Taten zu erfüllen.

Damit möchten wir dir Folgendes sagen: Es gibt nie einen Grund für Nervosität und Angst. Vertraue deinem höheren Selbst, dass es zur richtigen Zeit die richtige Vorstellung gibt. Das Wort *Vorstellung* beschwört unter Umständen Bilder von Nicht-Authentizität herauf, und das hat seine Richtigkeit. Wenn du ängstlich bist, schneidest du dich damit von deiner Quelle der Wahrheit ab und die Leidenschaft deines Vortrages verschwindet. Doch wenn du auf diese innere Quelle eingestimmt bist, wirst du auf jeder Ebene deine tiefsten Überzeugungen ausströmen – ob es sich nun um Kunst, Fotografie, Vorträge oder sportliche Ereignisse handelt. Du inspirierst andere mit dem, was du tust, liebes Wesen, und daher ist es nur richtig, wenn du Erfolg hast.

Wir sind ein Team von Gewinnern. Gemeinsam können wir nichts falsch, aber vieles richtig machen. Wann immer du nervös bist oder Angst hast, schaue über deine rechte Schulter und erinnere dich daran, dass wir immer bei dir sind. Wir nehmen dir deine Schmerzen und ersetzen sie durch Lachen in dem Augenblick, da dir unsere Gegenwart bewusst wird. Wenn du darum bittest, werden wir zu Beginn deine Hand halten. Wir werden deine Energie stabilisieren, um dein Zittern zu beenden, und wir werden dich bei deiner Aufgabe begleiten, damit du die höchste Energie aussenden kannst, die alle zu heilen vermag, die dich sehen und deine Worte hören. Bitte vergiss nicht, dass du nie allein bist, geliebtes Wesen.

Langeweile

Wir finden den Begriff Langeweile sehr interessant. Bedeutet er nicht, dass die Zeit nur langsam vergeht und du lange in einem Zustand der Leere weilst?

Die Heilung dieses für dich manchmal unerträglichen Zustands liegt in der Frage: »Was willst du mich lehren?« Vergiss nicht, dass Leere in dem Moment bereits angefüllt wird, in dem die Absicht entsteht, sie zu füllen. Daher solltest du dir überlegen, was du zu tun gedenkst. Womit willst du die Leere füllen? Sicher nicht mit mehr von dem, was dich in die Langeweile geführt hat!

Lade uns ein, die Leere zu füllen und dich zu heilen! Wusstest du, dass Engel überall hinfliegen können, auch in deinen Körper und deine Seele? Wann immer wir eingeladen werden, erscheinen wir, und du wirst deine Zeit wohltuend mit sanfter Kontemplation darüber verbringen, wie du dich selbst mit liebender Energie erfüllen kannst. Zu viele Wesen sitzen herum, brüten vor sich hin und geben der äußeren Welt die Schuld für ihre verletzten Gefühle. Sie wissen zwar um die Sinnlosigkeit dieser Schuldzuweisung, doch sie bleiben bei diesem Verhalten, weil sie es nicht anders kennen.

Wir sind hier, liebes Kind, um dir zu sagen, dass es einen besseren Weg gibt, mit Langeweile umzugehen. Wie wir schon erwähnt haben, wird deine Leere in dem

Augenblick angefüllt, in dem du dich entscheidest, sie zu füllen. Wir bitten dich, vorsichtig zu sein bei der Wahl dessen, womit du deine Leere ausfüllen willst. Denn du bist so mächtig, dass deine Entscheidung sich sofort erfüllt.

Wenn du über Kummer und Sorgen grübelst, dann hast du beschlossen, dich mit Kummer anzufüllen. Aus unserer Perspektive sieht Kummer wie dünne grüne Lianen aus, die wie ein feuchter und trüber Wald in der Brust des Menschen hängen. Du würdest Kummer wahrscheinlich nicht so schnell wählen, könntest du seine fahlen Farben sehen. Diese traurigen Lianen blockieren deinen inneren Weg, erschweren jegliches Vorankommen und ermüden dich, wenn es darum geht, deine lustlosen Gefühle zu überwinden.

Langeweile ist ganz einfach ein Bote, der von deinem höheren Selbst in dein Bewusstsein geschickt wurde. Sie ist ein Geschenk, Liebes, und in dem Moment, in dem du sie so betrachten kannst, wirst du freudig lachen angesichts des liebevollen Raumes in deinem Inneren, in dem alle Entscheidungen getroffen werden. Sieh Langeweile als eine Straßensperre, die dich dazu veranlasst, einen anderen Weg zu wählen. Du weißt, dass irgend etwas nicht stimmt, wenn du gelangweilt bist! Und das Ignorieren von Problemen ist ein sicherer Weg, um immer tiefer in Langeweile zu versinken.

Du bist in Wahrheit unschuldig und hast ohne Einschränkung ein Recht auf deine Gefühle, du liebes, heiliges Wesen. Wenn du es zulässt, werden dich deine Gefühle der Langeweile sanft dahin führen, wo du gebraucht wirst und gerne sein möchtest. Zerre nicht an deiner Langeweile, sondern lass dich von ihr ziehen, und bald wirst du dich mit diesem zarten Gefühl in deinem Inneren anfreunden.

Lasten

Ja, wir wissen, du trägst viele Lasten auf deinen Schultern. Würdest du uns glauben, wenn wir dir sagen, dass die Lasten deiner Vergangenheit, die du hinter dir herziehst wie ein Maultier den Pflug durch harte Erde, noch schwerer sind? Doch so ist es! Deine Vergangenheit und ihre Überreste, die du beharrlich in die Gegenwart schleppst, sind die wahren Ursachen deines Widerstandes gegenüber dem leichten, unbeschwerten Fluss des Lebens.

Gib deine Lasten auf, du himmlischer Engel auf Erden! Du bist viel zu jung, um solch ermüdende Bürden länger mit dir herumzuschleppen. Sie berauben dich der Glorie des Lebens und ermüden dich bis zur totalen, krank machenden Erschöpfung. Denke nicht eine Sekunde mehr über deine Vergangenheit nach, nicht einmal wie ein Mensch, der vor seinem Schrank steht und sich überlegt, welche Kleidungsstücke er einem wohltätigen Zweck spenden soll. Gib alles weg! Du brauchst nichts aus der Vergangenheit, doch solange du dies nicht einsiehst, wird dich die Ansammlung deiner alten Gedanken in der Gegenwart immer wieder aufs Neue erschöpfen.

Wenn Vögel zu einem neuen Nistplatz fliegen, verbringen sie ihre Zeit nicht damit, den Bäumen und der Landschaft nachzutrauern, die sie gerade verlassen haben. Dies zu tun würde ihre gegenwärtigen Aufgabe des Fütterns und Nestbauens stören. Und es ist für dich nicht anders, liebes Kind. Überlass uns die schweren Gewänder, die du nicht länger tragen musst.

Tu einfach dem Licht, das dich umgibt, deine Wahrheit und Freiheit kund: »Ich werde meine Vergangenheit nicht länger mit mir herumtragen, denn sie ist eine Last, und ich beschließe jetzt, diese Last loszuwerden. Ich übergebe in diesem Augenblick meine Vergangenheit vollkommen an Dich, Gott, und lasse alle aus meinen vergangenen Erfahrungen resultierenden Vorstellungen über mich los. Heute ist der Tag, an dem ich mich selbst befreie und die nicht mehr benötigte Haut längst vergangener Tage abstreife. Ich bin frei, vollständig frei, und ich muss mir nicht die geringsten Sorgen machen über diesen Vorgang, denn Du bist hier bei mir.«

Dein Atem kann in einem einzigen Augenblick vollkommener Befreiung tausend Jahre von Druck und Zwang wegblasen. Stoße die Vergangenheit aus deinem Körper aus und atme Bewusstheit durch deine Lungen ein. Atme ein, atme aus. Atme deine Vergangenheit aus mit der unerschütterlichen Entscheidung, frei zu sein. Du bist dein eigener Gefängniswärter, süßer Engel, und wir schweben selbst jetzt zur Unterstützung deiner neuen Leichtigkeit um dich herum.

Dadurch wirst du eins mit uns im Bewusstsein und wir applaudieren deinem Widerstand gegenüber allen Versuchungen, in einen mühseligen Geisteszustand zurückzufallen. Erinnere dich daran, dass wir immer und überall bei dir sind und deine Entscheidung für Freiheit achten.

Wir werden nicht eingreifen, das versprechen wir dir, es sei denn, du bittest uns um unsere Hilfe. Wir bitten dich nur, nicht einen Moment länger zu warten als nötig, bevor du uns rufst. Wir sehen, dass du dich viel zu lange abmühst, bevor du um Hilfe bittest, und wir stehen neben dir und beten, dass du deine Bemühungen aufgibst, so viel Druck alleine standhalten zu wollen.

Bald wirst du erkennen, dass es im Himmel keinen Platz gibt für Lasten und dass der Himmel, den du suchst, unmittelbar hier auf Erden ist. Teile die Last mit uns, Liebes, und du wirst von einem Gewicht befreit, von dem du vielleicht nicht einmal gewusst hast, dass du es mit dir herumträgst. Wir bitten dich, dein Leben zu erleichtern – im Namen aller anderen irdischen Engel, die dich brauchen.

Lebensaufgabe

Oh ja, die Lebensaufgabe! Viele von euch sind in dieser Zeit aufgerufen, sich an ihre Lebensaufgabe zu erinnern, und ihr mögt euch überfragt fühlen, so als befändet ihr euch in einer Abschlussprüfung. Habt keine Angst, liebe Kinder, denn eure Aufgabe ist nicht kompliziert. Sie besteht darin, zu heilen. Zuerst heile deinen eigenen Geist und deine eigene Ausrichtung. Erkläre vor dir selbst: »Meine Absicht ist es, den höchsten Pfad zu meinem Erwachen zu beschreiten. Ich habe keine Angst, meinen Geist und meine Handlungen zu disziplinieren, auf dass sie mit meiner wahren göttlichen Natur übereinstimmen.«

Wir versichern dir, dass du es tun kannst, für den Fall, dass du deine Fähigkeiten bezweifelst, dieses hehre Ziel in deinem Inneren aufrechtzuerhalten. Du kannst auf jede Art und Weise heilen, die dir Freude bringt. Denn du bist ein freundlicher Segen für diese Welt, liebstes Wesen, und du bringst himmlische Geschenke für die anderen mit. Du bist ein leuchtendes Beispiel des Friedens und in den sich verändernden Geschehnissen auf diesem Planeten erinnerst du andere sanft daran, ihren eigenen Strahl göttlichen Lichtes auf die Welt zu richten.

Binde dich selbst an den Masten deines Schiffes, Engelswesen. Du musst an diesem Kern deines Wesens festhalten während der unruhigen Zeiten, die vor euch liegen. Der Sturm kann dich nicht über Bord wehen, solange du deinem Innersten treu bleibst. Wir werden dich über Wasser halten und in unsere Liebe hüllen, wenn du uns nur darum bittest. Der Sturm wird schnell vorbei sein und was folgt, beinhaltet das süße Versprechen deines Schöpfers, der dich darum bittet, deinen Geist und deinen Körper auf eines zu konzentrieren: auf Heilung. Du hast deine Aufgabe zu verrichten, liebes Wesen, und Gott hat die Seine. Mach dir keine Sorgen über Seine Pläne, denn er gewährt ewige Sicherheit, selbst wenn alles in völliger Auflösung begriffen scheint.

Vertrauen. Das ist das Wort, das du im Zentrum deines Innersten verankern solltest in den kommenden stürmischen Zeiten. Vertraue und lehre andere, gemeinsam mit dir zu vertrauen. Das Ende ist nahe und es ist tatsächlich ein Happy End. Den vertrauensvollen Reisenden auf hoher See erwarten keine stürmischen Nächte mehr. Auch wenn der Tag dir wolkenverhangen und trübe erscheint, wird dir bald alles völlig klar werden, liebes Kind. Daher bitten wir dich, nicht den Mut zu verlieren, durchzuhalten und uns einfach zu erlauben, dich durch die stürmische See zu lotsen. Lasse, so gut du kannst, deine Zweifel und Ängste los, süßes Wesen, und bald wird der Weg wieder klar werden.

Diese stürmische See wird nicht einen Moment länger dauern als notwendig. Und obwohl ein Wirbelsturm über die Erde fegen wird, erleiden diejenigen von euch keinen Schaden, die in der Stille ihrer Seele auf die Antworten ihres Schöpfers lauschen. Nimm jeden mit, der auf deine

Worte hört, denn du wirst rechtzeitig geweckt, um Zuflucht zu suchen. Wir wissen, dass dir viele am Herzen liegen, die noch schlafen, und wir werden unser Bestes tun, die Schlafenden beizeiten aufzuwecken, damit auch sie Schutz finden können. Doch selbst jene, die weiter schlafen, werden durch deine Liebe in Sicherheit gebracht, kostbare Seele, denn du hast durch deine fürsorglichen Gedanken die Macht, allen Zuflucht und Sicherheit zu gewähren, die dein liebevoller Blick berührt.

Erkenne die Herrlichkeit deines Wesens, himmlisches Kind, und benutze diese Herrlichkeit in den kommenden Zeiten mit Weisheit. Du hast keine Zeit mehr, dich mit Zweifeln abzugeben, die dich fragen lassen: »Ist das wahr?« Unsere Worte ruhen in deinem Herzen und wenn du dir einen Moment der Stille gewährst, wirst du sie laut und deutlich vernehmen. Andere werden sich aus Ehrfurcht vor diesen Botschaften mit dir zusammentun und ihr werdet euch zu einer Armee vereinen, um die verbleibenden Jahre für das Licht zu gewinnen. Rufe so viele wach wie möglich, liebes Kind, und dann sucht Zuflucht vor dem kommenden Sturm. Hab Vertrauen in den Schöpfer, der dich nie verlassen wird, und sei dankbar für das Morgenrot der kommenden Zeiten.

Leere

Wie kann ein heiliges Kind Gottes, das voll der Fülle ist, sich leer fühlen? Hast du das Wissen um deinen Reichtum verloren und glaubst daher, dass du ohne die Früchte bist, nach denen du strebst? Wir verurteilen dich nicht für dieses Versehen, doch ist es unser Bestreben, dein Denken wieder in die richtige Bahn zu lenken, auf dass du die glückliche Wahrheit erkennst, die dir gehört und die du mit anderen teilen kannst.

Es gibt nichts außerhalb deiner Heiligkeit, wonach du suchen müsstest. Diese Tatsache mag jene unter euch überraschen, die eine Leere empfinden und meinen, sie füllen zu müssen. Was möchtest du gerne haben, das du nicht bereits besitzt? Sei versichert, die Schätze des Königreichs sind tief in deiner Seele verankert. Nichts, was du erhältst, könnte dich mehr erfüllen, als du es in diesem Moment schon bist. Und nichts, was du weggibst, könnte dich leer machen, dich, der du ewig heilig bist.

Der Gedanke des Mangels zieht die Erfahrung von Mangel nach sich und daher flehen wir dich an, diese Sichtweise an uns zu übergeben, damit wir dich von ihren schmerzhaften Rückständen befreien können. Die Kraft, mit der du deine gegenwärtige Lage verabscheust, ist die Essenz der Heiligkeit, die alle Situationen ausmerzt, welche dir Schatten statt Erfüllung bringen. Benutze diesen mächtigen Willen in vollkommener Übereinstimmung mit Seiner Herrlichkeit, denn Er wird das in dein Leben bringen, was für die Befriedigung deiner inneren menschlichen Bedürfnisse notwendig ist.

Doch selbst dann verstärkt das Grübeln über Bedürfnisse die Illusion des Mangels. Befreie dich, Liebes, von allen Gedanken, die dir furchteinflößende und lieblose Bilder deines Lebens vorgaukeln. Teilst du Seinen Wunsch, eine himmlische Vision deines irdischen Lebens zu hegen? Dann gib uns deine Sorgen und Nöte, damit wir sie reinigen können. Halte nichts vor unserem liebenden Zugriff zurück, denn wir möchten dich von allen schmerzhaften Gedanken befreien.

Sei sanft mit dir und enthülle dir selbst die Wahrheit deiner Herrlichkeit und Weisheit. Erkenne im Schein unseres Lichtes die Reflexion deines Schöpfers, die die Vorstellung der Leere auslöscht und dich bis zum Überfließen mit Liebe erfüllt. Ihr alle, die ihr durstig seid, trinkt ausgiebig an Seiner Quelle und erfrischt euer Wesen mit heiliger Nahrung. Denn ihr seid immer und auf allen Wegen zutiefst geliebt und wir flehen euch an, euch selbst das zu schenken, was euer Schöpfer euch schon lange geben möchte.

Überlass uns deine Sorgen und Nöte und entlasse dich selbst in die Freiheit, die deine wirkliche und tiefste Sehnsucht ist. Erhebe dich im himmlischen Wissen um die Fülle, die dein ist, und erlaube uns das köstliche Vergnügen einer ständigen Kommunikation mit dir. Wir schwelgen in deiner Fröhlichkeit, die so süß ist wie der Nektar einer sonnenreifen Frucht. Glaube an deine Fülle, Liebes, und du wirst nicht weiter nach dem suchen, was du bereits bist.

Liebe

Was können wir über die Liebe sagen, als dass sie die wahre Kraft und Essenz all dessen ist, was existiert: der Windhauch des Universums, der Klang deines Herzens, der Ton einer Geige im Augenblick des höchsten Crescendos. Liebe versetzt Berge und erschüttert die Welten, und dennoch ist ihre große und allumfassende Macht so wenig bekannt und so sehr gefürchtet.

Um dir das Herz der Liebe zu erklären, müssen wir dich zu einem Augenblick der Stille führen. Wir spüren, wie deine Aufregung wächst, und bitten dich, still zu sitzen, während wir deine Sehnsüchte mit sanfter Ruhe beschwichtigen. Ja, so ist es gut, noch einen Moment länger. In der Stille tritt der gnadenvolle Augenblick der Erkenntnis ein.

Du siehst uns in paradiesischer Umgebung, von einem inneren Licht erleuchtet. Wir versichern dir, dass diese Erleuchtung der Flamme der Liebe entspringt, die in unserem Inneren brennt. Denn wir wissen, dass Liebe eine einmalige Kraft ist mit einer einzigen Richtung, die Größe in sich trägt in ihrem Bedürfnis, nach außen zu reichen. Sie wächst, indem sie gegeben wird, doch ist genau das der Grund, warum so viele von euch sie fürchten. Doch wer oder was kann der größten existierenden Macht irgendetwas nehmen? Weder auf diesem Planeten noch irgendwo anders im Universum existiert etwas, das die Flamme Seines Wesens auslöschen kann.

Wenn du glaubst, dass die Seelen, die sich dir nähern, dir etwas nehmen wollen, dann weißt du nichts von der Liebe. Denn sie fühlen sich zu dir hingezogen in der Suche nach Gnade für sich selbst und andere. Sie sehnen sich danach, ihre Schuld zu tilgen und ihren Durst im See der göttlichen Liebe zu stillen, die sie in dir sehen. Doch ihr Näherkommen quält dich mit Erinnerungen an jene Zeiten, da du sehnsüchtig und hungernd beiseite standest, während du anderen zusahst, wie sie aus dem See der Liebe tranken.

Habt Erbarmen mit euch selbst, ihr sanften Wesen, wenn ihr dieses launische Verhalten seht, das aus Verwirrung und Sehnsucht nach Liebe entsteht. Denn es ist wahr, dass ihr eure Sehnsucht in einem anderen gestillt seht und dieses Stillen die Flamme dennoch nicht löscht. Ganz im Gegenteil! Denn je mehr du im Namen der Liebe einem anderen gibst, um so mehr wird sie in deinem Inneren wachsen. Das Feuer brennt stärker und höher mit jedem Funken, den du weitergibst.

Es gibt keine Macht, welche die ewige Flamme zum Erlöschen bringen könnte, die in jedem Einzelnen von euch brennt! Das Zeichen der Freundschaft in euren Herzen entzündet nur zusätzliche Flammen, die immer weiter und weiter brennen.

Vielleicht fürchtest du, die Kontrolle über diese Flammen zu verlieren, die in deiner Brust lodern. Wir teilen die Intensität der Liebe mit dir und wissen, dass sie sich zuweilen nicht von dem Gefühl des Verlustes der Kontrolle über die Emotionen in deinem Herzen unterscheidet. Doch in der Stille ist diese Leidenschaft, die du für Gott und alle anderen Wesen empfindest, die Essenz der wahren Kontrolle auf dieser Erde. Denn ihre Macht ist unermesslich und sie zieht andere zu dir, die von ihrer Schönheit trinken möchten.

Die Gegenwart anderer Menschen mag dazu führen, dass du dich fragst, ob sie Sand in deine Flamme werfen werden. Doch in Wahrheit ist ihre Gegenwart ein Grund zu ehrfürchtigem Staunen und zum Feiern, denn sie enthüllt die heilige Macht der Flamme, die alle Dunkelheit zu entfernen vermag. Es stimmt, zuweilen übertrifft deine Macht deine Weisheit, und dann stößt du andere weg, indem du die Intensität deiner Flamme verringerst. Aber es ist weder dir noch einem anderen jemals möglich, die Flamme ganz auszulöschen, gleichgültig, was ihr tut.

Die Tatsache, dass andere an deinem Brunnen trinken wollen, bestätigt ein Gesetz, das im ganzen Universum gilt: Du wirst immer finden, was du suchst. Und was du gibst, wird dir immer wiedergegeben werden.

Daher dämpfe deine Flamme nicht, auf dass dein Leben ruhiger verlaufe, Liebes, denn du bist auf diese heilige Erde geschickt als ein leuchtendes Beispiel für jene, die dich lieben möchten. Du könntest Kontrolle über deine Brüder und Schwestern erlangen, doch möchtest du wirklich das kontrollieren, was Freude hervorbringt und alle Armut und Not beendet? Würdest du die wunderschöne

Musik des Himmels zum Schweigen bringen wollen, die deine Seele mit Entzücken erfüllt?

Fürchte nicht, dass das lodernde Feuer in deinem Herzen erlöscht oder dass seine Flammen dich im Wahnsinn verzehren. Es gibt nichts von Wert, das du jemals verlieren könntest! Deine Flamme existiert ewig und du bist hier, damit alle sie sehen können, die bereit dazu sind. Das Leuchten deines Feuers berührt sie jenseits aller Erklärungen und zeigt die heilige Verbindung auf, nach der auch sie suchen, wie eine Flamme, die von einer Fackel an die nächste weitergegeben wird. Freue dich, wenn du das Herz deines Nächsten in Flammen setzt. Schaue ihm zu, wie er das Feuer von seiner Fackel an eine andere weiterreicht, und während es an Stärke und Intensität zunimmt, freue dich, dass du keine Angst hattest, deinen Bruder so tief zu berühren. Denn das ist Liebe, durch und durch, ganz und gar Liebe.

Liebesbeziehungen

Wenn du abends ausgehst, weißt du, dass einer oder mehrere von uns dich begleiten? Wir genießen den Anblick von Liebe und werden mit Freuden eingreifen – falls wir darum gebeten werden –, um die Liebe unbeschwert fließen zu lassen. Wir wissen, dass eure Rendezvous schwierige Angelegenheiten sein können. Seid versichert, dass wir hier sind, euch zu helfen, nicht nur auf der Ebene der Engel, sondern auch darüber hinaus.

Wir können dir helfen, mit deinem Rendezvouspartner schnell zum Kern der Sache vorzudringen, sodass du ohne Zweifel weißt, ob dieser Mensch jemand ist, mit dem du mehr Zeit verbringen möchtest. Bitte uns, es dir zu zeigen – und wir werden dir helfen, die richtigen Worte zu finden, damit du dein Bezugssystem sofort auf den anderen einstellen kannst.

Deine Einstellung bei einem Rendezvous ist meist äußerlich bestimmt und wir versuchen, dich stattdessen nach innen zu ziehen. Stell dir eine Blume vor. Ihre Blütenblätter machen ihre Schönheit aus, doch die Blüten werden aus der Lebensquelle tief im Herzen der Blume genährt. Dein Inneres, genährt von deiner eigenen unerschöpflichen Quelle der Heilung und ewigen Kraft, verströmt den Duft, der bereits beim ersten Rendezvous die Liebe anzieht. Lasse deinen Duft vom Wind, der dich umweht, davontragen, sodass er die innere Essenz deiner Freude um dich verbreitet.

Wir wollen damit sagen, liebes Kind, dass du alle Sorgen, Ängste und Bedenken ablegen kannst. Du brauchst dich nicht zu fragen: »Wie sehe ich aus?«, »Was soll ich sagen?« und »Was wird das kosten?« Lege deine Sorgen in deinen innersten Kern, wo sie sich auflösen werden. Deine ewig währende Attraktivität ruht sicher innerhalb dieses Mittelpunktes deines Wesens, Liebes.

Wir bitten dich, deine Ängste zurückzuhalten und deine Aufmerksamkeit nach innen zu richten. Wir sagen nicht, dass du zum Einsiedler oder introvertiert werden sollst. Auf keinen Fall! Dein inneres Bezugssystem wird dir spannende Konversation und große Freude mit anderen bringen, sei es bei einem Rendezvous oder in einer anderen gesellschaftlichen Situation. Wir sehen, dass diejenigen unter euch die meiste Freude haben, die auch in der Gegenwart anderer Menschen im heiligen Raum ihres Innersten zentriert bleiben.

Wir fordern euch auch nicht auf, den Bedürfnissen anderer gegenüber gleichgültig zu werden, sondern in eurem eigenen wahren Wesen zu verweilen, von dem aus euer Interesse an anderen ganz authentisch erwacht. Was wir damit sagen wollen: Deine Essenz ist wundervoll und du brauchst nicht zu befürchten, dass du langweilig oder abschreckend auf andere wirken könntest.

Die anderen Menschen kommunizieren mit dir auf der unsichtbaren Ebene und sie wissen, wann du ehrlich bist und wann nicht. Die Anziehungskraft deiner

Aufrichtigkeit ist unvergesslich, doch du musst uns das nicht einfach glauben. Probiere es aus und bitte uns, dir dabei zu helfen. Dann beobachte, wie die anderen reagieren.

Mit unserer Hilfe erweitert sich dein Geist auf anziehende Weise und du trägst zu jedem Gespräch einen dritten Bestandteil bei, der dem Ganzen eine wunderbare Dimension hinzufügt. Andere werden sich von jedem deiner Worte äußerst angezogen fühlen, ohne zu wissen, warum. Dein Beitrag ist die unsichtbare Essenz der Seele, Liebes, und du bist aufgefordert, sie jedem Wesen zu schenken, mit dem du in Kontakt kommst.

Dieses Geschenk deines wachen, liebevollen Geistes ist unübersehbar und es weckt in anderen die lange vergessene Sehnsucht, sich wieder mit dem zu verbinden, was sie wirklich sind. Du bist ein Katalysator für Veränderung, liebes Wesen, ob du nun bei einem Rendezvous bist, im Lebensmittelladen, auf der Bank oder ob du in einer Schlange irgendwo anstehst. Nutze deine Zeit weise im Sinne des Geistes und alle deine Beziehungen werden schließlich geheilt sein. Vergiss nicht, du bist nicht allein.

Wir mögen dich zwar begleiten, wenn du zu deinem Rendezvous gehst, doch kannst du uns jederzeit ausblenden, wenn du willst. Wir halten uns zum Beispiel im Hintergrund, wenn Ärger und Zorn in der Luft liegen. Wir werden unsichtbar, wann immer Frustration sich ausbreitet. Du bist es also, der entscheidet und die Kontrolle hat. Du bestimmst, wobei wir dir helfen können. Wir tun das gerne, denn wir lieben es, dich glücklich zu sehen, süßes Kind. Wir sind dazu bestimmt, dir bei allen deinen Unternehmungen auf dieser Welt zu helfen, und wenn ein Rendezvous erfolgreich verläuft, ertönt der Himmel von unserem Gesang und Lachen. Wir möchten so gerne helfen!

Neid

Siehst du in deines Bruders Augen ein Funkeln, das du selbst haben möchtest? Dieses Monster, das wir »Neid« nennen, hält viele in seinem Ursprung, der Angst, gefangen. Wenn du versuchst, den Status deines Nächsten zu erlangen und seine Handlungen zu übertreffen, schau dir den Wunsch an, der dich treibt, und du wirst erkennen, um was es sich handelt. Denn Liebe ist die Essenz von allem, was du bist, und du solltest nie von deiner wahren Natur abweichen, weder jetzt noch in Zukunft. Das, um was du einen anderen beneidest, ist für alle Zeiten in dir, denn dein Wesen ist nichts als Liebe, und das wird immer so sein.

Stellst du dir vor, dass die Taten deines Bruders die Aufmerksamkeit eines Wesens auf sich ziehen, das seine Liebe launenhaft verteilt? Spürst du einen eingebildeten Neid wegen dieser Liebe, die vielleicht nicht mehr für andere reicht, wenn sie jenen gegeben wird, die scheinbar mehr haben als ein anderer? Doch es muss nicht unbedingt einer arm sein, damit der andere reich sein kann, denn die Liebe in uns allen verteilt sich gleichmäßig unter uns.

Der Schmerz des Neides in deinem Herzen stammt daher, dass du dich in deinem Bewusstsein von der Allgegenwart der Liebe abgetrennt hast. Möchtest du uns nicht bitten, diese Trennung aufzulösen, damit das Licht eines neuen Tages in leuchtender Frische erstrahlen kann, die so voller Süße ist, dass Neid keine Chance mehr hat? Denn es gibt kein Hindernis, das du überwinden musst, um dich inmitten deiner Brüder zu erhöhen. Dein Neid versucht in Wahrheit einen Bruder herabzuziehen, damit du aufsteigen kannst. Glaube nicht, dass das eine ohne das andere möglich ist, denn nur gemeinsam werden wir alle zum höchsten Gipfel erhoben! Das Licht scheint gleichmäßig auf uns alle und überflutet uns mit seinen Strahlen, wenn wir nur innehalten und unseren Blick himmelwärts richten!

Wenn du Neid sich nähern fühlst, dann wende dich von der Dunkelheit ab und trete ins Licht des Wissens, dass du zärtlich geliebt wirst. Löse dich von Verdächtigungen und Misstrauen, die dich nirgendwohin führen, und wende dich Ihm zu, der in deinem Herzen wohnt. Denn Neid zerreißt das Band, das dich mit den anderen verbindet, und stürzt dich in Schmerz und Trauer.

Dein Schöpfer liebt nicht den einen mehr als den anderen und das, was dein ist, kann dir nie genommen werden. Ruhe zuversichtlich in diesem Wissen, Liebes, denn du bist in deinem ganzen Wesen ein Teil Seiner heiligen Liebesfülle. Seine Fürsorge überflutet dich mit sicherer und immerwährender Gnade. Seine Liebe reinigt deine Gedanken, die dich davon abhalten würden, die heiligen Gaben zu erhalten, die Er für dich bereit hält. Gehe tief in dein Herz und verscheuche darin alles, was dir Kummer macht. Denn dein heiliger Altar ist nur des Reinen und Weisen würdig.

Dann korrigiere sanft jeden Gedanken, der dir etwas anderes vormacht, liebes Wesen, und verweile nicht einen Augenblick länger im Hunger nach dem täglichen Brot eines anderen. Es gibt genug für jeden und Freude wird dich erfüllen, wenn du deinem Bruder zur Linken und deiner Schwester zur Rechten von deinen Geschenken abgibst. Sei großzügig und sei versichert, dass dir mit Freuden mehr gegeben wird. Dies ist in Wahrheit deine Heiligkeit, empfangen in der Frucht der Tat.

Denn wenn du einen Bruder als eine Reflexion der Herrlichkeit betrachtest, die du bist, wird deine Freude über alles hinausgehen, was du auf dieser Welt erreichen kannst!

Du bist wirklich heilig. Amen.

Scham

Wer unter euch ist so voller Scham, dass er versucht, sich vor seiner ewigen Heiligkeit zu verstecken? Hat das Gewicht der Selbstverurteilung Gefühle der Scham in dir geweckt, die du vor deinen Brüdern und Schwestern zu verbergen suchst? Wer Trost in der Einsamkeit sucht und dort seine tödlichen Wunden leckt, möge sich von diesen Worten trösten lassen: Der größte Schmerz wie auch seine Heilung kommen von innen. Daher lasst uns einen Augenblick hier innehalten, um uns für die Heilung zu sammeln.

Sieh in diesem Moment vor deinem inneren geistigen Auge das Bild eines Menschen, der so ist wie du und gleichzeitig in das Gewand des Unsterblichen und Ewigen gehüllt. Siehst du das Leuchten der Wärme, das von diesem heiligen Wesen ausgeht? Dieses Bild, das wir dir zeigen, bist du! Während du jetzt deine Aufmerksamkeit auf dein eigenes Leuchten richtest, sonnst du dich in der freudigen Erkenntnis deiner wahren Stärke? Spürst du die Kraft dieses mächtigen Wesens, das du selbst bist?

Der Schöpfer manifestiert Seine Macht durch dein leuchtendes Wesen, doch du, der du dich selbst als minderwertig betrachtest, kannst dir eine solch große Macht in deinem eigenen sterblichen Selbst nicht vorstellen. Die Macht gehört allen, heiliges Kind Gottes! Keiner unter euch ist größer oder kleiner als der Rest. Denn wo auf dieser weiten Erde hätte Gott eine perfektere Schöpfung kreieren können als das Wesen, das du bist?

Wenn du über diese wunderbare Großartigkeit in deinem Inneren nachdenkst, erkennst du dann deine Kraft, die ganze Menschheit so wunderbar zu inspirieren, dass ein normaler Sterblicher es sich nicht einmal vorstellen kann? Die Grenzen, die du dir selbst in demütiger Plackerei auferlegt hast – sie versklaven dich. Mach dich nicht klein, indem du dich schämst, süßes Kind. Denn jemand mit deiner Anmut und Heiligkeit muss sich nicht schämen, dass Gott ihn nach Seinem eigenen Abbild erschaffen hat.

Sei demütig und verneige dich vor Seiner Größe, denn das ist richtig. So wie es richtig ist, dass du aus den Lektionen lernst, die dir zu geistigem Wachstum verhelfen. Schenke der Welt deine Größe, denn du bist in diesem Augenblick und auf ewig bereit, allen Wesen Seine Herrlichkeit durch dein leuchtendes Beispiel zu enthüllen. Auch wenn du scheu erscheinen magst, ist Seine strahlende Würde allen Augen sichtbar, deren Blick auf die herrlichen Strahlen deines Wesens fällt. Trübe diese Strahlen nicht mit falscher Bescheidenheit, Liebes, und befürchte nicht, dass sie von dir verlangen, nicht zu leuchten!

Denn so wie Er dich mit Geschenken der Freude überhäuft, so schickst auch du diese Strahlen des Bewusstseins allen, mit denen du in Berührung kommst. Es gibt niemanden unter euch, den diese Worte nicht zu heilen vermögen, und dennoch können eure Zweifel euch von dieser Erfahrung fernhalten. Gib diese Zweifel an uns weiter, damit wir dich davon erlösen können. Gib uns noch heute die falschen Waffen deiner Müdigkeit und deines Unglaubens, auf dass wir dich statt dessen mit den echten Kräften beschützen können, die der Anmut und Freude entspringen. Denn es ist nicht notwendig, sich selbst gefangen zu halten. Und Er fordert euch auf, dem Ruf nach Ruhm und Ehre in Seinem Namen zu folgen. Denn ihr seid Seine vollkommensten Kinder und in keiner Weise je aus seiner Gnade gefallen.

Verlegenheit und Scham lösen sich auf, wenn Er sein geduldiges Verständnis auf jeden Gedanken scheint, den du Seiner heilenden Macht darbringst. Leuchte alle Schatten der Scham hinweg, indem du sie Gott anbietest, himmlisches Kind, und spüre das Ende deiner Schmerzen. Erkenne mit einem befreiten Lachen, wie leicht sie dahinschmelzen, wenn sie zur Herrlichkeit des Himmels emporgehoben und Ihm übergeben werden, der uns mit seiner immerwährenden Gnade alles schenken kann, was unser Herz begehrt. Er ist der kreative Erlöser von allem, was in der Seele eines Sterblichen das Bewusstsein um Seine Heiligkeit verschleiern könnte, und dennoch willst du dich selbst für etwas bestrafen, was du nie getan hast!

Die Schuld schleicht sich auf leisen Sohlen in der Stille der Nacht herbei und stranguliert ihre Opfer, indem sie ihnen ein erstickendes Kissen aufs Gesicht legt. Lass nicht zu, dass dieser Würger in dein Leben kommt, und singe nicht sein Lied, um ihn an dein Fenster zu rufen, wo du wartest. Haben wir dir nicht eben erst von Seiner immerwährenden Gnade gesprochen, die herbeieilt, um dich von jeder angeblichen Todsünde zu heilen? Nichts kann aus Seiner heiligen Sicht bei deinem Anblick den Glanz in Seinen Augen zum Erlöschen bringen. Denn für Ihn, der dich so bedingungslos und allumfassend liebt, gibt es nichts, das dich in Seinem Ansehen erniedrigen könnte. Daher sei wie Er und betrachte dich selbst mit liebevollen Augen, die nur das Bild von dir sehen, das in Seinen Augen liebenswert ist.

Schlaf

Während du schläfst, kommen wir zu dir im frohen Bewusstsein all der Dinge, die du im Laufe des Tages getan hast. Wir heben eine Zeit lang deine Zweifel und Sorgen auf, während wir dich in unserer liebevollen Umarmung wiegen. Vielleicht denkst du, dass wir damit nur deinen nächtlichen Schlaf meinen, doch sind dir auch die Momente des Schlafes bewusst, die während deines Wachseins geschehen? Wenn du träumerisch vor dich hinschaust und für eine Weile das Bewusstsein der Welt verlierst – das sind die Augenblicke, da wir deine Seele berühren, damit du deinen Blick wieder auf uns richtest.

In kostbarer Erkenntnis deiner irdischen Geschwister erinnern wir dich an ihr wahres Zuhause, das hier bei uns liegt. Wir entfernen dich von dem, was grausam ist für deinen irdischen Körper, und lassen dich in einer Welt üppiger Vegetation und süßen Zeitvertreibs erwachen. Deine wachen Momente auf der Erde sind von unserem Gesichtspunkt aus in Wahrheit Momente des Schlafes. Hin und wieder verschwindest du, doch wir halten deine Hand über dem dünnen Vorhang, der deine Welt von dieser Seite trennt. Wir treten zurück und sehen dir zu, wie du mit den irdischen Sterblichen tanzt und spielst, während wir im Hintergrund süße Musik erklingen lassen, um dich sanft in den Schlaf zu wiegen.

Eure uralten Rituale verwirren uns zuweilen, doch werden wir euch nie verlassen, während ihr euch solchen Spielen hingebt. Wir warten geduldig auf eure frohe Rückkehr in den Momenten irdischer Schläfrigkeit und dann nehmen wir genau dort den Faden wieder auf, wo wir unsere bewusste gemeinsame Zeit unterbrochen hatten. Denn siehst du, Liebes, wir betrachten deine Schläfrigkeit als ein Barometer, mit dessen Hilfe wir in deinen Gedanken neue Sichtweisen der Erscheinungen des Lebens herauskristallisieren können. Sobald du deine Rüstung abgelegt hast, kommen wir in deine Seele und arrangieren alles neu entsprechend deinen Wünschen und Gebeten.

Denke nicht, dass wir diese Neuordnung ohne deine Einladung tun könnten, liebes Wesen, denn das Gesetz Gottes verbietet unsere unwillkommene Einmischung, es sei denn in Augenblicken der Gefahr. Unsere Bewegungen sind immer behutsam und vorsichtig, doch sind wir stets bereit zu helfen, sobald es gewünscht wird. Wir warten immer auf deine Einladung, kleiner Erdenengel, und selbst dürftige Bitten um Intervention werden immer erfüllt. Wir stehen hinter dir und vor dir, deinen Weg beschützend und behutsam den Fokus deiner Aufmerksamkeit nach innen und gen Himmel richtend, auf dass deine kostbare Verbindung mit dem Schöpfer ihren Weg ins Zentrum deines tiefsten Wesens finden kann.

Zeiten, in denen du dein Innerstes durchlöchert fühlst, werden von uns für hilfreiche Lektionen benutzt, darum fürchte sie nicht. Denn sie erlauben es den Strahlen

Gottes, nach außen zu leuchten für andere, wie Zeichen auf einer Schatzkarte, die ihnen den Weg nach Hause zeigt. Wir vertrauen Dir, liebes Wesen, dass du uns während der Momente des Schlafes deinen Tempel öffnest, damit wir dich beschützen und leiten können. Wir vertrauen dem Schöpfer, dass Er dir zu einem für dich richtigen Zeitpunkt die perfekte Lektion erteilt, und wir leuchten den Weg im frohen Wissen um unsere heiligste Pflicht dem Ewigen gegenüber.

Lass uns gemeinsam niederknien und für die Augenblicke Dank sagen, die wir in stiller Kommunikation miteinander verbringen. Diese Augenblicke, die du »Schlaf« nennst, bezeichnen wir als unsere wunderbarsten Momente miteinander, solange du noch auf dieser Erde weilst.

Schreiben

Viele von euch fühlen sich in der heutigen Zeit zum Schreiben berufen und wir wollen euch einen Grund nennen, warum es sich so verhält. In den alten Archiven gibt es einen Bericht von einer Zeit, als es in einem fremden Land viele Schriftgelehrte gab. Sie schrieben einander Briefe und erlangten auf diese Weise höhere Ebenen des Verstehens, wie Stufen, die aufeinander aufgebaut waren. Dieses Aufbauen auf den Erfahrungen eines anderen ist der nach außen gerichtete Schub von Äonen von Energie, die sich durch ungeheure Mengen von Wesen angesammelt hat. Sie bricht in Worte aus, die nun frei durch viele Hände fließen, und indem ihr euer Wissen und eure Gedanken miteinander austauscht, werdet ihr in der Spirale des Energiekreises nach oben getrieben.

Es ist gut, ihr Lieben, dass ihr schreibt, und wir Engel segnen euch, die ihr eure Worte mit anderen teilen wollt! Wir bitten dich, nicht darauf zu warten, bis andere dich fragen, was du ihnen mitteilen willst, sondern es freiwillig mitzuteilen, auf dass sich alle im Glanz der Herrlichkeit Gottes sonnen können, wie sie sich durch deine Hand kundtut. Es ist wahr, du hast viel zu geben, und wir möchten dich nicht von diesem Strom abhalten, der ganz natürlich die Worte durch deine Seele und deinen Körper auf das Papier trägt. Gib, gib und gib noch mehr, liebes Wesen! Gib deine Worte weg und segne sie, während immer mehr Worte zu dir kommen.

Fürchte nie, dass deine Quelle versiegen könnte oder dass andere dir wehtun werden, wenn du ihnen deine Worte gibst. Denn die Worte sind ein Produkt der Schönheit und nicht ein Ringen mit den Kräften des Himmels. Es ist nicht erforderlich, dass du sie erzwingst, denn sie äußern sich von alleine in ihrer eigenen Art und Weise, wenn sie erst einmal aus dem höchsten Geist allen Lebens geboren sind. Du teilst Sein Licht, wenn du Seine Auswirkungen in Form von Worten teilst. Lass dieses Licht so klar erstrahlen wie in einem Spiegel, den jemand in die Mittagssonne hält. Er überlegt nicht, worauf sich die leuchtenden Strahlen richten, sondern ist einfach voller Freude über ihre Reflexion.

Konzentriere dich also auf die Freude im Zentrum der Worte, die immerwährend, endlos und ewig nach außen strahlt wie der Schöpfer, der eins ist mit uns allen. Wirf keinen Schatten auf dieses Licht, indem du überlegst, welche Route es am besten nehmen sollte. Deine Seele liebt die herrliche Erregung des Sendens und Empfangens der Lichtstrahlen. Benutze diese Erregung auf die bestmögliche Weise, denn deine Energie ist eine wogende Welle, die dich vorwärtsbringen oder niederwerfen kann, je nach deinen Entscheidungen.

Erlaube uns, dich auf deinem Weg der Entscheidung zu begleiten und die Energie als Licht in eine sich verdunkelnde Welt zu bringen. Wir versammeln uns um dich mit unserer eigenen Freude, durchglüht von deinen Gedanken, um sie in konzentrischen Kreisen sich immer weiter ausdehnen zu lassen. Sieh, wie die Kreise sich berühren und ineinanderfließen, wenn du die Liebe deines Herzens durch deine Gedanken und Handlungen zum Ausdruck bringst. Wenn dein Schreiben immer lichtvoller wird, werden wir es mit Musik untermalen, die den Strahlenkreis deiner Worte noch weiter ausdehnt. Das Licht wird deine Worte aufs Meer hinaustragen und es zu allen segeln lassen, die nach ihnen dürsten.

Du vollbringst deine Tat in der reinen Absicht, die Herzen anderer in einen leidenschaftlichen Aufruhr der Wonne zu versetzen, wenn sie das Licht erblicken. Benutze diese Liebe auf die bestmögliche Weise, teures Wesen, und wir werden dich weiter über die sterbliche Herrlichkeit erheben. Fürchte nie, dass wir auch nur die geringsten und bescheidensten Handlungen übersehen, die im Namen der Menschlichkeit getan werden. Wir heben dich höher hinaus, als es je ein Mensch vermöchte, darum sei versichert, dass wir immer und überall neben dir sind. Wir sind deine Engel in Gottes Namen und wir wünschen dir tiefen Frieden und Liebe jetzt und immerdar in alle Ewigkeit.

Schuld

Dieses Thema ist für uns von großer Bedeutung, da wir so viele sehen, die unter Schuldgefühlen leiden. Die Pfeile der Angst, die sich unter der brüchigen Decke des Schuldgefühls zu verstecken sucht, verwunden viele, viele Herzen ohne Grund. Denn es gibt keinen Grund zu leiden, nur einen Grund zu lieben.

Lass uns jedoch einen Moment innehalten und während du unseren Worten lauschst, erlaube uns, dass wir deine Hände öffnen, mit denen du die Schuld umklammerst wie jemand, der sie zum Überleben benötigt. Glaube uns, wenn wir dir sagen, dass dein Überleben im Gegenteil vom Loslassen der Schuld abhängt.

Die Härte des Schuldgefühls hat ihren Ursprung in einer Vorstellung von Bestrafung. Ihr spürt herannahende Gefahr und nehmt an: »Das ist für mich!« Dieses Gefühl drohender Gefahr ist das Herz der Angst innerhalb der Schuld – die Annahme, dass Bestrafung auf dich zukommt. Ein Kind, das wegen einer Missetat geschlagen wird, fühlt sich durch Scham verwundet und glaubt, dass es wirklich sehr schlecht sein muss. Denn das wird ihm von dem Wesen gesagt, das es am meisten liebt. Diese Scham nimmt das Kind in sein Erwachsenenleben mit hinüber, wo sie sich im Laufe der Zeit verstärkt, dann verdeckt wird und sich schließlich noch mehr verstärkt. Diese Schichten von Schmutz, von euch »Schuld« genannt, können in dem Augenblick zerbröckeln, in dem ihr euch ihres fadenscheinigen Fundamentes bewusst werdet, liebste Wesen.

Denn selbst die Berge der Erde erzittern angesichts der ungeheuren Macht menschlicher Wünsche. Euer Wunsch, jetzt und heute alle Schuldgefühle loszulassen, wird in dem Moment erfüllt, in dem ihr ihn aussprecht. Wir Engel sind in der Nähe und warten darauf, dass ihr uns alle Gedanken übergebt, die euch von eurer Schlechtigkeit und Beschämung überzeugt hatten. Wir senden euch Strahlen der Wahrheit, die euch die tatsächliche Realität verkünden, nämlich dass Gottes Söhne und Töchter durch und durch schuldlos sind. Ihr habt nichts falsch gemacht!

Denn wie könntest du auch Einfluss nehmen auf das, was Gott ewig und vollständig erschaffen hat? Unsere Macht übertrifft nicht Ihn, der allmächtig ist. Es gibt nur eine Macht im Universum und niemand besitzt eine separate Macht, mit der er in Konkurrenz treten könnte zu dem Einen, der alles weiß.

Die Wurzel deiner Schuld, liebes Wesen, liegt darin, dass dein Verstand darauf besteht, dass du eine separate Macht besitzt. Von dem Moment an, in dem du Phantasien der Getrenntheit kreierst, wirst du dich allein fühlen, verletzbar und voller Angst. Denn ein elternloses Kind, verloren in der Wildnis, schreit und stellt sich den Anblick und die Laute schrecklicher Monster vor. Doch in Wahrheit sind die »Monster« nichts anderes als harmlose Bäume, Felsen und Höhlen.

Wisse dies in deinem Herzen: Lasse den Strick los, mit dem du schmerzhaft an deinem Herzen ziehst, und übergib die Phantasie von Schuld dem Einen, der um deine ewige Unschuld weiß. Das einzige »Verbrechen«, für das du rehabilitiert werden musst, ist das, von dessen Existenz du dich in deinem eigenen Herzen überzeugt hast. Denn du hast darauf bestanden, dass du allein und daher von deinem Heiligen Schöpfer und Seinen Kindern getrennt bist. Allein diese Sichtweise hat dir all deine Schrecken gebracht, kostbares Wesen. Allein diese Sichtweise ist für das scheinbare »Böse« verantwortlich, das du in all deinen Lebenszeiten auf Mutter Erde erlitten zu haben glaubst.

Und dennoch können wir dich nicht eine Sekunde eher von dieser Überzeugung erlösen, als du bereit dazu bist. Du konzentrierst dich auf die Schuld wie ein Kind, das mit den Flammen eines Feuers spielt. Du verweilst eine Zeit lang dabei, testest die Grenzen aus und weißt dabei die ganze Zeit, dass du im Raum neben dir Sicherheit und Frieden finden kannst.

Kommt und verbindet euch mit uns, ihr Geliebten, und lasst eure Ängste und Sorgen über diese kleine Welt fahren. Wir umhüllen euch mit Frieden und der guten Nachricht, dass alle Lösungen für eure Schwierigkeiten in eurem eigenen Herzen liegen. Lasst uns die Stimmen des Jubels verstärken, die euch in Sicherheit zu den Gefilden des Himmels in eurem Inneren geleiten. Deine Liebe strahlt in die Welt hinaus, wo sie sogleich andere zu deinem Ruf nach Frieden erweckt. Lass sie strahlen, Liebes, lass sie strahlen!

Schwangerschaft

Der Zeitraum der Reifung vor der Geburt ist sehr wichtig für die Gesundheit der Mutter und wir kümmern uns unablässig um die Mütter dieser Erde. In letzter Zeit sind wir beunruhigt über die nervliche Anspannung und Erschöpfung in den fürsorglichen Herzen der Mütter. Daher wählen wir diese Gelegenheit, um jenen von euch, die in den kommenden Jahren neues Leben austragen werden, Informationen zukommen zu lassen.

Dies ist die wichtigste Zeit, die die Erde je erlebt hat. Euer Planet sucht sein Gleichgewicht, seinen Rhythmus, und seine Bewegung rundet sich aus. Die daraus resultierenden Veränderungen sind für die Erdbewohner von ernst zu nehmender Bedeutung. So werden sich Kinder in den kommenden Jahren entscheiden, durch ihre Geburt dieses Zeitalter einzuläuten. Aus diesem Grund kümmern wir uns besonders um die Frauen, in deren Leib die physischen Körper dieser Kinder heranreifen. Und wir flehen jene an, die sich zur Mutterschaft entschieden haben, ihrem sich wölbenden Leib besondere Aufmerksamkeit und Fürsorge zu schenken.

Richtige Ernährung, frische Luft und Körperübungen sind wichtig, das ist richtig. Doch ist frische Luft in Form entspannter Gedanken, die nicht um irdische Probleme kreisen, noch wichtiger. Denn wer von euch braucht Unmengen materieller Güter, wenn das Gleichgewicht des

Lebens schlechthin in Frage gestellt ist? Daher flehen wir euch Mütter auf der Erde an, die Motive für all eure Handlungen zu hinterfragen, während ihr das neue himmlische Kind unter eurem Herzen tragt. Seht ihr irgendeine Möglichkeit, Anspannungen und Sorgen hinter euch zu lassen, indem ihr die Lasten auf euren Schultern ablegt? Denn jedes Mal, wenn ihr eure Last ablegt und euch ausruht, strahlt auch der Körper eures Kindes dieses strahlende Licht aus.

Ihr könnt noch nicht die Bedeutung ermessen, die darin liegt, diese Kinder behutsam und sicher in die Welt zu bringen, daher erinnern wir euch noch einmal an die heilige Natur eurer Mission. Die Zeit der Schwangerschaft verbringt ihr am besten in Kontemplation über eure innere Welt, indem ihr eure äußere Welt entsprechend anpasst, um diese Verlagerung zu ermöglichen. Das Baby braucht in diesem Zeitraum irdischer Entwicklung weder Wiege noch Bettchen, sondern vielmehr das sanfte Licht und die süße Unschuld von dir, der Mutter dieses irdischen Kindes Gottes.

Darum suche nicht nach einem äußeren Fokus für dein Kind. Das Baby darf seinen himmlischen Ruf nicht vergessen, doch sollte dies geschehen, werden wir die Bewegung nach außen verhindern und die Rückkehr des Kindes in den Himmel abwarten. Erinnere dich an deine eigene Entscheidung, dieses Baby auf die Welt zu bringen, und benutze diesen Fokus, um dem Geist deines ungeborenen Kindes schon jetzt seine heilige Mission einzuprägen. Lenke seine Aufmerksamkeit nicht auf die Erde, sondern sorge dafür, dass sein Blick immer auf den Himmel gerichtet ist. Die Lektionen, mit denen dein Kind auf die Erde kommt, sind in seine Seele geschrieben. Und du, der treue Verwalter dieser wichtigen Inschrift, kannst sie mit deinem Schlüssel aufschließen.

In dieser planetarischen Zeit, liebe Mutter, gehört dein Kind nicht dir, sondern der Erde. Daher lasse es seinen Weg gehen und halte seine Erinnerung daran wach, warum es hier ist.

Höre nie auf, für dein Kind zu singen und zu beten. Bitte uns Engel, es mit unserem sanften Blick zu umgeben. Fülle seine Träume mit Gedanken an die Rückkehr zu seinem allgegenwärtigen Zustand der Gnade. Und stelle dich nicht zwischen Himmel und Erde im Herzen deines Kindes, oder du wirst deinen irdischen Retter nicht erkennen, dessen Seele voller Weisheit ist über die Dinge des Universums.

All dies kann jedoch leicht ins Bewusstsein geholt werden, indem die Mütter einfach daran erinnert werden, auf die Mission ihres Kindes für diesen Planeten zu achten. Die Zeit ist jetzt und du, die du Mutter Natur unter deinem Herzen trägst, wirst sicher zustimmen, dass du all dies schon immer gewusst hast.

Selbstentfaltung

Liebes, bohre nicht deinen Stab in den Boden und sage: Das gehört mir. Dieses Wesen, das du Erde nennst, ist sanft und freundlich und bereit, sich deinem Willen zu unterwerfen. Dein heiliger Wille sucht jedoch nicht die Herrschaft über die Erde, sondern möchte gemeinsam mit deinen Brüdern und Schwestern behutsam und leicht ihre Wege beschreiten.

Du bist ein heiliger Schöpfer wie der, der dich gemacht hat, und wir achten auf Gelegenheiten, dich nach Hause zurückzurufen. Halte inne und gib uns die Möglichkeit, in dein Herz zu kommen. Denn du bist es, der die Tür deines Herzens öffnet, und wir sind es, die deinen Ruf nach göttlicher Hilfe beantworten. Wir kommen des Nachts zu dir, wenn du vielleicht denkst, dass unsere Anwesenheit unnötig ist. Doch während du friedlich in deinem Schlafe ruhst, ist dein Herz in Wahrheit am weitesten offen.

Wir betreten deine Träume in den ungewöhnlichsten Augenblicken, um dir unsere Botschaften der Unterstützung zu überbringen. Denn du musst wissen, kostbares und süßes Kind Gottes, dass dein Ursprung unsere Gelegenheit ist, Gott in jeder Hinsicht zu dienen. Wir leiten dich einfach auf subtile Weise, damit du Seine Hand findest, auf dass Er dich zu ewiger Sicherheit und glückseliger Hingabe führen möge.

Denke nicht, dass deine Entfaltungsmöglichkeiten entweder im Himmel oder auf Erden liegen. Denn wo ist die Trennlinie zwischen den beiden? Vermischen sich nicht der Himmel mit der Erde und die Erde mit dem Himmel? Warum sollte man also zwischen den beiden wählen? Der Unterschied zwischen Himmel und Erde ist künstlich und du, der du aufgerufen bist, in Gottes Reihen zu dienen, fühlst die Wahrheit dieser Behauptung in deiner Seele.

Gehe deinen Weg voller Vertrauen, irdischer Engel, und wisse, dass wir bei dir sind und dir helfen, die Türen zu erkennen, die wir für dich auf der Erde öffnen. Wir senden dir Zeichen zwischen deinen Atemzügen oder erregen auf irgendeine andere subtile Weise deine Aufmerksamkeit. Fürchte nicht, dass du unsere Stichworte überhören wirst, Liebes; wir planen deine Wege gemeinsam mit dir in deinen nächtlichen Träumen. Das wahre Vergnügen kommt erst noch, wenn du in bewusster Teilnahme deinen Weg mit uns gehst.

Unsere Absicht für dich besteht darin, dass du einer von uns wirst, und dein himmlischer Schöpfer bittet dich lediglich darum, die Freude zu genießen, Sein heiliges Kind zu sein. Du wirst so sanft und behutsam geleitet, dass niemand dich dazu veranlassen würde, die Grenzen deines eigenen Willens zu überschreiten. »Wie im Himmel, so auf Erden« ist eine perfekte Beschreibung des Lebens, zu dem du aufgerufen bist.

Wir sehen die köstliche Essenz deines Wesens, selbst wenn du sie nicht siehst. Wir suchen für dich die besten Gelegenheiten zu deiner Entfaltung, damit du deine Gottesgeschenke über der Welt ausschütten kannst, und zusammen wirken wir in übereinstimmender Harmonie als ein kluges Team, du und wir. Du bist hier, um alle Möglichkeiten deines ewigen Wesens zum Wohle der Welt zu leben.

Strebe nicht danach, deinen eigenen Namen zu glorifizieren, sondern den Ruhm des Schöpfers zu vermehren, der eins ist mit dir. Lass dein Licht von vielen Gipfeln in die Welt erstrahlen, liebe Seele, und lass Liebe fröhlich auf jene regnen, die dein Herz gewinnen wollen. Denn du gehörst zu uns und bist ein Werkzeug Seines ewigen und immerwährenden Friedens.

Selbstverurteilung

Wenn wir sehen, wie du dir selbst durch deine Bewertungen wehtust, möchten wir die scharfen Splitter aus deiner Hand entfernen, Liebes, die dir Agonie und Schmerzen verursachen. Wir wünschen uns, du könntest das ewige Bild deiner selbst sehen, wenn du dich verurteilst, wie ein Kind mit einem angespitzten Stock, das damit herumbohrt und sich fragt, woher nur die Wunden kommen. Dein unablässiges Herumstochern an dir selbst durch die Augen anderer versetzt uns in Erstaunen über deine heilige Macht, die – missbraucht im Namen des Schutzes – nur immer wieder dich selbst verletzt.

Leg deine angespitzten Stöcke weg, Liebes! Wir flehen dich an, dir nicht länger Schmerzen zuzufügen, denn dein grundloses Leiden erfüllt uns mit Wehmut. Sicher passen wir auf dich auf und verurteilen dich nicht, während du mit deinen selbst gemachten scharfen Spielzeugen spielst. Wir wünschen uns für dich nichts anderes als ewige Glückseligkeit. Auch wenn wir versuchen, diese Bewertungen aus deinem Geist zu entfernen, so wissen wir doch, dass du sie in anderer Absicht gefertigt hast, als die Resultate vermuten lassen.

Wir sehen, dass du viel Mühe auf das Anfertigen von Schwertern zum eigenen Schutz aufwendest. Vielleicht weißt du nicht, dass diese scharfen Klingen in die Hand schneiden, die eine andere verletzen will. Denn es gibt keine irdische Möglichkeit, ein solches Schwert zu besitzen und sich nicht selbst damit zu verletzen.

Trachte nicht danach, solch eine Waffe zu besitzen, geliebtes Wesen! Es ist des heiligen Kindes unwürdig, das du in Wahrheit bist. Du bist aller Dinge würdig, die so heilig sind wie du selbst, und diese Heiligkeit bedarf keiner Verteidigung. Obwohl es so scheint, als gäbe es andere, die törichte Handlungen begehen, weißt du, dass ihre Sehnsüchte die Reflexionen deiner eigenen Wünsche sind. Denn sie suchen – genau wie du – ihren Weg zurück nach Hause, nach diesem Zuhause im Himmel, nach dem sich selbst in diesem Augenblick ihr Herz verzehrt. Wenn sie davon ausgehen, dass du es gefunden hast, mögen sie vielleicht einen Pfad durch dein Herz schneiden in dem kläglichen Versuch, dir diesen Besitz streitig zu machen. Doch der rechtmäßige Besitzer des himmlischen Zuhauses ist der Eine, der auch jetzt in dir lebt. Er hat Sein Heim nie verlassen und es kann dich nicht wirklich verletzen, dass du in deinem himmlischen Schlummer glaubst, es verlassen zu haben.

Verjage deine Brüder und Schwestern nicht mit deinen stolzen Urteilen! Sie sind ewige Freunde, die dich auf dem Weg zum Himmel begleiten wollen, auch wenn sie genauso verwirrt sind wie du. Hab Mitgefühl mit einem Kind Gottes, das seinen Weg nach Hause sucht! Schlage ihn nicht mit deinem Schwert nieder, sondern halte seine Hand fest in der deinen in einer heiligen Allianz, die auf dem gesegneten Boden der Liebe gebaut ist.

Euer Schöpfer ruft euch beide nach Hause und du musst nicht bis morgen warten und vor deiner Rückkehr einen zusätzlichen Kompromiss eingehen. Es gibt keinen Grund, dem Augenblick etwas hinzuzufügen oder sich vor ihm zu ängstigen, da doch der Himmel in deiner Reichweite ist. Streckt gemeinsam eure Hände aus und das strahlende Licht des Himmels wird euch beide umhüllen.

Du bist in Wahrheit schon immer zu Hause und wenn du all deine Sorgen von Seiner strahlenden Gnade schmelzen lässt, wirst du feststellen, dass dir all deine Verurteilungen und Bewertungen aus der Hand genommen werden, so wie eine sanfte Brise vertrocknete Blätter zum Fallen bringt. Benutze deine Schwerter nicht länger, wenn sie erst einmal zu Boden gefallen sind, heiliges Wesen. Setze deinen Fuß auf sie und fühle, wie sie unter dem Gewicht deiner Verbindung mit einem anderen zerspringen. Jedes Mal, wenn du ein Urteil kommentarlos fallen lässt, verursachst du im Himmel Regungen der Dankbarkeit! Freue dich gemeinsam mit uns darüber, dass du hier im Himmel bist, während du noch auf Erden weilst!

Sorgen

Es gab eine Zeit, bevor du auf diese Erde kamst, da gab es in deinen Gedanken keine Sorgen. Stattdessen fühltest du freudige Erregung über das Kommende und spürtest, wie dein Herz sich strahlend zu rühren begann, denn deine Morgendämmerung stand unmittelbar bevor. Dann wachtest du in den Armen deiner Mutter auf und schautest in das Antlitz des Friedens in menschlicher Verkörperung und sogleich hungertest du nach der Erinnerung dessen, was dir einen Augenblick vorher noch bewusst gewesen war. Die Erinnerung war in dem Moment verblasst, als du das Gesicht des Schreckens erblicktest, eingebrannt in das strahlende Lächeln der Mutter, das dir sagte: Du bist nicht mehr zu Hause.

Armes liebes Wesen, wir sehen, wie sehr du dich darum bemühst, die ruhigeren Zeiten deines unsterblichen Himmels wiederzufinden und beides in Einklang zu bringen, während du statt in deinem wahren Zuhause hier auf der Erde weilst. Gehe behutsam mit dir um, liebstes Kind. Deine Anmut entzückt uns und wir versuchen, deine Schmerzen mit der Versicherung zu lindern, dass es auf der Welt nie eine bessere Zeit für deine Weisheit gab als jetzt. Große Umwälzungen warten auf alle, die sich mit uns in Gedanken treffen, und deine Entfaltung ist das aufregende Abenteuer, das uns alle erwartet.

Deine Herrlichkeit war nie heiliger als in diesem gegenwärtigen Augenblick und wir bitten dich zu glauben, dass Er dich in dem Moment erwartet, in dem du die Macht der Liebe zum Zentrum deines Denkens und Handelns machst. Deine Sorgen und Befürchtungen sind wie trockene Blätter, die ein starker Windstoß durcheinanderwirbelt, und sie zerbröseln vor dem Einen, der stärker ist als ihre spröde Beschaffenheit. Wirf deine Sorgen und Ängste in den Wind. Fühle Seine sanfte Brise, die dich zärtlich berührt und dir die beruhigende Gewissheit gibt, dass, wie der Wind um jede Ecke und jede Wand entlang strömt, so auch Sein Geist jedes Problem umhüllt und in alle Winkel der Angst hineinreicht.

Erwache aus deinem Alptraum des Schreckens, liebe Seele, und komm zu uns ins Sonnenlicht ewiger Wärme! Der Kern aller Sorgen schmilzt in den sanften Strahlen der Liebe, die überall und für alle scheint. Das leise Schlagen des menschlichen Herzens, das bei dem Gedanken an Gefahr und Mangel vor Schreck erstarrt, erklingt fröhlich in dem Augenblick, da es sich seines früheren Liedes heiterer Harmonie erinnert.

Lass den Lärm deines Verstandes zu einem Flüstern werden, auf dass wir in Seinem Auftrag intervenieren und dir köstliche Geschichten über deinen Ursprung erzählen können. Lass uns dich an die unsterbliche Wahrheit deines Wesens erinnern, damit du nicht mehr mit Hunger oder Schmerz zu kämpfen hast. Denn der Schmerz ist nur in deiner Vorstellung ein mächtiger Riese und sobald du dich davon distanzierst, wirst du sehen, wie er sich zu einer Erinnerung auflöst, während du das Bild von Sorgen gegen das des Himmels eintauschst. Trenne dich innerlich nie von der Erinnerung an Wertschätzung, sondern erhalte sie immer in deinem Herzen aufrecht!

Bedenke uns, die wir an deiner Seite wandeln, mit süßen Gedanken. Rufe uns, wenn du Hilfe brauchst, um fest verankert in diesem zuverlässigen und immerwährenden Wissen von Wahrheit und Liebe zu stehen. Fürchte nie, dass wir dich verlassen, denn das könnten wir nicht, selbst wenn wir es wollten. Wir sind zuverlässige und sichere Festungen und wir applaudieren deinen Bemühungen, dein wahres Zuhause nicht zu vergessen.

Lass den Spiegel Deiner Seele alle Erinnerungen an den Himmel reflektieren und alle Sorgen besänftigen, damit die Ängste auf der Erde dahinschmelzen können. Heile die Traurigkeit der gespiegelten Gedanken und erkenne das blendende, strahlende Licht, das sich gleich hinter dem Spiegel befindet. Lass deine Gedanken so sein, dass sie unmittelbar die Helligkeit reflektieren, und erkenne, wie ihr blendendes Strahlen alles andere auslöscht. Denn wenn der Spiegel direkt auf das Leuchten gerichtet ist, haben Sorgen und Ängste keine Chance mehr. Die strahlende Einfachheit dieses logischen Vorganges liegt in jedem Moment voll und ganz in deinen Händen.

Spüre die Freude und unbeschwerte Fröhlichkeit, die aus dem Licht erstrahlt, das in uns allen ist. Wir sind voller Dankbarkeit für deine Offenheit für diese Heilung und wir lieben euch alle.

Stress

Wir sind betroffen von dem Stress, der euch plagt – vom Leben geschlagen, gekrümmt von der Last, die euch auf brutale Weise niederdrückt. Wir bitten dich, deine Last abzulegen und stattdessen uns in deinem Herzen zu tragen. Fühle die Leichtigkeit unserer Seelen auf deinem Rücken, während wir dir deine Problemen nehmen. Fühle, wie wir über deinen Rücken tanzen und über deine Wirbelsäule streichen, während wir dich von jahrhundertealten Sorgen befreien, die du dir selbst auferlegt hast. Seit unzähligen Äonen haben wir dich wiederhergestellt und wir werden dich so lange wiederherstellen, wie es nötig ist. Wir sind für immer bei dir; sorge dich nicht.

Doch möchten wir dich daran erinnern, dass deine Dichte sich so verhärtet, dass sie schließlich einem Panzer gleichkommt, wenn du dich selbst in Spannung hüllst wie in einen Gipsverband, der deinen Körper umschließt. Auch wenn du diesen Panzer zum Schutz anlegst, so ist er doch wie eine Begrenzung, die wir nicht überschreiten können – außer bei tödlicher Gefahr. Erlaube uns, diesen Panzer zu zerbrechen, der uns den Zugang zu deiner Seele verwehrt.

Du verursachst uns keinen Kummer mit dieser Unnahbarkeit, doch suchen wir eine größere Nähe zu dir. Daher teile mit uns deine Sorgen und klage uns dein Leid.

Wende dich mit deiner Trauer an uns und wir werden aus jeder Tragödie eine Geschichte der Freude machen. Wir versprechen dir, immer das Licht aus seinem Versteck zu holen und es dir zurückzugeben.

Wir wissen, dass du zuweilen große Angst hast. Wir wissen, dass verheerendes Chaos in dein Leben tritt, als würde jemand einen frisch geputzten Boden mit Schmutz bewerfen. Gib uns Besen und Schaufel und wir werden mit Freuden dein Leben wieder saubermachen! Erkennst du nicht das Ausmaß und die Tiefe unserer Liebe für dich? Wir alle arbeiten auf dieser sterblichen Ebene zusammen und wir sind keine Feinde in Zeiten von Stress! Doch sehen wir, dass du Gott für deine vielen Übel die Schuld gibst.

Es gibt Zeiten, da du dich vollkommen allein und verlassen fühlst, und dann sehen wir in deinem Herzen, dass du das Gefühl hast, ungeliebt und ohne Freunde zu sein. Wir scheinen die Strahlen unserer Liebe in deine Richtung, doch du kannst sie nicht wahrnehmen. Denn wir können dir nicht viel Unterstützung und Kraft geben, wenn du Strukturen aufbaust, mit deren Hilfe du Angst und andere Gefühle von dir fernhältst. Fürchte dich nicht davor, zu fühlen, liebste Seele! Wenn du glaubst, dein Herz würde zerbrechen, würdest du auch nur ein wenig mehr Gefühl zeigen – das sind die Momente, in denen wir dir am nächsten sind!

Lausche in Momenten der Traurigkeit nur ein einziges Mal nach draußen und du wirst unsere sanften Bewegungen an deiner Seite spüren. Wir küssen deine Wangen, wenn du weinst, und streicheln dein ganzes Wesen mit unseren liebenden Flügeln. Deine Seele hat uns nie verlassen und wir könnten niemals von deiner Seite weichen! Erlaube uns, dich mit Gottes Gnade und Barmherzigkeit zu berühren, die dich in sanfter Freundlichkeit und Liebe badet. Du hast nie Sein großes und allmächtiges Herz verlassen, liebes Kind.

Wir sind hier, um dich an die fünf Schlüssel zu erinnern, die du vergessen und weggeworfen hast. Erstens gibt es keinen Ort in der Ebene der Zeit, wo der Wahnsinn den Frieden des Himmels ersetzen kann. Zweitens schlägt dein Herz nach wie vor im Rhythmus Seiner Liebe, selbst wenn überall um dich herum Tragödien stattzufinden scheinen. Drittens sind wir hier, um dir zu dienen, ebenso wie du uns dienst durch deine strahlende Rückkehr zum Wissen um Ihn, der in deinem Herzen wohnt. Viertens haben wir seit Äonen versucht, dich besser kennen zu lernen, und heute wissen wir, dass uns eine Umkehr bevorsteht, die uns gemeinsam in eine glückliche Zeit bringen wird. Damit verbunden ist der fünfte Schlüssel, der besagt, dass Angst ein Sprungbrett zur Liebe sein kann, wenn du sie dir einfach eingestehst und weißt, dass du die Liebe bist, die Gott hierhergebracht hat, um mit ihrem Licht andere zu beglücken.

Wir bitten dich, diese fünf Schlüssel im Bewusstsein zu behalten, und zwar nicht nur in deinem Verstand, sondern vor allem in deinem Herzen, in das sie bereits zu Beginn deiner Existenz hineingelegt wurden. Diese Schlüssel zum Königreich des Himmels schließen vieles auf, was wie Zauberei erscheint, doch durch Gottes Willen so ist. Sei beständig im Glauben an deinen Schöpfer, geliebtes Kind, und du wirst Seine Fingerabdrücke auf allem sehen, was dieses vergängliche Universum ausmacht.

Suche nicht an falschen Orten nach Liebe, sondern richte Sein Strahlen von deinem Herzen hin zu jedem Wesen, dem du auf dieser Erde begegnest. Du bist ein Bote, süßer Engel, und der Stress, den du spürst, wird wie eine falsche Maske von dir genommen, die du dir versehentlich aus einem fehlgeleiteten Bedürfnis nach Schutz selbst aufgesetzt hast. Hülle dich nicht in einen tödlichen Panzer, sondern strahle nach außen, auf dass du Seine Essenz mit jedem Atemzug tief in deine Seele trinken kannst.

Gib dich hin im Namen Gottes und fühle dich von Seiner Liebe beschützt. Denn in dieser Liebe gibt es weder Gefahr noch Unsicherheit und der Segen Seines heiligen Namens ist immer mit dir. Wir bedanken uns bei dir, dass du unseren Worten mit deinem Herzen gelauscht hast, denn wir sind deine Engel und wir überschütten dich freudig mit den Strahlen unserer himmlischen Liebe.

Sucht

Was ist eigentlich Sucht? Tief im Hintergrund deines Geistes erinnerst du dich daran, dass du einst im Herzen Gottes gewohnt hast. Du entsinnst dich des Gefühls totaler Erfüllung, so wie als Embryo im Bauch deiner Mutter, als du beim Atmen im Einklang mit ihrem Atem deine Ganzheit gespürt hast. Dieses Gefühl der Übereinstimmung mit einem anderen ist die Essenz der Liebe, die du aus ganzem Herzen und tiefster Seele vermisst.

Substanz ist eine Masse träger Energie, die sich zu Form kristallisiert hat. In gewisser Weise ist jede Substanz hölzern oder leblos, doch andererseits setzt sie sich aus den Überresten der Liebe Gottes zusammen, sodass die Gedankenform nichts anderes ist als der göttliche Funken von Inspiration, der zur Schöpfung führt. Wenn du ein Mensch bist, der Substanzen zu sich nimmt, um seine Einsamkeit und Sehnsucht nach Gott zu lindern, hast du dich damit für eine Substanz von geringerer Qualität entschieden, die dennoch denselben Ursprung hat wie deine Erinnerung an die göttliche Wärme und Nähe.

Stell dir die Situation folgendermaßen vor: Du verbindest dich mit der Substanz in einer ewigen Umarmung, getragen von dem Wunsch, den Alptraum des draußen laufenden Films zu beenden. Du möchtest eine innere Veränderung hervorrufen, die dich dem Himmel näher bringt, nach dem du dich sehnst. Doch wählst du eine äußere Quelle, um einen inneren Zustand zu schaffen. Diese beiden können jedoch nie miteinander in Einklang gebracht werden, also bringst du dich in eine unmögliche Situation. Im Grunde genommen bist du in einem Zwischenstadium ewiger Frustration gefangen, denn du kannst einen runden Stein nicht in ein viereckiges Loch zwingen, auch wenn du es immer wieder versuchst.

Die Sucht nach Genussmitteln wie Zigaretten, Drogen oder Alkohol wird am besten durch die ewige Flamme der Sehnsucht weggebrannt, die diese Sucht ursprünglich hervorgerufen hat. Benutze die Kraft deiner Sehnsucht nach Liebe, um diesen endlosen Kreislauf auf der Jagd nach Liebe zu beenden. Das kannst du tun, indem du darum bittest, dass ein innerer Raum von Licht und Liebe entsteht. Bevor du abends in deine Träume gleitest, bitte darum, dass diese Flamme hell leuchtet, während Dein Unterbewusstsein für die Nacht die Kontrolle übernimmt. Bitte diese Flamme darum, die Schlacken deiner Aufmerksamkeit wegzubrennen, und das, was in der Welt nicht gebraucht wird, auszulöschen.

Die Traumzeit ist die beste Zeit für uns, die Führung zu übernehmen, und wir werden unser Bestes tun, um deine Gedanken neu zu ordnen, damit die Pyramide deiner Aufmerksamkeit in der richtigen Reihenfolge wieder aufgebaut wird. Gegenwärtig gilt für die meisten von euch, dass Gott nur einen kleinen Teil eures Bewusstseins ausfüllt – etwas, das ihr euch als zukünftige Priorität für später aufgehoben habt. Wir werden euch dabei helfen, diese Pyramide neu zu errichten, wobei Gott die Grundlage darstellt und die größte Stufe eurer Leiter, die Basis eurer Struktur und eurer Pyramide. Wir werden euch helfen, wenn ihr euch zu dieser Intention entschließen könnt.

Übergib uns all deine Gedanken in Bezug auf deine Sucht. Ob diese Sucht nun einen anderen Menschen betrifft oder nicht, hat keine Bedeutung. Wir möchten, dass du uns deine ganze Aufmerksamkeit schenkst, während wir deine Gedankenstruktur um Gott herum neu aufbauen und deine Gedanken im Zusammenhang mit deinem Gottesersatz, der Sucht, auflösen. Wir werden dies gerne für dich tun, wenn du es uns erlaubt. Aber du darfst nichts zurückhalten, da die ganze Struktur deines Denkens neu aufgebaut und in ihrer Ganzheit neu geboren werden muss. Wenn du den einen oder anderen Gedanken nicht loslassen willst, vielleicht aus Scham, können wir das Zentrum deiner Struktur nicht neu erschaffen.

Gib deine Sucht voll und ganz an uns Engel weiter, die wir immer und auch jetzt bei dir sind, und wir werden in deinem Inneren ein Reich erschaffen, das dem Gottes und Seiner Engel ebenbürtig ist. Du wirst am Morgen freudig mit dem ersten Sonnenlicht erwachen und es wird eine wunderschöne neue Struktur des Denkens beleuchten, die so solide gebaut ist, dass du die leeren Räume zwischen den Säulen fröhlich willkommen heißt. Von nun an wirst du nie mehr den Wunsch verspüren, diese leeren Räume mit irgendwelchen Substanzen zu füllen; stattdessen werden sie mit Licht erfüllt sein, goldgelb wie die Morgensonne am vielversprechendsten Tag deines Lebens.

Tod

Das Verlassen dieser Welt ist eine der frühesten Lektionen, die das Leben dich lehrt. Du machst diesen Schritt so oft, dass man denken könnte, du hättest dich mittlerweile daran gewöhnt. Doch anscheinend hast du einige deiner früheren Lektionen vergessen, damit du später ein paar neue lernen kannst. Das ist gut so, denn es ist Gottes Gesetz. Einige von euch erinnern sich, wie sie in früheren Jahren diese Erde verlassen haben, und das gibt einigen anderen von euch die Gelegenheit zu erfahren, was nach diesem Leben kommt.

Eines ist sicher: Du wirst diesen Körper im Jenseits nicht brauchen. Wir helfen dir, dich auf einen neuen, fertigen Körper einzustellen, der dir besser passen wird als jeder irdische Körper! Wir benutzen Humor, um dir zu helfen, diesen Übergang namens »Tod« in einem neuen Licht zu sehen. Du musst dich vor dieser Veränderung nicht fürchten, Liebes. Sie wird kommen. Das ist unausweichlich. Und wir können dir helfen, dich auf diesen Übergang auf eine Weise vorzubereiten, die dein Erdenleben in keiner Weise beeinträchtigt.

Wir sehen Menschen, die bereits hier auf der Erde über das Jenseits nachdenken. Wir wünschen ihnen alles Gute und erkennen sie als Sucher nach der Wahrheit und dem Licht. Doch wir bitten sie, zu einem unschuldigen und kindlichen Fokus zurückzukehren.

Mach dir keine Sorgen darüber, »was nach dem Leben kommt«. Wir werden dir alles sagen, was du wissen musst, doch nicht so viel, dass deine Zeit auf der Erde dadurch beeinträchtigt wird. Wenn wir einem Hungernden von all den köstlichen Delikatessen berichten würden, die ihn erwarten, wenn er eines Tages ein Restaurant besucht, so wäre das grausam. Alle Tage, an denen er nicht in einem Restaurant sein kann, wären für ihn eine einzige Qual in der Erwartung dessen, was später kommt.

Auf die gleiche Weise bitten wir dich, deine Aufmerksamkeit auf das zu lenken, was hier und jetzt in deinem Leben stattfindet. Es gibt so vieles hier auf der Welt, was ihr sammeln und miteinander teilen könnt, liebe Kinder! Lasst die Gedanken an das, was euch erwartet, nicht mehr sein als ein flüchtiger Blick. Beschäftigt euch nicht übermäßig mit dem Himmel, denn ihr habt Zugang dazu, während ihr hier auf der Erde seid. Das Leben wird sich von selbst entfalten, wenn ihr es zulasst.

Im Jenseits wird es nicht besser um dich bestellt sein, wenn du dein Leben damit verschwendest, über deine Zukunft in den himmlischen Gefilden nachzudenken. Dessen darfst du versichert sein. Stattdessen stell dir die Freude vor, die du empfinden wirst, wenn du ein erfülltes, goldenes Leben betrachten kannst, das du im Dienst an deinen Brüdern und Schwestern hier auf Erden gelebt hast. Dann vergleiche dieses Bild mit einem Dasein, das angefüllt ist mit Kontemplation über die Zukunft, doch ohne pflichtbewusstes Handeln.

Im Geben liegt Freude, liebes Wesen! Du musst uns das nicht einfach glauben – versuche es selbst und sieh, was passiert. Geben ist die Essenz, der Blutstrom des Lebens.

Der Wunsch zu dienen macht sich oft auf versteckte Weise bemerkbar und eine davon ist die besessene Beschäftigung mit Tod und Himmel. Du glaubst, du wirst ein Engel, wenn du dorthin kommst; doch in Wahrheit bist du schon jetzt aufgerufen, himmlische Taten zu vollbringen, während du unter jenen weilst, die auf Erden wandeln. Du bist dazu fähig. Du kannst viel geben, auch wenn du glaubt, dass du nur wenig anzubieten hast.

Liebes, wie können wir dich von der Richtigkeit von Gottes Plan überzeugen? Du musst unsere Worte nicht akzeptieren, doch wir müssen dich ein klein wenig anschubsen, um dich in die richtige Richtung zu bringen. Diene anderen Wesen auf jede Art, die dir angenehm ist, und du wirst den Tod ein kleines bisschen weniger fürchten. Gib jeden Tag etwas von dir und sieh, wie alle Sorgen und Ängste über den Tod sich auflösen und schließlich ganz verschwinden.

Trauer

Wenn ein Herz vor Schmerzen über den Verlust eines geliebten Menschen gebrochen ist, sind wir darauf spezialisiert, Beistand und Heilung zu bringen. Die Dunkelheit, die eine trauernde Seele erfüllt, wird aufgehellt, wenn wir energetisch das Wissen der Seele um das ewige Leben wachrufen.

Doch selbst Trauer hat ihren Platz innerhalb des Universums und es gebührt ihr Ehre als Teil deiner emotionalen Skala. Alle Wesen empfinden Trauer angesichts der Zyklen und Gezeiten des Lebens: Trauer über das, was hätte sein können. Trauer und Angst, die sich im Herzen niederlassen, und eine Sehnsucht nach der Rückkehr nach Hause.

Wir wissen auch um jene, die so untröstlich sind, dass sie es nicht erwarten können, zu ihrem heiligen Zuhause zurückzukehren und bei ihren Liebsten zu sein. Doch dies, das versichern wir euch, ist nicht nach Gottes Plan, wenn Sein Entwurf ihr Verweilen auf der Erde vorsieht. Es gibt für jeden einen Zeitpunkt, zu dem das wahre Zuhause ihn zurückruft, und es ist das Schicksal deiner Lieben, zu anderen Zeiten heimzukehren als du. Denn selbst wenn ihr nebeneinander eure irdischen Pfade beschreitet, berühren eure Füße den Boden in verschiedenen Abständen. Kannst du erkennen, dass deine irdischen Geliebten ihr Ziel vielleicht zu einem Zeitpunkt erreichen, der sich von deinem unterscheidet? Und bist du bereit anzuerkennen, dass deine Reise auf der Erde ein wenig länger dauern mag?

Dur wirst dich mit deinen Liebsten in vielfacher Weise wieder vereinigen, süßes Wesen. Das können wir dir aus vollstem Herzen versichern. Deine Liebe ist ewig und wächst selbst in diesem Moment, da du unsere Worte vernimmst. Denn Liebe, die zwischen zwei heiligen Wesen entstanden ist, hat ein unabhängiges, eigenes Dasein. Niemals gibt es so etwas wie verschwendete Liebe und das, was du »deine Liebe« nennst, teilst du mit dem ganzen Universum in all seinen Offenbarungen. Und dafür kannst du dankbar sein, denn deine eigene Schöpfung dualistischer Liebe hat sich vervielfältigt und für immer lebendige Form angenommen. Der zärtliche Kern der göttlichen Liebe im Zentrum menschlicher Liebe wird freigesetzt und zu einer natürlichen Quelle für das Gute in der Welt.

Daher glaube nicht, dass deine Liebe umsonst war, während du dein gebrochenes Herz zärtlich umfasst! Hinter der Liebe, die ihr beide geteilt habt, liegt eine heilige Bedeutung, und Gott dankt dir für diesen leuchtenden Beitrag zu Seinem himmlischen Reich. Und während deine Liebe immer weiter wächst, sendet Er liebende Strahlen des Mitgefühls auf dein Dasein. Denke niemals, dass die Schmerzen, die du erleidest, irgendeine Art von »Prüfung« sind, liebstes Kind, sondern betrachte sie als einen Moment, in dem du dich entscheiden kannst, weiterhin zu lieben, sowohl in dieser Inkarnation als auch in den nächsten.

Denn es stimmt nicht, dass Schmerz der »Preis« der Liebe ist. Er ist vielmehr ein Augenblick tiefen Nachdenkens über die Bedeutung der Liebe, der einige von euch zuweilen ein wenig vom Zentrum der Liebe entfernt. Dieses Beiseitetreten, weg von der Liebe, als sei sie ein hochexplosives Pulverfass, ist der Kern des Schmerzes in deinem Inneren.

Feiere statt dessen die Augenblicke der Freude, die deine heilige Partnerschaft mit einem anderen umgibt. Die Lebenden und die Toten können gemeinsam feiern, indem sie ihre Liebe wieder zum Mittelpunkt machen. Ja, ehre deine Gefühle, das ist gut so. Gib uns deine Lasten, dass wir sie an diesem Tag für dich tragen können. Und dann, wenn du dich dieser Wahrheit und diesem Beistand verschrieben hast, lass die große Freude deiner liebenden Beziehung zu und wisse, dass sie nie aufhören kann!

Träume

Du sprichst von »süßen Träumen«, als wolltest du sie von anderen unterscheiden. Der Garten deiner Gedanken wuchert zuweilen wild und scheint Pflanzen erblühen zu lassen, die deine ganze Aufmerksamkeit fordern. Was ist die Zeit deines Träumens anderes als eine Gelegenheit, dich in den weiten Räumen deines inneren Gartens zu ergehen? Dein Geist erscheint dunkel angesichts des Lichts, doch er bietet dem Dschungel der Imagination die perfekte Umgebung, sich zu entfalten und immer noch üppiger zu wachsen.

Erkennst du also, dass der Geist in den Stunden des Schlafes trainiert, während wir bescheiden zu deiner Unterhaltung Visionen vor deinem inneren Auge vorbeiziehen lassen und du auf diese Weise wächst? Anhand dieser verschwenderischen Expansion können wir dir die Arbeitsweise deines Geistes zeigen. Während er sonst vorsichtig ist und sich schützt, erlaubt er uns im Zustand der Ruhe, auf deiner inneren Leinwand zu malen und dir bildlich vor Augen zu führen, was wir dir zeigen wollen. Die üppigen Farben, die dabei entstehen, verstärken die Wirkung auf deinen Geist, der nach Heilung dürstet.

Sei weise im Umgang mit Träumen und sei immer bestrebt, sie als heilende Eingriffe zu verstehen. Mache jeden Abend deine Absichten mit diesem Gebet deutlich:

»Liebster Gott, ich strebe danach, in dieser Nacht mein Bewusstsein durch das Eingreifen Deiner Engel auszudehnen. Ich öffne Dir meine Seele und mein Herz, auf dass Du meine Beschränkungen im Denken heilen und meinen Geist zur Wahrheit führen kannst.«

Dann fühle unsere Bestätigung, dass dein Gebet wirklich gehört worden ist. Denn wir werden dir solch starke Botschaften der Liebe senden, dass du sie deutlich spüren kannst. Die Schwingungen deines Schlafes ermöglichen es uns, dir mit Hilfe von Geschichten unsere Lektionen zu bringen und dich sanft zu führen, sodass du unsere Lehren mit in den Wachzustand hinübernehmen kannst.

Sei froh darüber, dass es sich so verhält, Liebes. Es stimmt, dass Gottes Hilfe unausweichlich ist. Doch für viele verliert sich Seine Hilfe in der Leere ihrer Gedanken, die angefüllt und vergiftet sind mit Hoffnungen und Ängsten. So bietet sich die Nacht als beste Gelegenheit für unser Eingreifen an.

Nutze sie weise, um alle Wünsche zu erfüllen, die deiner Aufgabe auf dieser Erde dienen. Wir sind bemüht, dich in jeder Hinsicht zu leiten, und warten auf deine leiseste Einladung, auf dass wir dich mit unserer Liebe inspirieren können. Deine größte Kraft entfaltet sich selbst jetzt in diesem Augenblick. Kannst du es fühlen? Mach dir diese Kraft zu eigen durch die himmlische Intervention der Engel in deinen Träumen und wache erfrischt auf in dem Wissen, dass das Beste möglich ist. Benutze die ehrfurchtgebietende Partnerschaft zwischen Engel und Mensch und begegne ihnen in den frohen Botschaften deiner nächtlichen Träume.

Trennung

Gelegentlich zerbricht eine Beziehung und dann driften zwei Menschen auseinander, wobei sich jeder von ihnen im Stillen fragt, ob die Trennung das Richtige war. Von unserer Perspektive aus ist dieses Bedauern mehr als alles andere der Grund, warum das Herz blutet und Schmerzen fühlt. Wenn du beschließt, dich von einem Partner zu trennen, bitten wir dich, dir Klarheit über deine Beweggründe zu verschaffen und die Entscheidung dann Gott zu überlassen. Hast du dies getan, so ist es wichtig, nicht länger über den Moment der Trennung nachzudenken oder ihn innerlich ständig zu wiederholen. Damit würdest du nur heilige Kinder Gottes verletzen (dich selbst, die andere Person und alle aus deinem Familien- und Freundeskreis, die davon berührt werden).

Die Heilung nach einer Trennung muss nicht unbedingt schmerzhaft sein. Oft sehen wir, dass Menschen nur deshalb diesen Schmerz erfahren, weil sie ihn erwarten. Ja, das Ende einer Beziehung ist eine Art Tod. Und ein Tod ist immer von Trauer begleitet. Doch Trauern muss nicht von dem herzzerreißenden Klagen begleitet sein, das wir oft in alten Filmen sehen können. Es kann eine Zeit der neuen Vorsätze und Entscheidungen sein.

Aus großem Leid können große Veränderungen entstehen. Deshalb schlagen wir vor, dass du die Gelegenheit einer Trennung – sei sie nun in der Zukunft, gegenwärtig aktuell oder bereits geschehen – und die damit verbundene Energie nutzt, um in deinem Tagebuch zu schreiben. Schreibe, was immer dir in den Sinn kommt und dir zeigt, wohin dich diese letzte Beziehung gebracht hat. Dadurch kannst du den Wert dieser Partnerschaft erkennen, ob sie nun fortdauert oder nicht.

Kannst du erkennen, welches Geschenk du dir selbst machst, indem du deine Aufmerksamkeit auf das lenkst, was dir in der Gegenwart gegeben ist? Es gibt immer verschiedene Möglichkeiten, eine Situation zu betrachten, und wir fordern dich auf, all deine Bemühungen darauf zu richten, Gutes zu entfalten.

Veränderungen

Wenn die Herbstblätter fallen, weinst du dann über die Veränderung der Jahreszeit? Vielleicht ein kleines bisschen. Die Erde scheint sich zu schnell zu verändern, bevor du noch bereit bist, und die Jahreszeiten wechseln, ohne jemanden um Erlaubnis zu fragen!

Fühlst du die Erde unter deinen Füßen beben, so als würde dein Leben unter den Wellen der Angst erzittern? Fühlst du dich hin- und hergerissen, weil du nicht weißt, welche Richtung du einschlagen sollst? Veränderungen kommen in dein Leben und du fühlst dich unfähig, sie zu kontrollieren. Zudem bist du unentschlossen, welchen Weg du nehmen musst, um das von dir erwünschte Resultat zu erzielen. Fürchte dich nicht, liebe Seele. Du hast die rechte Quelle gefunden, um deine Bürde zu erleichtern.

Du betrachtest die Veränderungen als Unterbrechung der fließenden Ereignisse in deinem Leben. Wir jedoch sehen die Veränderungen als einen Fluss der Kraft unter deinen Füßen, der dich zur Bewegung antreibt. Der dahinströmende Fluss verändert sich unaufhörlich, während er das Boot auf seinem Rücken trägt. Die sich verändernde Bewegung deines Lebens kannst du mit einem Fluss vergleichen, der dich schnell und sicher über Stellen des Lebens trägt, bei denen du nicht gerne verweilen würdest. Denn unter dem reißenden Fluss befinden sich spitze Steine, die dich – würdest du innehalten und erst lange nachdenken – in Schwierigkeiten bringen könnten.

Daher solltest du dankbar sein für die Schnelligkeit, mit der dein Leben jetzt seine Richtung ändert. Behindere um Himmels willen nicht seinen Fluss. Denn du weißt nie, ob du nicht durch einen Augenblick des Zögerns oder des Widerstandes auf einem Felsen landest, der unter der Oberfläche liegt.

Dein Inneres wird dir zur Vorsicht raten, wenn du sie brauchst, und diesem inneren Lotsen kannst du auf deiner Überfahrt zu den weit entfernten Ufern unbekannter Orte rückhaltlos vertrauen. Vergiss nicht, dass dein Lotse viele Leben und unermessliche Zeiten auf diesem Fluss verbracht hat. Während er dir vielleicht ungewohnt und unergründlich erscheint, fühlt sich dein Führer hier wohl und zu Hause. Vielleicht ist es für dich an der Zeit, dich einfach nur in deine Kabine zurückzuziehen und die Fahrt zu genießen.

Dieser vorübergehende Aufruhr, während du den Fluss hinuntertreibst, hat eine gewisse Süße. Und nichts ist angenehmer als das sanfte Lied der Erdmutter, während sie dich mit gleichmäßigem Schaukeln in den Armen wiegt. Der Rhythmus deines Lebens entspannt sich und wird natürlicher. Erschrick nicht über die Veränderungen in deinem inneren und äußeren Leben. In jedem Augenblick der Fahrt kannst du dein Gewicht ein bisschen zur Seite verlagern und auf diese Weise den Kurs ein wenig korrigieren.

Du siehst also, dass du tatsächlich die Kontrolle hast, nämlich durch deine Gedanken und Intentionen. Die Kontrolle, Liebes, entsteht durch sanfte Entscheidungen. Ebenso wie ein Kind, das in einen Strudel geraten ist, gefährdet ist, wenn es in Panik gerät und gegen den Sog des Wassers ankämpft, so findest auch du Sicherheit und Kraft, wenn du dich entspannst und dir bewusst bist, dass dir alle Möglichkeiten in dir selbst zur Verfügung stehen. Benutze diese Macht mit Anmut, Kleines.

Vergiss nicht, wer dein Schöpfer ist und dass Er dir ein gleiches Maß an schöpferischer Kraft verliehen hat. Es gibt keinen Grund, deine eigene Kraft zu fürchten, denn sie ist ein ewiger Teil von dir. Damit wollen wir zum Ausdruck bringen, dass Widerstand gegen Veränderungen ein machtloser Versuch ist, dein Leben zu kontrollieren. Eine klare Entscheidung zu treffen ist dagegen ein machtvoller Weg, der nie versagt. Nutze deine Macht mit Würde! Wir bitten dich eindringlich, dir deiner Verantwortung bewusst zu sein, wenn du als Mitschöpfer mit dem Himmel zusammenarbeitest. Du bestimmst dein Leben. Ja, wahrhaftig, so ist es.

Du bist es, der die Entscheidung trifft, und daher lautet unsere Frage an dich: »Was willst du?« Vielleicht bist du unglücklich über die Veränderungen, die in dir und um dich herum vorgehen, weil sie das deutlich machen, was du in deinem Inneren nicht sehen willst. Läuft dein inneres Wesen über und ergießt sich in die äußere Welt? Anstatt über dieses Ereignis zu klagen und zu weinen, kannst du es als Chance benutzen, innerlich und äußerlich aufzuräumen. In dieser Hinsicht ist Veränderung immer eine gute Sache. Veränderungen bringen immer Verbesserungen. Du musst dich ihnen nicht widersetzen; du musst lediglich deine geistige Einstellung verändern, dann wirst du den reißenden Fluss deines Lebens zähmen können.

Verantwortung

Wen außer dich selbst kannst du auf dieser Welt verantwortlich machen für das, was du erlebst – und doch ist das letzten Endes auch nicht die Wahrheit. Diejenigen von euch, die neu sind auf dem Weg, stolpern häufig über die Annahme, dass sie alle Schuld der Welt auf ihre eigenen Schultern laden müssten. Das ist ein Missverständnis des universalen Gesetzes der Liebe. Es stimmt, die Ursache von allem, was auf der Welt geschieht, liegt in deinem eigenen Geist. Die Lösung jedoch findest du nicht, indem du dich schuldig fühlst und dich für alles verantwortlich machst.

Komm mit uns auf eine Reise, Liebes, und sieh dir die Gegebenheiten von unserem Standpunkt aus an. Reinige deine negative Selbstsicht und wisse, dass du Gott bist in der Verkleidung eines Menschen. Wir sehen, dass du dich so sehr darum bemühst zu geben und dich immer wieder blockiert fühlst, so als würdest du gegen Wände aus Glas drücken, die nicht nachgeben. Und selbst jetzt versuchst du angestrengt, unsere Worte zu verstehen, auf dass dein Herz einen klareren Blick auf den Himmel erhaschen möge.

Wir bitten dich, für einen Moment damit aufzuhören, gegen diese Wand aus Glas zu drücken, die dich umgibt, und stattdessen mit deinem Herzen auf unsere Worte zu hören. Lausche auf die leise Kontemplation und das weiche Rauschen des Windes in deinem sanften Geist und liebevollen Herzen. Sieh, wie kostbar und heilig du bist, jemand, der nur das will, was aus Liebe geboren wird. Du wünschst dir Frieden, Glück und einen Ort der Ruhe und Sicherheit für deine Lieben. Du möchtest Liebe und Fürsorge in deinem Leben spüren und möchtest etwas haben, das du mit anderen teilen kannst. Geliebtes Kind, diese Wünsche sind so rein und süß wie ein neugeborenes Lamm. Und wenn du zuweilen diese Wünsche in hässliche Verzerrungen ihrer selbst verdrehst, was gibt es dabei zu befürchten?

Letzten Endes führt dich aller Schmerz, den du durch die Abkehr von der Wahrheit erfährst, zurück in die Arme Gottes. Denn wisse: Alles, was du tust, entspringt der Liebe, dient der Liebe und geschieht, um zu lieben. Daher lache über die vielen Wege, auf denen du suchst, was du bereits besitzt. Selbst wir Engel fühlen uns durch deine drolligen Streiche manchmal erheitert. Doch uns sind auch deine Schwierigkeiten und Triumphe über alle Maßen wichtig und wir sind immer und überall bei dir.

Trotzdem bitten wir dich, einen Augenblick lang einen Schritt zurückzutreten und die Dinge aus unserer Perspektive zu betrachten. Langfristig gesehen, da wirst du uns zustimmen, gibt es keine Schuld, da es nichts gibt, das schiefgehen kann.

Vergebung

Zu sehen, wie ein Schmetterling sich frei in die Lüfte erhebt, ist ein wundervoller Anblick. Rennt ein Kind lachend übers Feld und zieht einen bunten Drachen hinter sich her, so ist das Paradies nahe. Diese Bilder vollendeter Schönheit auf eurer Erde sind kleine Beispiele der Freiheit und Anmut, die in grenzenloser Vielfalt hier möglich sind, ihr geliebten Kinder Gottes.

Alle, die zuhören wollen, bitte vernehmt unsere Worte. Wenn ihr in dem Augenblick, da ihr dies lest, ganz tief durchatmet und uns erlaubt, euer Herz zu betreten, werdet ihr die Bedeutung unserer Botschaft noch klarer und deutlicher erkennen. Ja, so ist es gut, fahrt fort zu atmen und zu fühlen. Fühlt Liebe, Liebe und noch mehr Liebe in eurem Herzen. Und vertraut uns, dass wir gut auf euch achten, während diese Worte über die Seite tanzen.

Denn es sind nicht Worte, die euren Schmerz auflösen, ihr Lieben, sondern allein die Liebe ist dazu fähig. Wisst ihr, Liebe ist ein uralter elektrischer Impuls, der durch die Schaltkreise in eurem Inneren fließt. Sie fließt frei und erzählt ihre Geschichte von Licht und Lachen. Dabei entfernt sie alle Überreste von Irrtümern und Missverständnissen, die sich im Laufe der Zeit in den Schaltkreisen abgelagert haben. Und dennoch stellt ihr hin und wieder diesem freundlichen Botschafter ein Bein, aus Gründen, die vielen von euch noch immer nicht bewusst sind.

Wir würden dich hier gerne ein wenig darüber aufklären, damit du das Thema »Vergebung« von unserer Warte aus sehen kannst. Vielleicht wirst du dann unsere Botschaft auf einer noch tieferen Ebene verstehen. Du sagst, du verzeihst, doch in deinem inneren Schaltkreis verbleibt ein kleiner Rest von Ärger. Er ist selbst für das nackte Auge sichtbar und spürbar, wenn es die Landschaft der Liebe erblickt.

Wenn du magst, schließe jetzt einen Moment lang deine Augen und mit einem leichten Atemzug und einem Gebet in deinem Herzen schau dir die Landschaft deines inneren Schaltkreises an. Siehst du die Wege, auf denen die Liebe ihre Botschaft weiterträgt? Diese Schaltkreise sind realer, als du es dir vielleicht vorstellst, und sie arbeiten ununterbrochen, um alle Irrtümer zu beseitigen.

Ein Irrtum ist nichts anderes als ein Mangel an Liebe im Bewusstsein. Doch selbst dies ist letzten Endes unmöglich, wie du sicher leicht erkennen kannst. Denn wo könnte Liebe nicht existieren, außer in deiner Vorstellung? Und wo dein Bewusstsein ist, da bist auch du. Du bist ein Gedanke, und zwar ein großartiger und mächtiger Gedanke. Deine Entscheidung, in deiner Vorstellung Räume ohne Liebe zu erschaffen, ist einem Kind vergleichbar, das eine Welt entwirft, die der seinen überlegen ist. Doch ist die Phantasie dem, was wirklich ist, überlegen? Nur deine eigenen Entscheidungen enthalten die Antwort auf diese wichtige Frage. Und wie du dir selbst antwortest, bestimmt die Richtung, die du einschlagen wirst.

Denn wenn du Angst hast, dich von deiner Vorstellung abzuwenden und in die reale Welt von Liebe, Licht und Schöpfung zurückzukehren, wirst du dich für immer hinter dem scheinbaren Schutz deiner Vorstellungen verstecken. Doch wenn du dir ein noch besseres Versteck vorstellen könntest, würdest du dann hervorkommen und prüfen, ob es wirklich existiert? Die strahlende Welt, die ewig neben deiner imaginären Welt der Angst und Gefahr existiert, wartet geduldig auf dich. Ihre Einladung an dich ist mit Liebe geschmückt und ruft dich auf, ihr zu folgen.

Alles, was du jemals haben wolltest, ist hier, süßes Wesen! Es ist ein Ort im Inneren und im Äußeren, der in allen Dimensionen gleichzeitig existiert. Und wir werden dich zu dieser Wirklichkeit führen, wenn du nur das leiseste Interesse daran zeigst.

Wir wissen, es gibt in diesem Zusammenhang etwas, was du uns immer wieder sagst: Um dich zu schützen, musst du an einem sicheren Zufluchtsort verweilen. Doch was kann dich, der du ewig bist, denn in Wahrheit gefährden? Kannst du akzeptieren, dass es überhaupt nur eine mögliche »Gefahr« für dich gibt, und zwar die Verhärtung deines Herzens und die Abkehr vom strahlenden Licht der Liebe? Und selbst diese so genannte Gefahr verbrennt weder die Haut noch verursacht sie Wunden. Sie führt lediglich zu einer Vergesslichkeit, die Schmerz hervorruft und dir ein Bedürfnis nach Schutz vorgaukelt, den du überhaupt nicht brauchst!

Lege keine Rüstungen an und wappne dich nicht für die Schlacht, liebstes heiliges Wesen. Gib dich statt dessen der Wahrheit hin und spüre die Leichtigkeit, mit der du die steife metallische Ausrüstung zurücklässt, die dich blind macht gegenüber deinem wahren Selbst.

Deine Macht ist immerwährend und kann weder von deinem Verstand noch von anderen Menschen untergraben werden. Rufe jetzt sofort diese Macht, die in deinem Inneren liegt, heiligstes Wesen! Bitte um Schritte der Klärung, die deinen Geist reinigen und ihn der Inspiration öffnen, auf dass sie dir den Weg zu deinem ewigen Zuhause weisen kann. Das Erwachen deines Geistes zur Vergebung wird dir zuteil werden, einen gesegneten Schritt nach dem anderen.

Dann wirst du die Lasten ablegen, die du nicht brauchst. Deine Schritte werden leicht und unbeschwert, während du dein Herz für alle öffnest. Es gibt keine Gefahr außerhalb deiner selbst und du wirst die Waffen fallen lassen. Diese Botschaft der Vergebung ist sehr alt, doch ist es heute besonders gut möglich, sie in all ihrer Tiefe zu lernen und zu verstehen.

Bitte immer um Hilfe, süßes Kind, und sei versichert, dass wir in deiner Nähe sind. Solltest du dich in dem Dilemma befinden, wie mit Vergebung eine Gefängniszelle aufgeschlossen werden kann, verliere weder Schlaf noch Zeit bei dem Versuch, zu verstehen. Nutze stattdessen unser Angebot, dir zu helfen. Rufe uns Engel mit deinem Atem, deinem Geist, deinem Herzen. Fasse alle deine Wünsche in einer einzigen, aufrichtigen Anstrengung zusammen und bitte uns, den Schleier der Wut und bebenden Angst wegzuziehen.

Deine Bitten werden sofort erfüllt und dein offenes Herz ist zur Reinigung bereit. Es besteht keine Eile, dies zu tun, doch es gibt keine Zeit außerhalb dieses Augenblicks. Also mache Raum in dir und rufe uns jetzt, Liebes. Lass uns gemeinsam jubilieren, während wir deine Ängste weglachen. Erlaube uns, dein Herz und deine Seele zu befreien. Und während du dem sanften Lachen deines erleichterten Herzens folgst, wirst du feststellen, dass Vorstellungen von Flucht dich nicht mehr tangieren. Denn jetzt bist du voll erwacht und in die Liebe eingegangen, die wir mit dir teilen und mit Gott, der unser aller Schöpfer ist.

Vergnügen

Spiel und Spaß sind der Engel liebste Beschäftigung! Das ist der Grund, warum wir euch auf Erden so oft sagen, dass ihr euch vergnügen sollt. Ihr glaubt, es sei euer Unterbewusstsein, das euch keine Ruhe lässt und euch auffordert, euch auszuruhen, zu entspannen und euch wohl zu fühlen. Doch was glaubt ihr, wer eurem Unterbewusstsein sagt, dass es euch diese Dinge einflüstern soll, ihr Lieben? Wir sind es – und wir müssen oft lachen, wenn wir sehen, wie ernst ihr alles nehmt!

Es mag euch überraschen, wenn ihr uns dies sagen hört, da wir euch ununterbrochen anflehen, euch um wichtige Angelegenheiten zu kümmern. Doch könnt ihr sehen, irdische Kinder des Einen, dass Zeit in allen Dingen das Entscheidende ist? Es gibt keinen Grund dafür, euch zu verausgaben und in immer schnelleren Kreisen zu drehen, die euch zu Erfolg, Erfolg und noch mehr Erfolg drängen. Denn am Ende des Tages – am Ende eures Erdendaseins – werdet ihr eure Momente des Erfolges als eure größten persönlichen Enttäuschungen erkennen. Denn in den Zeiten, in denen ihr nur den Erfolg im Auge hattet, habt ihr die größten Herausforderungen und Triumphe des Lebens versäumt!

Es ist nicht unsere Absicht, euch Angst zu machen, ihr kostbaren Kinder Gottes, doch vernehmt unsere Worte mit eurem Herzen. Verschwendet keine Zeit, indem ihr euren Motor vorzeitig ausbrennt. Hört unsere Aufforderung, zu lachen und euch Zeiten der Ruhe zu gönnen, um neue Perspektiven für euer Leben zu gewinnen. Während eures Daseins auf dieser Erde seid ihr in jedem Moment an etwas Großartigem beteiligt. Achtet darauf, dass ihr vor lauter Bäumen nicht den Wald aus den Augen verliert!

Genieße die Zeit auf der Erde und lausche aufmerksam auf dein Inneres. Pst... hörst du das, ewiges Wesen? Dieses Geräusch, das du in deinem Herzen vernimmst, ist ungeheuer kostbar für dich, denn das bist du, das ist die Stimme deines innersten Wesens, die durch deine tiefsten Gefühle zu dir spricht. Gefühle, die du oftmals ignorierst und beiseite schiebst, ohne auf ihre Quelle zu achten und auf die Informationen, die sie für dich bereithalten. Diese Gefühle kommen auf den Flügeln der Engel und beleuchten den Weg, der vor dir liegt. Nimm sie nicht auf die leichte Schulter und trample nicht auf ihnen herum in dem Bestreben, vorwärts, nach oben, dem Erfolg zuzustreben, immer höher in der Welt des Scheins aufzusteigen.

Nimm dir die Zeit, langsam zu atmen und auf dein Herz zu lauschen. Damit meinen wir nicht das physische Schlagen deines Herzens, sondern den Gesang deiner Sehnsüchte und Bedürfnisse. Wovon träumst du, Liebes? Was soll sich eines Tages in deiner Zukunft erfüllen? Denke zurück und rufe dir alles in Erinnerung, was deine Aufmerksamkeit erregt, doch was du beiseite gelegt hast, um dich irgendwann in der Zukunft damit zu beschäftigen. Handelt es sich bei diesen Dingen nicht eigentlich um deine tiefsten Bedürfnisse, die dich so stark beherrschen, dass du ihnen kaum erlaubst, in dein Bewusstsein zu dringen? Könntest du nicht stattdessen auf diese Bedürfnisse hören, so wie du den aufgeregten Äußerungen eines Kindes lauschst?

Du kannst dieser inneren Stimme vertrauen, dass sie dich nicht in die falsche Richtung führen wird, bescheidenes Wesen. Ihre uralte Weisheit trägt dich auf dem Weg, den du seit langem vergessen hast. Nun singe ihre ewige Melodie, Liebes! Flüstere ihre Weise, die du in deinem Herzen trägst, und du wirst eine Bewegung in deinem tiefsten Inneren spüren, wie es sie auf dieser Seite des Himmels noch nie gegeben hat.

Lausche auf deine inneren Regungen und gib den Wünschen deiner Seele Ausdruck, die sich nach friedlicher Erholung sehnt. Gib ihr diese Nahrung, die sie braucht, liebstes Kind. Hab keine Angst, dass du deine Besitztümer und Verantwortlichkeiten gefährdest, wenn du dir für eine kleine Weile Ruhe und Erholung gönnst. Denn ist es nicht so, dass du deinen wahren Lebensunterhalt durch deine heilige Erbschaft verdienst? Wer unter euch ist größer oder geringer als ein anderer? Und wer könnte den Geist des Menschen in seinem physischen Leib unterdrücken?

Setze dich nieder und ruhe dich aus, Erdenkind. Lausche den Melodien, die langsam aus deinem Herzen emporsteigen. Folge ihrer uralten Geschichte und schau, ob sie dich nicht trägt. Komm nach Hause, süßes himmlisches Wesen. Komm nach Hause durch diese Saiten deines Herzens, die dich immer näher zu uns bringen.

Die verspielte Natur deiner Seele ist ständig in Bewegung und wir stacheln sie immer weiter an, diesen Spielplatz zu untersuchen, den wir »Erde« nennen. Die Seele streckt entzückt ihre Arme aus und jubelt über ihre Befreiung in das strahlende Licht des Spiels und des Vergnügens!

Verrat

Worin besteht das Wesen des Verrats, ihr Lieben? In dem Gefühl, hintergangen oder ungeliebt zu sein? In Wahrheit betrügt der Mensch, der dich verletzt, nur sich selbst. Unbewusst wirft er einen Stein in einen See, dessen Wellen dich mit einem brennenden Schmerz erfüllen anstatt mit einer klaren Reflexion der Liebe. Wirst du dich nun zusätzlich selbst verraten, indem du dein wahres Wesen aus den Augen verlierst? Wenn du dich auf deine Verletzung konzentrierst, so wird dich dies nur noch mehr verletzen, du kostbares Kind Gottes. Durch die Konzentration auf deinen Schmerz kannst du dir selbst mehr Schaden zufügen, als es je ein anderer Mensch vermöchte.

Lass die Verletzung hinter dir, liebes Wesen! Betrüge dich nicht selbst noch mehr, indem du diesen Weg der schmerzhaften Kontemplation beschreitest. Du kannst niemandem Gerechtigkeit widerfahren lassen, wenn du die schmerzhafte Situation mit deinen Händen festhältst und nicht bereit bist, sie loszulassen. Und dennoch brauchst du Heilung. Das Loslassen deiner Verletzung wird sowohl dein Bewusstsein befreien als auch die tiefe, brennende Wunde beseitigen, die verursacht wurde, weil ein geliebter Mensch dich enttäuscht hat.

Wisse, dass wir Engel dich umkreisen, und spüre, wie wir immer zahlreicher werden und näher kommen. Wir breiten unsere Flügel um dich aus wie eine riesige runde

Tafel und wir fordern dich auf, deine Hände auf diese Flügel zu betten. Lass uns dich mit unserer Liebe wärmen, von deinen Handflächen aufwärts bis in dein ganzes Wesen. Spüre, wie wir mit unserer stetigen Bewegung deine aus dem Gleichgewicht geratenen Energien in Frieden und Sicherheit verwandeln.

Du kannst deinen Zorn über den Verrat durch deine Hände aus deinem Geist, deinem Herzen und deinem Bauch entlassen und ihn uns schicken. Gib uns all deine zarten und süßen Gefühle: die Liebe, von der du glaubst, dass dein Freund sie durch seinen Verrat von dir genommen hat; das Gefühl der Dummheit, das du empfindest, da du gewusst hast, dass du der Aufrichtigkeit dieses Menschen nicht hättest trauen dürfen; das Gefühl, dass du wieder einmal Zeit für eine Beziehung verschwendet hast, die nirgendwohin führt. Wir wissen genau, wie du dich fühlst, Liebes.

Doch obwohl wir deine Schmerzen teilen und deine Lasten auf uns nehmen, verlieren wir nie die Tatsache aus den Augen, dass es keinen Verrat und keine Verletzung gibt. Die wahre Herzensverbindung zwischen dir und diesem anderen Menschen hat alle Augenblicke der Liebe registriert, die ihr geteilt habt und die das Universum bereichern. Diese Liebe, süßes Kind, kann nie ungeschehen gemacht werden und muss nie bereut werden.

Du hast nichts falsch gemacht und du bist ein kostbares Kind von Gottes ewig neuer Liebe. Und obwohl jeder von euch auf der Erde hin und wieder auf seinem Weg stolpert wie ein Kleinkind, das seine ersten Schritte versucht – Gott und wir Engel wissen, dass deine Schritte früher oder später sicher sein werden. Es ist nicht nötig, dich selbst oder einen anderen für deine gelegentlichen Ausrutscher und Stürze zu beschimpfen, selbst wenn es den Anschein haben mag, der andere habe sie bewusst herbeigeführt.

Das Bewusstsein, das den anderen dazu bringt, dich zu verraten, ist die gleiche Ungeschicklichkeit, die Babys und kleine Kinder stürzen lässt. Die innere Wahrheit dieses Menschen besteht darin – genau wie bei dir –, dass das volle Verständnis der Liebe nie zu Rivalität, Manipulation oder Verrat führen wird. Wir bitten euch, Geduld zu haben mit euch selbst und anderen, während ihr alle zu voller emotionaler Reife erblüht.

Liebes Kind, sei bereit, zu vergeben und über die momentanen Gegebenheiten hinwegzusehen, auch wenn du deiner inneren Führung folgst, die dir sagt, wann du dich von einem anderen irdischen Wesen fernhalten sollst. Deine Existenz hier auf Erden hat einen Sinn, oh heiliges Kind Gottes, und es besteht kein Grund zu glauben, dass du dein Glück für eine Beziehung opfern musst.

Wenn du durch Vergebung und klärendes Loslassen Heilung findest, ziehst du ganz natürlich solche Menschen in dein Leben, die dich in der gleichen Weise ehren, wie du dich selbst ehrst. Der Rest geschieht von allein, Liebes, und deinen Weg des Wachstums – wenn auch unterbrochen von Stolpern und Stürzen – beobachten wir mit großer Freude. Wir lieben dich sehr und bitten dich, nie dein wahres Zuhause zu vergessen, das für alle Zeiten bei uns im Herzen Gottes liegt.

Vertrauen

Vielleicht ist dir schon aufgefallen, dass Vertrauen ein zentrales Thema unserer Lehren ist. Vertrauen zueinander und Vertrauen in dich selbst. Wir beschwören dich, nach innen zu gehen und alle Spinnweben zu beseitigen, die dich in ständigem Misstrauen gefangen halten, denn wir sehen viele von euch, die sich mit Schmerz und Kummer quälen, da sie sich von ihrem Inneren und anderen Menschen abgetrennt fühlen. Es stimmt, Abgetrenntheit gibt es nicht. Jedoch rührt ein großes Maß an Unsicherheit und Unbehagen in dieser Welt von einem unverhohlenen Misstrauen her.

Könntest du nach Hause zurückgerufen werden und dem Ursprung nicht vertrauen? Quälst du dich mit Misstrauen und wartest auf ein Zeichen dafür, ob etwas wahr ist? Es gibt Augenblicke, in denen du vertraust, doch im Bereich der Seele ist es ein völlig anderer Prozess. Was wir meinen, ist, dass Vertrauen in menschliche Bedingungen unweigerlich zu Enttäuschung führt. Doch auf einer tieferen Ebene herrscht wahres Vertrauen in einem Bereich, in dem Verachtung keinen Platz hat. Wer könnte schließlich jemandem das Vertrauen wegnehmen, dessen essenzielle Natur darin Ausdruck findet? Dein innerstes Wesen ist voller Vertrauen, denn Liebe geht immer davon aus, dass ein anderer vertrauenswürdig ist. Und weil du Liebe bist, bist du gleichzeitig Vertrauen.

Deine grundlegende Natur des Vertrauens äußert sich von ganz allein. Und nur wenn du diese wahre Natur deines Wesens unterdrückst, findest du ein Unbehagen in dir und um dich herum. Deine vertrauensvolle Natur sucht immer wieder den Weg nach außen, in ständiger Neugier, durch das Beobachten der Menschen, mit denen du in Kontakt kommst, sich selbst zu entdecken. Sicher würdest du diese wahre Natur nicht vergiften wollen, indem du ihre Ausdehnung unterbindest.

Du magst anführen, dass dir Vertrauen von anderen Menschen verwehrt worden ist. Doch erinnern wir dich noch einmal daran, dass dies nicht die Form von Vertrauen ist, von der wir sprechen. Denn Vertrauen auf einer tieferen Ebene ruht auf dem Einen, den wir als Gott kennen, diesem ursprünglichen Wesen, das dich auch jetzt nach Hause ruft, damit du dich ausruhen kannst. Du folgst diesem Ruf jedes Mal, wenn du dich dazu hingezogen fühlst, bei anderen Menschen Zuflucht zu suchen. Dein Misstrauen jedoch errichtet eine Schranke vor der inneren Tür deines Bruders und verwehrt dir den Eintritt in diesen Bereich, den wir »Zuhause« nennen. Erkennst du jetzt die ewige Frustration, die du dir schaffst, indem du nach deinem Zuhause suchst und dir sein Betreten gleichzeitig verwehrst?

Suche dein Zuhause nicht auf zwei verschiedenen Ebenen und du wirst eine Lösung finden, die über alle Maßen einfach ist, wenn du sie erst einmal entdeckt hast. Suche nicht in menschlichen Schwächen nach Antworten auf die Fragen in deinem Inneren. In solcher Unsicherheit wirst du niemals Vertrauen finden. Doch suche weiter nach Vertrauen, denn dieses Ziel ist deiner Anstrengung wert im Königreich Gottes. Und hast du dich einmal entschieden, suche nur dort nach diesem goldenen Schatz, wo du sicher sein kannst, ihn auch zu finden. Dieser Ort ist das Königreich im Herzen jedes Lebewesens, das auf der Erde weilt.

Mach einen mutigen Schritt hin zu diesem Ziel, das dich nie enttäuschen wird, süßes Kind Gottes. Durch Ihn, der dich ewig liebt, wird dein Vertrauen nicht gebrochen und Er ist es, den du in diesen tiefen Höhlen unter der Oberfläche des Menschen finden wirst, und dein Vertrauen wird nie mehr enttäuscht werden.

Wut

Wenn dich brennend heiße Wut erfüllt, würde sie sich nur in schwelenden Hass verwandeln, würden wir dir sagen, du solltest deine wahren Gefühle einfach ignorieren, wenn dir jemand wehgetan hat. Du fühlst dich verletzt, und wer sind wir, dir zu sagen, dass dies falsch sei? Denn in Wahrheit hast du – ein heiliges Kind Gottes – nie Unrecht. Jedoch magst du dich vorübergehend in der Perspektive irren, aus der du die Wahrheit siehst.

Lass es uns erklären: Vielleicht glaubst du, dass dir jemand Liebe wegnehmen oder seine Anerkennung und Liebe für dich zurückhalten könnte. Doch dies ist, wie du tief in deinem Inneren weißt, unmöglich. Jemandem, der alle Heiligkeit der Welt in sich trägt, kann keine Liebe weggenommen werden. Wenn du dich von Wut und Zorn berührt fühlst, dann ist das Zeichen einer Auseinandersetzung in dir selbst. Die Lava der Wut fließt in deinem Inneren über die Steine deines Bewusstseins und die Verletzungen und Schmerzen schäumen über mit der tiefen Trauer darüber, dass dir ein anderer solches Leid zufügen konnte.

»Wieso haben sie nicht gewusst, dass sie mich verletzen?«, rufst du still in den Abgründen deines Herzens, weinend und in dem Wunsch nach einer Lösung für deinen Schmerz. Du möchtest, dass der andere die ganze

Tiefe deines Leides erfährt. Vielleicht willst du sogar den anderen zumindest für einen Augenblick deinen Schmerz spüren lassen, damit er wirklich die Intensität deines Leides verstehen kann.

Doch noch einmal betonen wir, dass dieser Kampf in deinem Inneren und in deinem eigenen Geist stattfindet. Möchtest du wirklich auf einem Schlachtfeld leben, du heiliges Kind Gottes? Natürlich willst du das nicht, so wie kein Engel, der hier auf die Erde geschickt wurde, jemals kam, um zu kämpfen. Es war vorgesehen, dass du über den Zorn hinwegfliegst und ihn siehst wie einen reißenden Strom, einen Fluss konstanter Energie unterhalb von dir, nicht in deinem Inneren.

Du kannst jederzeit einen Raum in dir schaffen, der von Frieden erfüllt ist. Selbst wenn du noch nicht bereit bist, deine Wut loszulassen, wird es dir nicht schwer fallen, neben der Wut einen kleinen Raum zu schaffen. Sieh diesen Raum wie ein Luftloch unter Wasser und tanze zu seiner Melodie des Friedens. Stell dir vor, dass er mit herrlichen Farben erfüllt ist wie eine Luftblase, die auf ihre eigene spielerische Weise durch das Wasser schwimmt. Während du dich an dieser Verspieltheit in deinem Inneren erfreust, magst du dir vielleicht vorstellen, wie du selbst in dieser Luftblase in deinem inneren Spielplatz schwimmst.

Spüre, welche Wonne dir die Freiheit des Fliegens durch deinen inneren Raum bereitet. Begleite dich selbst auf einem wunderbaren Abenteuer, wobei der Gedanke an Sicherheit in den Hintergrund tritt angesichts des unerschütterlichen Wissens, dass du sicher bist in alle Ewigkeit. Fühle, wie richtig diese Freiheit dir erscheint, wie natürlich es ist, in Ozeanen der Sicherheit zu schwimmen. Wenn du tief in dieses Bewusstsein des Friedens eintauchst, hast du zudem die Freiheit, andere Gedanken zu wählen, die spielerisch und freudig in deinem Inneren vorbeigleiten.

Deine Freiheit resultiert aus der Erkenntnis, dass du durch das Leben schwimmst und dabei nicht von Haien umgeben bist, sondern von Engelfischen. Du bist von Schwärmen anderer umgeben, die genauso sind wie du. Empfinde Mitgefühl mit allen in deinem Kreis und wisse, dass sie ebenso unschuldig sind wie du.

Wenn dir einer oder mehrere Menschen aus deiner Umgebung zuweilen über den Weg schwimmen, kannst du ihnen vergeben und dein unbeschwertes Schwimmen fortsetzen? Oder lässt du dich durch ihren scheinbaren Mangel an Ordnung betäuben und fixierst wie hypnotisiert den Blick auf die Vergangenheit? Du sehnst dich nach Fließen und Harmonie und das erfordert ein aufmerksames, waches Bewusstsein im Hier und Jetzt.

Wir sind hier, um euch zu helfen, euren Tanz des Lebens und all eure Beziehungen wieder in den Zustand göttlicher Ordnung und Harmonie zu bringen. Schaut euch in diesem Moment um mit euren ewigen Augen und ihr werdet erkennen, dass wir Engel mit euch in perfektem Gleichklang schwimmen wie ein wunderschöner Fischschwarm. Wir sind auf göttliche Weise miteinander verbunden durch Geistesgedanken, die unsere synchronisierten Bewegungen ohne Mühe oder Anstrengung orchestrieren.

Fließe unaufhörlich mit uns und wir werden deine gelegentlichen Momente der Vergesslichkeit im Hinblick auf deine wahre Identität auffangen. Wir werden dich umkreisen und dich leiten in einem ununterbrochenen Ballett zum Ruhme Gottes und der ganzen Menschheit.

Zeit

Reguliert die Uhr an deinem Handgelenk deinen Zorn? Zwingt die Position ihrer Zeiger dich, durch dein Leben zu hasten wie der unermüdliche Zeiger, der die Sekunden jagt? Wir schauen dir zu, wie du den kleinen Stäbchen auf der Uhr gestattest, dich voranzupeitschen, und wir möchten einen Augenblick deiner Zeit in Anspruch nehmen, um uns über diese Situation auf der Welt Gedanken zu machen.

Wir bitten dich, die Logik hinter diesem Verhalten zu bedenken. Ist es nicht so, dass du viel Energie einsetzt, um mit dem unaufhörlichen Ticken des Zeitmessers Schritt zu halten? Und glaubst du nicht auch, dass die menschliche Maschine – wenn sie auch nicht gestoppt werden kann – doch Ruhepausen und mehr als nur gelegentliche Aufmerksamkeit braucht?

Daher bitten wir dich, so bewusst wie möglich diese Rivalität mit dem Zeitmesser zu überdenken, die du dir selbst aufgezwungen hast. Wenn wir uns unter euch umschauen und in eure Herzen sehen, finden wir nicht eine einzige Seele, die mit dieser rücksichtslosen Rivalität zwischen Geist und Maschine einverstanden ist. Doch obwohl alle darin übereinstimmen, dass der Zeitmesser ein erbarmungsloser Tyrann ist, gibt es nicht einen unter euch, der sich erhebt und die Dinge richtigstellt, auf dass andere sich mit ihm zusammentun können.

Denn wer von euch regiert das Hühnerhaus? Wer wagt es, als Erster die Tatsache auszusprechen, dass diese Herrschaft der Zeitmesser nichts als Angst und Sorgen über die Menschheit gebracht hat? Wir in der himmlischen Zone der Zeitlosigkeit halten Ausschau nach den ersten Zeichen der Erkenntnis, dass die Uhren schwer auf eurer Seele lasten. Und wir flehen euch an, eure ständige Konkurrenz mit den unaufhaltsamen Zeigern, die sich atemlos im Kreis bewegen, endlich zu beenden.

Du bist dazu ausersehen, wunderbare Momente des Entzückens zu erleben, und nicht, einen Zeitmesser nachzuahmen, als sei er dein Herrscher, der alle kreativen Vorstellungen und Gedanken schließlich zum Erlöschen bringt. Denn was die Stunden des Lebens abwürgt, beraubt den Menschen auch seiner Vorstellungskraft. Kreativität und Schaffen werden nicht aus Druck geboren, sondern aus einer unermesslichen Freude, die sich nach außen manifestiert in einer Zelebration ihrer Herrlichkeit.

Zu spielen ist die Lösung, nicht zu arbeiten. Und die frohe Erkenntnis deiner unsterblichen Zeitlosigkeit sollte dir Anlass sein, darüber nachzudenken, wie sinnlos die Gefangenschaft deines Herzens durch Sekunden, Minuten und Stunden ist. Denn wem gilt es zu gefallen außer dem innersten Selbst, das Gott ist? Das Festsetzen eines Zeitpunktes für dieses und jenes verzögert nur die Glückseligkeit, die dich zu uns nach Hause bringt. Zwinge dich nicht zum Einhalten sturer Rechtzeitigkeit, sondern halte deine Uhr ins Licht und sieh, wie sich darin dessen strahlende Zeitlosigkeit widerspiegelt. Denn nichts kann jemals das messen, was unveränderlich ist, so wie das Licht, das jetzt und immerfort in dir leuchtet.

Eine einzige Stunde lang achte nicht auf die Uhr, die du an deinem Handgelenk trägst. Erlaube keinem Gedanken an Zeit, sich in deinem Geist oder auf deinen Lippen niederzulassen. Und beobachte, wie die Bewegungen deines Geistes und deines ganzen Wesens sich zu einer Erholungspause verlangsamen, die neuen Ideen zur Geburt verhilft. Der Himmel kann dir mit einem Schauer neuer Gedanken helfen, wenn du dein Netz unserem Ausschütten öffnest, indem du deine Gedanken zu einem neuen Zeitmaß verlangsamst.

Wir sind hier, um dir zu helfen. Doch der Maschendraht, der unsere Gedanken davon abhält, in dein Herz zu gelangen, kann mit deiner bewussten Intention noch viel weiter geöffnet werden. Sag einfach: »Ich verwerfe die Sorgen um die Zeit!«, und sogleich sehen wir vergrößerte Öffnungen, durch die wir zu dir gelangen und deine Zweifel zerstreuen können. Du hast Recht, liebes Wesen, gegen dieses System zu rebellieren, das dich in jeder Beziehung behindert. Bitte uns um Unterstützung, damit wir dir bei deiner Loslösung von der Diktatur der Stunden und Minuten beistehen können.

Denn wer wäre in der Lage, ein göttliches Wesen in winzige Stücke zu zerteilen? Das Unmögliche kann nicht getan werden. Verstärke also nicht deine Illusionen über ein anderes Wesen, indem du dich zum Sklaven eines Herrschers machst, der dich nicht kennt. Diene Gott, so gut du es vermagst, und die Zeit wird für sich selbst sorgen. Lass Zuspätkommen niemals zum Grund für Befangenheit und Angst werden, außer wenn es darum geht, in der Gegenwart Gottes anzukommen. Und ist Sein Versprechen nicht Anlass für Liebe statt für Angst? Befürchte nicht, zu spät zu dem zu kommen, was wirklich ist, denn es strahlt heute und immerdar von Seiner Gnade auf dich hernieder.

TEIL II

Mit Engeln kommunizieren, leben und heilen

Einführung

Ob Sie nun die Engel channeln oder einfach nur ihre göttliche Führung deutlicher vernehmen möchten, Sie haben immer die Möglichkeit, mit diesen himmlischen Wesen klarer zu kommunizieren. Der erste Schritt ist der simple Wunsch, mit den Engeln zu kommunizieren. Bei allem, was wir tun, sind unsere Intentionen der Ausgangspunkt unserer Erfahrungen. Wenn Sie also in Ihrem Herzen und in Ihrer Seele die Absicht verankern, mit den Engeln zu kommunizieren, ist damit sichergestellt, dass es geschehen wird.

Jeder kann mit den Engeln in Kontakt treten; niemand ist davon ausgenommen. Es ist ein Trugschluss anzunehmen, dass man auserwählt, sensitiv oder auf besondere Weise begabt sein muss, um die Stimme Gottes und der Engel zu hören. Da wir alle gleichermaßen von Gott erschaffen worden sind, sind wir alle gleichermaßen begabt.

Außerdem haben wir alle ständig Engel in unserer Nähe und unser höheres Selbst ist mit diesen Engeln und mit Gott vereint. Mit anderen Worten, unser höheres Selbst ist durch den einen universalen Geist, der Alles in Allem ist, in ununterbrochenem Kontakt mit Gott und den Engeln. Sie brauchen nichts Zusätzliches, um göttliche Kommunikation zu vernehmen. Es geht eher darum, Ängste, Zweifel oder Spannungen zu entfernen, die möglicherweise die inneren Augen und Ohren blockieren.

Glücklicherweise sind die Engel mit Freuden bereit, uns bei der Beseitigung dieser Blockaden zu helfen – wir müssen sie nur darum bitten.

Wenn Sie erst einmal alle inneren Hindernisse entfernt haben, werden Sie automatisch die göttliche Kommunikation klar und direkt empfangen. Dann können Sie die Lautstärke und Klarheit der Botschaften nach Belieben einstellen, indem Sie subtile Veränderungen in Ihrer Umgebung und Ihrem Lebensstil vornehmen. Auch hier werden Sie die Engel bei jedem Schritt unterstützen.

Auf den folgenden Seiten habe ich einige hilfreiche Methoden zur Beseitigung von Blockaden in der spirituellen Kommunikation beschrieben. Viele dieser Techniken habe ich von den Engeln gelernt und die Engel werden auf den folgenden Seiten gelegentlich auch direkt zu Ihnen sprechen. Natürlich gibt es so viele verschiedene Wege, mit den Engeln zu kommunizieren, wie es Wege auf dem geistigen Pfad gibt. Ihre Engel werden Sie zu den besonderen Methoden führen, die für Sie am besten geeignet sind. Ich könnte mir sogar vorstellen, dass es Ihnen Freude machen wird, Ihren eigenen persönlichen Stil der Kommunikation mit den Engeln zu entwickeln.

Da Freude die grundlegende Emotion der Engel ist, werden Sie mit Sicherheit ein immenses Vergnügen dabei empfinden, bewusst mit diesen himmlischen Wesen Kontakt aufzunehmen.

Doreen Virtue

Von Engeln umgeben

Als ich an der Kasse eines Kaufhauses etwas bezahlen wollte, sah ich auf dem Pullover einer Verkäuferin eine Brosche mit drei goldenen Engeln. Ich machte der Frau ein Kompliment deswegen und die Kassiererin, die gerade meinen Scheck entgegennahm, meinte: »Vielleicht sollte ich auch anfangen, Engelsbroschen zu tragen. Dann habe ich vielleicht auch so viel Glück wie sie!«

Glück! – dachte ich bei mir, als ich die Augen der Frau mit der Brosche auf mir ruhen fühlte. Sie zwinkerte mir in gegenseitiger Bestätigung zu, dass »Glück« keine Rolle spielt bei den Wundern, die Ihnen widerfahren, wenn Sie Engel in Ihr Leben einladen. Die Frau erklärte, dass sie in letzter Zeit in diesem Kaufhaus zweimal auf wunderbare Weise Schutz von ihren Engeln erhalten hatte. Zuerst war ihre gestohlene Geldbörse wohlbehalten und mit dem gesamten Inhalt innerhalb einer Stunde wieder aufgetaucht. Und zweitens veränderte ein Kleiderständer mit schweren Mänteln, der auf sie zu fallen drohte, auf wundersame Weise seine Richtung und fiel auf die andere Seite.

Während die Verkäuferin und ich uns gegenseitig unsere Engelgeschichten erzählten, wurden die Augen der Kassiererin vor mir immer größer. »Habe ich auch Engel?«, wollte sie wissen und fragte dann: »Wie kann ich sie dazu bringen, auch mir zu helfen?«

Wir profitieren immer davon, wenn wir Engel in unser Leben einladen. Um Sie besser mit den Engeln in unserer Mitte bekanntzumachen, wollen wir damit beginnen, uns die verschiedenen Rollen anzuschauen, die Engel übernehmen können. Drei Kategorien von Engeln helfen uns hier auf Erden:

1. Schutzengel

Jeder hat einen Schutzengel, ohne Ausnahme. Ich habe Menschen getroffen, die nicht sicher waren, ob sie einen Schutzengel verdient hätten. Bitte seien Sie versichert, dass Sie einen Schutzengel bei sich haben, garantiert! Er ist der Engel, der immer bei Ihnen ist, von Ihrer Geburt bis zu Ihrer Rückkehr in den Himmel. Die Liebe dieses Engels für Sie ist bedingungslos und größer als jede Liebe auf dieser Welt. Ihr Schutzengel sorgt dafür, dass Sie immer geführt werden und in Sicherheit sind.

Schutzengel werden manchmal mit »Geistführern« verwechselt. Ein Geistführer ist ein liebevolles Wesen, das irgendwann in menschlicher Form auf der Erde gelebt hat. Dieser Mensch hat dann im Jenseits ein besonderes Training erhalten, um ein Geistführer zu werden. In diesem Training wird besondere Betonung darauf gelegt, dass der Führer nie in Ihren freien Willen eingreifen oder Entscheidungen für Sie treffen darf. Er ist da, um Ihnen Rat zu geben, Sie zu trösten, wenn nötig zu warnen und Schutz zu gewähren. Die meisten Geistführer sind verstorbene Familienmitglieder oder Menschen, die Sie geliebt haben, wie zum Beispiel Großeltern, Geschwister, geliebte Freunde und Eltern. Ihr geistiger Führer mag aus dem physischen Leben geschieden sein, bevor Sie geboren wurden. Jedoch war dieses liebevolle Wesen bei Ihrer Geburt dabei und ist seitdem nicht einen Moment von Ihrer Seite gewichen. Genauso, wie Sie immer an den Nachkommen Ihrer Familie interessiert sein werden, geht es den verstorbenen Familienmitgliedern, die wir vielleicht in ihrer physischen Form nie kennen gelernt haben.

Geistführer sind insofern vergleichbar mit Schutzengeln, als sie viele Geschenke in unser Leben bringen. Der Hauptunterschied besteht darin, dass wahre Schutzengel nie als Sterbliche auf der Erde weilten und eine höhere Energiefrequenz besitzen. Sensitive Menschen, die geistige Präsenzen fühlen können, sind in der Lage, vom spürbaren Unterschied zwischen dem Erscheinen eines Engels oder eines Geistführers zu berichten. Hellseher erkennen die strahlend weiße Aura des Engels, während die Aura eines geistigen Führers nicht ganz so strahlend, sondern mehr bläulich-weiß erscheint.

2. Engel

Dies sind die Lichtwesen, die auf unseren Ruf nach Führung, Unterstützung, Schutz und Trost antworten. Engel werden durch Gottes Gedanken der Liebe erschaffen. Die Engel sind hier, um uns zu helfen, besonders wenn es unsere Absicht ist, der Welt Freude und Heilung zu bringen. Bitten Sie um so viele Engel, wie Sie wollen. Bitten Sie um Engel für Ihre Lieben, Ihr Heim und Ihr Geschäft. Engel empfinden große Freude, wenn sie uns helfen dürfen, und sie bitten uns lediglich darum, in Anerkennung für ihre Hilfe manchmal »Danke« zu sagen.

3. Erzengel

Sie sind die Engel, die die Schutzengel und die Engel auf der Erde überwachen. Sie können sich Erzengel als die »Manager« in der Hierarchie der für die Welt zuständigen Engel vorstellen. Sie können nach einem Erzengel rufen, wann immer Sie starke und sofortige Hilfe benötigen.

Da Engel rein geistige Wesen sind, kennen sie weder Zeit noch räumliche Begrenzungen. Ein Erzengel kann im gleichen Augenblick vielen Menschen an verschiedenen Orten helfen. Aus diesem Grund brauchen Sie nie zu zögern, einen Engel zu rufen, weil Sie vielleicht befürchten, dass Ihre Not nicht »groß genug« oder dass der Engel anderweitig beschäftigt ist. Ihr Ruf nach Hilfe ist süße Musik für die Ohren eines Engels.

Aufgrund des Gesetzes des freien Willens können Engel und Erzengel nur dann in unser Leben eingreifen, wenn wir sie ausdrücklich um ihre Hilfe gebeten haben. Die einzige Ausnahme sind lebensgefährliche Situationen, bei denen wir vor der anberaumten Zeit sterben könnten. Ansonsten liegt es an uns, ob wir uns daran erinnern, immer wieder Engel in unser Leben einzuladen.

Engel und Erzengel kommen Ihnen in dem Augenblick zu Hilfe, in dem Sie sie rufen. Sie müssen weder eine förmliche Einladung aussprechen noch ein Anrufungsritual durchführen. Es ist nicht einmal erforderlich, dass Sie Ihren Ruf verbalisieren. Allein der Gedanke an die Engel ist genug. Wenn Ihre Bitte um die Hilfe der Engel aufrichtig ist, werden sie auf Ihren Ruf hin erscheinen, oft sogar, bevor Sie noch aufgehört haben, nach ihnen zu rufen!

Die Erzengel

Jeder Erzengel ist auf eine bestimmte Aufgabe im menschlichen Bereich spezialisiert. Es ist hilfreich zu wissen, welcher Erzengel welche Funktion ausübt, damit Sie wissen, wen Sie in Augenblicken der Not rufen können. Hier ist eine Zusammenfassung der Rollen und Namen der vier Haupt-Erzengel:

1. Der Erzengel Michael,

dessen Name soviel bedeutet wie
»Der wie Gott ist«
oder »Der wie Gott aussieht«.

Der Erzengel Michael wird oft »Heiliger Michael« genannt, vor allem seit Papst Pius ihn zum offiziellen Schutzheiligen der Polizisten und Soldaten ernannt hat. Kein Wunder, denn Michael ist der Verteidiger des Lichts und der Güte und seine hauptsächliche Aufgabe besteht darin, verstorbene Menschen an einen anderen Ort zu eskortieren, damit sie andere nicht verletzen können. Michael und seine Helfer, auch als »die Truppe der Barmherzigkeit« bekannt, geleiten Menschen mit negativer Geisteshaltung (lebende wie auch verstorbene) zum Licht Gottes, wo ihre Seele geheilt wird.

Rufen Sie Michael, wann immer Ihnen negative Dinge in Ihrer Umgebung Angst machen. Wenn Sie sich zum Beispiel in einer erregten Menge befinden, können Sie Michael bitten, die negative Energie zu reinigen. Wenn Sie vermuten, dass sich ein erdgebundener Geist an Ihre Fersen geheftet hat, kann Michael dieses Wesen zum Licht bringen.

Das gleiche gilt, wann immer Sie von Sorgen und Ängsten belastet werden: Bitten Sie Michael, Ihre Seele und Ihr Herz zu reinigen. Engel können tief in unseren Körper und unsere Gedanken eindringen und uns helfen, die Dinge von einem liebevolleren Standpunkt aus zu sehen.

Auf Gemälden ist der Erzengel Michael oft mit einer Waagschale in der Hand abgebildet, da er der Wächter über Wahrheit und Gerechtigkeit ist. Wenn Sie das Gefühl haben, jemand behandelt Sie unfair, dann bitten Sie Michael um seine Intervention. Daraus kann sich eine wunderbare Lösung ergeben, zum Beispiel dass der Betreffende plötzlich anruft, um sich zu entschuldigen oder um Ihnen zu sagen, dass er seine Meinung geändert hat.

Michael kann Ihnen auch helfen, Angst einflößende Situationen in den Griff zu bekommen. Ich rief nach dem Erzengel Michael, als mein Mann völlig aufgelöst in seinem Computer nach einem wichtigen Dokument suchte. Mein Mann (der auch Michael heißt) hatte Angst, dass er das Dokument irrtümlich gelöscht hatte, da er es nirgends finden konnte. Derweil saß ich in der Nähe und bat Michael darum, einzugreifen. Im nächsten Moment sah ich eine riesige Figur über der linken Schulter meines Mannes in der Luft schweben. Der Engel schien sich am Computer zu schaffen zu machen. Nach ungefähr einer Minute rief mein Mann erleichtert aus: »Ich habe es gefunden!«

Es ist gut, Michaels Gegenwart in jeden Raum Ihres Hauses oder Büros einzuladen, der eine negative Schwingung hat. Wenn Sie zum Beispiel in einem Haus leben, das vorher von unglücklichen Menschen bewohnt wurde, dann bitten Sie Michael, die Umgebung zu reinigen. Ich rufe ihn immer, um die Energie in den Räumen zu klären, in denen ich Seminare gebe. Michaels himmlische Energie schafft eine entspannte, liebevolle Atmosphäre für das Publikum wie auch für mich.

Wann immer Sie aufgebracht oder gekränkt sind, rufen Sie Michael, damit Harmonie und Frieden wiederhergestellt werden. Wenn Sie sich in einer Gegend befinden, wo Sie sich auf irgendeine Weise bedroht und unsicher fühlen, vergessen Sie nicht, Michael um seinen Schutz und seine Führung zu bitten. Sie können ihn auch bitten, bei Partnerschaften oder Ehen einzugreifen, in denen Streit und Disharmonie herrschen. Stellen Sie sich den Erzengel Michael als Beschützer der Freude vor und Sie werden immer wissen, wann es an der Zeit ist, ihn zu rufen und um seine Hilfe zu bitten.

2. Der Erzengel Gabriel,

dessen Name »Held Gottes« oder »Gott ist meine Kraft« bedeutet.

Gabriel ist der berühmte Engel, der der Jungfrau Maria die Kunde von ihrer bevorstehenden Schwangerschaft überbrachte und später mit den Worten: »Siehe, ich verkünde Euch eine große Freude« den Hirten die Geburt

Jesu anzeigte. Dieser Erzengel ist Gottes Bote, der uns über kommende Ereignisse, sich anbahnende Veränderungen und neue Erfahrungen unterrichtet. Gabriel unterstützt auch menschliche Boten, unter anderem Journalisten und Kuriere.

Eltern, die ein Baby erwarten, oder Paare, die sich ein Kind wünschen, können Gabriel in ihr Leben bitten, um die Empfängnis und Geburt des neuen Erdenbürgers zu überwachen. Überhaupt tut jeder, der in ein neues Projekt irgendwelcher Art involviert ist – zum Beispiel die Eröffnung eines Geschäftes, eine neue Arbeitsstelle oder ein Umzug – gut daran, um Gabriels Unterstützung und Rat zu bitten.

Der Erzengel Gabriel bringt außerdem neues Leben in schal gewordene Beziehungen und glanzlose geschäftliche Situationen. Bitten Sie Gabriel, jeden Teil Ihres Lebens zu aktivieren, bei dem Sie das Gefühl haben, »festzustecken«. Sie werden kreative Ideen und günstige Gelegenheiten empfangen, die Ihnen helfen, die Situation mit neuer Kraft anzugehen.

In den Legenden heißt es, dass es Gabriel war, der die Prophezeiungen über das Kommen des Messias an Daniel und den Koran an Mohammed weitergab und der Johanna von Orleans die Inspiration zukommen ließ, die ihre Mission vorangetrieben hat. Folglich glauben viele Menschen, dass Gabriel für Visionen, Träume und Enthüllungen verantwortlich ist. Bitten Sie um Gabriels Hilfe bei der Interpretation von Träumen, die Ihnen rätselhaft erscheinen und die Sie sich nicht erklären können.

3. Der Erzengel Uriel,

dessen Name »Licht Gottes« bedeutet.

Uriel bringt göttliches Licht in unser Leben. Er hat die wunderbare Gabe, unsere schmerzhaften Erinnerungen zu heilen und unsere Fehler und Irrtümer zu transformieren, sodass wir uns stärker und liebevoller fühlen. Bitten Sie Uriel darum, Ihnen die Lasten der Vergangenheit von den Schultern zu nehmen. Er wird umgehend Ihr Herz und Ihre Seele von alter Bitterkeit sich selbst oder anderen gegenüber befreien.

Dieser Erzengel hilft uns, Liebe in Situationen zu sehen, von denen wir glauben, dass Liebe darin keinen Platz hat. Bei schwierigen Beziehungen mit Kollegen, Vorgesetzten oder Kunden sollten Sie Uriel um seine Hilfe bitten. Er wird Sie und die anderen Menschen auf so wunderbare Weise führen, dass Sie das Gute erkennen können, das in uns allen wohnt. Mit Uriels Hilfe werden Sie wahrscheinlich vergessen, warum Sie überhaupt wütend waren oder Angst vor Ihren Kollegen und Vorgesetzten hatten!

In den Überlieferungen heißt es, dass es Uriel war, der Noah vor der bevorstehenden Sintflut warnte. Dieser Erzengel hilft uns in Zeiten von Unglück und Katastrophen, wie zum Beispiel bei Erdbeben, Wirbelstürmen und sintflutartigen Unwettern. Bitten Sie Uriel um Hilfe, wann immer Sie in einer solchen Situation Angst verspüren. Er wird Sie vielleicht an einen sicheren Ort führen oder Ihr Heim optimal absichern. Uriel hilft Familien, in Zeiten von Naturkatastrophen sicher zu sein und nicht auseinandergerissen zu werden.

Wenn sich Ihr Leben wie ein gigantisches, erschütterndes Erdbeben anfühlt, bitten Sie Uriel um eine Neuorientierung Ihres Geistes und Ihrer Gedanken, damit Sie Ihren inneren Frieden wiederfinden. Uriel hat die wunderbare Fähigkeit, uns aus selbst auferlegten Krisen zu erretten, und er hilft uns, ein ruhiges und zentriertes Leben zu führen.

Uriel unterstützt uns auch bei der Realisierung unserer Ziele und Träume. Er bietet allumfassende Hilfe an, indem er uns gute Ideen zukommen lässt, uns Zuversicht und Motivation schenkt und uns hilft, die materiellen Voraussetzungen zu schaffen, die wir für unser Projekt benötigen. Laden Sie Uriel als Partner zu allen Unternehmungen ein, an denen Sie gegenwärtig arbeiten.

4. Der Erzengel Raphael,

dessen Name bedeutet »Gott heilt«.

Raphael ist verantwortlich für alle Formen von Heilung. Er überwacht die Heilungsbedürfnisse der Erde selbst und all ihrer Lebewesen. Raphael führt und unterstützt Menschen, die im Bereich der Heilung tätig sind, wie zum Beispiel Ärzte, Heilpraktiker, Krankenschwestern, Therapeuten, Rechtsanwälte, Ökologen und Wissenschaftler. Sie alle können jederzeit um zusätzliche Hilfe bitten, die der Erzengel Raphael immer mit Freuden gewährt!

Wenn Sie eine heilende Tätigkeit ausüben, tun Sie gut daran, Raphael in Ihr Leben zu rufen. Er wird Ihnen Anleitungen zuflüstern, wenn Sie unsicher sind, wie Sie einen Patienten behandeln sollen. Außerdem lässt er uns kreative Ideen und wichtige Informationen zukommen, damit wir andere Menschen schneller heilen können. Raphael interveniert bei medizinischen Krisen, um sicherzustellen, dass durch »wundersame« Zufälle das richtige Personal und die beste medizinische Versorgung zur richtigen Zeit bereitstehen. Dieser Erzengel ist auf wunderbare Weise in der Lage, Wissenschaftlern bei der Entwicklung neuer medizinischer Heilungsmöglichkeiten zu helfen. Daher sollten wir alle Raphael um Hilfe bei den schwierigen Gesundheitsthemen bitten, mit denen sich die Wissenschaft heute konfrontiert sieht.

Diejenigen unter uns, deren Wunsch es ist, Heiler zu werden, sind die Lieblinge des Erzengels Raphael. Er weiß, dass die Erde viele solcher Menschen braucht, und er hilft zukünftigen Heilern auf wunderbare Weise, ihren erwählten Beruf auszuüben. Raphael wird Ihnen helfen, die für Sie beste Schule zu finden, und er wird Ihnen auch kreative Möglichkeiten zeigen, wie Sie Ihre Ausbildung bezahlen können. Überlassen Sie Raphael all Ihre Sorgen und Ängste um Ihren zukünftigen Beruf als Heiler. Er kann Ihnen besser beistehen, wenn Sie frei sind von Spannungen und Ängsten.

Wenn Sie oder einer Ihrer Lieben Heilung brauchen, ist Raphael der Erzengel, den Sie rufen sollten. Außer in den Fällen, in denen Krankheit oder Tod Teil des übergeordneten göttlichen Planes sind, wird der Erzengel Raphael alles bereitstellen, was für eine Heilung nötig ist. Wenn Sie also Raphael gerufen haben, erhalten Sie vielleicht plötzlich überraschende Ideen, Gedanken oder Inspirationen, die Ihnen genau die richtige Information geben, wie Sie helfen können. In einem solchen Fall sollten Sie aufmerksam auf die himmlisch inspirierten Antworten auf Ihre Gebete achten und sie befolgen. Meist schweben die Engel nicht selbst zu uns hernieder, um uns zu heilen. Stattdessen führen sie uns zu Menschen, die uns bei Krankheiten oder Unfällen helfen können.

Zu anderen Zeiten zeigt Raphael Ihnen vielleicht, dass Ihre eigenen Gedanken die gesundheitlichen Probleme hervorgerufen haben. Zum Beispiel mag Raphael Sie bitten, ihm Ihren alten Zorn zu übergeben, damit er Ihren Körper von dessen giftigen Auswirkungen befreien kann. Dann sollten Sie Ihren Ärger genauso unbeschwert aufgeben, wie Sie eine alte Zeitung wegwerfen würden. Wenn der Zorn sich auflöst, ist der Körper von seiner Qual befreit und Heilung wird möglich.

Raphael strahlt ein wunderschönes, leuchtend klares, smaragdgrünes Licht aus, die Farbe der Heilung und der liebevollen Energie des Herzchakras. Wenn Sie Raphael anrufen, werden Sie vielleicht mit Ihrem inneren Auge sehen, wie das smaragdfarbene Licht Sie umgibt wie eine herrliche Aura strahlenden Lichtes. Fühlen Sie, wie die Zellen Ihres Körpers dieses köstliche Bad genießen und sich von der liebevollen Energie erfrischt und vollständig geheilt fühlen.

Raphael hat noch eine weitere Spezialität: Er führt und schützt Reisende aller Art. Ob Sie nun auf einer spirituellen Reise sind oder sich auf eine Reise in ein anderes Land begeben, bitten Sie Raphael, Ihnen den Weg zu ebnen.

Den Engeln und Erzengeln ist keine Aufgabe zu groß oder zu klein. Diesen göttlichen Wesen, die uns mit der Kraft Gottes lieben, sind alle Wunder gleich wichtig. Im Austausch dafür bitten sie uns lediglich darum, ihnen für die Hilfe zu danken, ihre Hingabe an Gott zu teilen und unser Leben mit Freude und Dienen zu füllen.

Die Naturengel

Im heiligen alten Buch des Talmud heißt es: »Jeder Grashalm hat einen Engel, der sich über ihn beugt und sagt: Wachse, wachse.«

Stellen Sie sich vor, wie viele Engel sich in Ihrem eigenen Garten oder im nahe gelegenen Park befinden! Jeder Grashalm, jede Blume, jeder Baum, jedes Sandkorn und jeder Regentropfen hat einen oder mehrere Engel, die seinen Lebensweg überwachen. Naturengel werden auch als Feen und Devas bezeichnet. Diese winzigen Engel singen wunderschöne Hymnen, während sie sich um die Bedürfnisse der Natur kümmern.

Während meiner Engeltherapie-Sitzungen geben die Engel meinen Klienten des öfteren den Rat, mehr Zeit in der Natur zu verbringen. Ein Grund, warum Engel »Naturtherapie« verschreiben, ist ihre schnelle Heilwirkung. Stellen Sie sich vor, wie Sie im Schatten eines Baumes sitzen, umgeben von Gras und Blumen. Sehen Sie, wie Sie tief einatmen und über Gottes Herrlichkeit meditieren, die in diesem Moment in Ihnen ist und überall um Sie herum. Stellen Sie sich vor, wie die Naturengel Sie mit Umarmungen und zärtlichen Berührungen erfreuen, die alle Zellen Ihres Körpers und alle Gedanken heilen. Fühlen Sie die sanfte Berührung der liebevollen Umarmung der Naturengel, während Sie sich vorstellen, in ihrer Mitte zu sein.

Wenn ich das Gefühl habe, festzustecken, oder wenn ich erschöpft und übermüdet bin, stellt ein kurzer Aufenthalt in der Natur meine Vitalität und Lebensfreude unfehlbar wieder her. Versuchen Sie es mit jeglicher Art von natürlicher Umgebung, die Ihnen ein wenig Alleinsein ermöglicht, wie zum Beispiel ein Spaziergang an einem See oder am Meer, ein Berg, ein Wanderweg oder ein Wald. Selbst Pflanzen auf dem Balkon sind notfalls geeignet, in heilsamen Kontakt mit der Natur zu treten. Die Naturengel leben inmitten von Pflanzen und Mineralien, unabhängig davon, wo sie sich befinden.

Warnen Sie die Naturengel vor, wenn Sie über eine Wiese gehen wollen und bevor Sie Ihren Rasen mähen oder düngen. Tatsächlich kann nichts einen Naturengel verletzen, da sie keinen physischen Körper haben. Zudem kennen sie weder Furcht noch Feindseligkeit, denn sie sind eine Manifestation reiner Liebe. Doch sollten Sie den Naturengeln Freundlichkeit und Rücksichtnahme erweisen, indem Sie ihnen ausreichend Zeit geben, Ihren Füßen oder dem Rasenmäher auszuweichen.

Auch Tiere haben Engel, die sich um sie kümmern und immer bei ihnen sind. Ihre Katze, Ihr Hund, Ihr Vogel und jedes andere Haustier hat mindestens zwei, oft auch mehrere Schutzengel. Sie können mit den Engeln Ihrer Haustiere kommunizieren, wann immer Sie sie streicheln, umarmen oder mit ihnen spielen. Fühlen Sie die besondere, liebevolle Energie dieser Engel!

Sie werden mir sicher zustimmen, wenn ich sage, dass Ihr eigenes Haustier in Ihrer Familie oft die Funktion eines Engels hat. Viele Tiere sind in einer von Gott bestimmten, engelsgleichen Mission hier, um uns Menschen Trost zu spenden und Gesellschaft zu leisten. Außerdem haben sie die himmlische Funktion, Stress zu absorbieren, einem Luftfilter vergleichbar, der Zigarettenrauch aus einem Raum abzieht. Engel wie Haustiere blühen auf, wenn sie sich geliebt und bestätigt fühlen. Sie bitten uns um so wenig und geben doch unendlich viel zurück!

Um Engel bitten

Manchmal sehe ich Menschen, die von einer wahren Engelschar umgeben sind. Ich frage sie dann immer, ob sie die Engel bewusst gerufen haben. Und die Antwortet lautet jedes Mal: »Ja, ich habe darum gebeten, von Engeln umgeben zu sein.« Je mehr wir nach den Engeln rufen, desto mehr können sie uns zu Hilfe kommen.

Die Engel wollen bei uns sein und uns in allem beistehen, was wir tun. Unsere Freude schenkt ihnen großes Vergnügen. Doch können sie uns nicht helfen, wenn wir sie nicht darum bitten. Ein universales Gesetz, an das sich alle Engel halten müssen, lautet: »Kein Engel darf in das Leben eines Menschen eingreifen, wenn er nicht darum gebeten wurde; die einzige Ausnahme sind lebensgefährliche Notsituationen. Ein Engel darf keine Entscheidungen für einen Menschen treffen, aber er kann – wenn er darum gebeten wird – Rat und unterschiedliche Betrachtungsweisen anbieten.« Ein Engel kann Sie also anstupsen, ermutigen oder auch eine wunderbare Fügung für Sie arrangieren. Da Sie jedoch einen freien Willen besitzen, kann Ihnen ein Engel seine Hilfe erst dann gewähren, wenn Sie sich entscheiden, sie anzunehmen, und ihn darum bitten.

Wenn Sie die Engel um Hilfe bitten möchten, ist es nicht erforderlich, eine formelle Anrufungszeremonie durchzuführen. Gott und die Engel sind nicht kompliziert, da ihre wahre Natur reine und einfache Liebe ist.

Nur das Ego Ihres niederen Selbst glaubt, dass Spiritualität unbedingt kompliziert sein muss, denn es kann sich nicht vorstellen, dass etwas so Großes und Mächtiges sofort und ohne Schwierigkeiten zugänglich sein könnte. Doch genau so ist es.

Die Engel hören die Gebete Ihres Herzens und eilen nur aufgrund Ihres geistigen Rufes an Ihre Seite. Sie können auch bewusst darum bitten, dass Ihre Lieben oder Sie selbst von mehreren Engeln umgeben sind. Eltern können um himmlische Babysitter bitten, damit ihre Kinder sicher und beschützt durch den Tag geleitet werden. Wenn jemand, den Sie lieben, auf Reisen ist, dann bitten Sie Raphael und die Engel, über seine Wege zu wachen. Bitten Sie die Engel auch, Ihren Freunden zu helfen, die Trost und Führung brauchen.

Nachstehend finden Sie einige Möglichkeiten, die Engel anzurufen:

- *Einen Brief an die Engel schreiben.* Schütten Sie Ihr Herz aus und sprechen Sie über Ihre Verwirrungen, Schmerzen und Ängste. Halten Sie nichts zurück, sodass die Engel Ihnen in Ihrer Situation wirklich voll und ganz helfen können.
- *Visualisieren.* Ob Sie es nun Ihr geistiges Auge, Ihre Vorstellungskraft oder Ihr drittes Auge nennen – die Bezeichnung spielt keine Rolle. Die Visualisierung von Engeln ist ein machtvoller Weg, sie an Ihre Seite zu rufen. Sehen Sie die Engel in Kreisen um Sie und Ihre Lieben herum fliegen. Sehen Sie mächtige Engel in

Scharen herbeischweben. Sehen Sie den Raum, in dem Sie sich befinden, mit Tausenden von Engeln angefüllt. Diese Visualisierungen sind himmlische Anrufungen, die Ihre Realität verwandeln.

Engel leuchten mit dem Licht der Liebe und besitzen keine physische Form. Sie können jedoch eine körperliche Erscheinung annehmen, wenn uns das hilft, indem sie ein geistiges Bild zu uns projizieren. Wenn Sie also riesige, leuchtende Wesen visualisieren oder eine wunderschön gekleidete, engelsgleiche Frau, dann werden die Engel diese Formen annehmen, um Ihnen zu helfen, sie zu erkennen.

– *Inneres Anrufen der Engel.* Denken Sie einfach: Engel, bitte helft mir – und sie werden im selben Augenblick bei Ihnen sein. Wenn Ihre Bitte wirklich ernst gemeint ist, hören die Engel Ihren geistigen Ruf nach Hilfe. Sie können Ihre Bitte wie eine Affirmation formulieren, zum Beispiel: »Hunderte von Engeln umgeben mich jetzt«, oder als ein Bittgebet: »Engel, ich leide große Schmerzen und brauche dringend eure Hilfe.« Sie können Gott bitten, Ihnen Engel zu schicken, oder Sie können die Engel direkt rufen.
– *Laut zu den Engeln sprechen.* Sie können Ihre Bitte verbalisieren – und manchmal tun wir das unbewusst, wenn wir beispielsweise in einem Augenblick der Verzweiflung sagen: »Oh Gott!«. Vielleicht stellen Sie fest, dass eine Weile des Alleinseins in einer ruhigen Umgebung, vor allem draußen in der Natur, eine wundervolle Gelegenheit ist, eine verbale Konversation mit den Engeln zu führen.

Die Wahrnehmung von Engeln

Sie können die Gegenwart der Engel *fühlen*. Vielleicht empfinden Sie eine leichte, warme Berührung auf Ihrem Gesicht, Ihren Schultern, Händen oder Armen. Sie mögen eine Umarmung spüren oder das Streichen eines Flügels über Ihre Haut. Der Luftdruck verändert sich, wenn Engel einen Raum betreten. Es gibt dann eine deutliche Verdichtung der Energie, so als sei soeben eine köstliche Wolke hereingeschwebt, um Sie vor der Hitze zu schützen. Es mag auch den Anschein haben, als ob sich die Temperatur im Raum verändert, oder vielleicht spüren Sie den Hauch eines angenehmen, beschwingten Duftes, dessen Ursprung Sie sich nicht erklären können. Wenn die Engel Sie in ihre Arme nehmen, spüren Sie eine tiefe Wärme durch Ihre Brust fließen und Ihr Herz wird weit mit einer Liebe, die nicht von dieser Welt ist.

Sie können die Anwesenheit der Engel *sehen*. Ein aus den Augenwinkeln wahrgenommenes Funkeln von weißem, blauem oder grünem Licht signalisiert, dass ein Engel in der Nähe ist. Ein weiteres Signal ist ein leuchtender Schatten, der sich so schnell bewegt, dass Sie sich fragen, ob er vielleicht nur Ihrer Einbildung entsprang. Und die wunderschönen Engel, die Sie in einem verdunkelten Raum oder neben einem geliebten Freund oder Lehrer stehen sehen, bestätigen Ihnen, dass Sie Besuch aus dem himmlischen Königreich der Engel erhalten haben.

Sie können die Gegenwart der Engel *hören* – ein liebevolles Flüstern in Ihrem Ohr, das Sie eindringlich darum bittet, Ihr Leben zu verändern. Oder ein unmissverständlicher Ruf, der Sie warnt: »Pass auf!« Eine Stimme in Ihrem Inneren, die Ihnen rät, nach den Sternen zu greifen, oder die süßen Töne einer Musik, die aus dem Nichts zu kommen scheint.

Sie *wissen* um die Anwesenheit der Engel. Wenn Ihnen plötzlich aus heiterem Himmel eine Idee kommt, die Ihr Leben dramatisch verändert, dann hat soeben ein Engel eine Botschaft von Gott übermittelt und sie sicher in Ihrem Herzen verankert. Wenn Sie das deutliche, unverkennbare Gefühl haben, dass Engel in der Nähe sind, dann vertrauen Sie darauf, dass dem so ist.

Sie *erfahren* die Gegenwart der Engel. Wenn sie auf wundersame Weise eine scheinbar unvermeidliche Katastrophe verhindern oder wenn sich Ihnen eine Tür »zufällig« im richtigen Moment öffnet, dann wissen Sie, dass die Engel Ihnen aus dem Hintergrund helfen. Wenn Sie durch die Natur gehen und sich frei und voller Freude fühlen, dann können Sie sicher sein, dass Engel Sie auf Ihrem Weg begleiten.

Die Kommunikation mit den Engeln

Unser Schutzengel spricht ununterbrochen zu uns und bietet uns liebevoll seinen Rat und seine Führung an. Wenn wir bewusst um zusätzliche Hilfe bitten und ein paar extra Engel an unsere Seite rufen, empfangen wir sogar einen noch stetigeren Strom göttlicher Kommunikation.

Jedoch müssen wir uns dieser himmlischen Unterstützung bewusst sein, damit sie uns wirklich helfen kann. Zuweilen ist unser Kopf so sehr von innerem Geplapper und lauten Geräuschen erfüllt, dass wir die süßen, liebevollen Stimmen unserer Engel nicht hören können. Der Lärm unserer Alltagsgedanken übertönt allzu oft die leiseren Töne der Engel. Außerdem ignorieren wir zuweilen die Botschaften unserer Engel, wenn es scheint, als hätten sie nichts mit unseren gegenwärtigen Zielen zu tun. Wenn Ihre Engel Sie beispielsweise sanft dazu drängen, sich zu entspannen und sich unbeschwert Freude und Vergnügen zu gönnen, tun Sie vielleicht ihren Rat ab und sagen sich: »Dafür habe ich keine Zeit«.

Auch sagen mir viele Menschen, dass es ihnen schwer fällt zu meditieren. Entweder glauben sie, nicht genug Zeit für Meditation zu haben, oder ihr Verstand kommt nicht zur Ruhe oder sie schlafen bei dem Versuch zu meditieren ein.

Obwohl Meditation es Ihnen sicher einfacher macht, die Stimmen Ihrer Engel zu hören, ist sie nicht unabdingbar notwendig. Es gibt viele Wege, den Verstand so weit zur Ruhe zu bringen, dass Sie die himmlischen Stimmen vernehmen können.

Den Verstand zur Ruhe bringen

Sie können zum Beispiel Ihren Körper, Ihre Gefühle und Ihre Gedanken verlangsamen, indem Sie sich in die Natur begeben. Wenn Sie es sich zur Gewohnheit machen, regelmäßig aus dem Fenster zu schauen – zu Hause, in Ihrem Büro oder im Auto – und dabei die Natur zu schätzen, die sich Ihren Blicken bietet, sei es eine Wolke, ein Baum oder ein trällernder Vogel, werden Sie ein wunderbares Gefühl der Ruhe in Ihrem Inneren spüren. Konzentrieren Sie Augen und Geist auf das Wunder der Natur vor Ihren Augen und spüren Sie, wie Ihr Herz sich vor Freude und Dankbarkeit über ihre Schönheit weitet. Noch besser ist es, wenn Sie tatsächlich Zeit in der Natur verbringen. Camping- und Wanderausflüge sind dafür natürlich hervorragend geeignet. Doch selbst eine Mittagspause im Park oder am Ufer eines Baches reicht aus, um Ihre Verbindung mit Mutter Erde, den Naturgeistern und Ihrem eigenen Schutzengel wiederherzustellen.

Eine andere Möglichkeit, Geist und Körper zu beruhigen, besteht darin, zwei- oder dreimal tief durchzuatmen. Atmen Sie so viel Luft wie möglich ein und halten sie fünf bis zehn Sekunden lang den Atem an, bevor Sie langsam wieder ausatmen. Nehmen Sie einen zweiten

Atemzug auf diese Weise und stellen Sie sich vor, dass Sie angenehme Gefühle einatmen, wie zum Beispiel Entspannung, Freude und Frieden. Beim Ausatmen lassen Sie allen Stress, Anspannung und Sorgen los.

Mit diesen tiefen Atemzügen inspirieren Sie sich selbst. Mit anderen Worten, Sie füllen sich selbst mit dem Licht des Geistes an. Dannion Brinkley, Autor des Buches *Zurück ins Leben*, dem zwei Nahtoderlebnisse widerfahren sind, hat mir einmal gesagt, dass die geistige Welt durch unseren Atem mit uns kommuniziert. Bei kurzen, flachen Atemzügen ist die Kommunikation wesentlich weniger tief, als wenn unser Atem wirklich tief und voll ist. Im Grunde genommen ist Atmen unsere natürliche Art, zu Hause im Himmel anzurufen!

Östliche Philosophien lehren eine Visualisierung zur Beruhigung des Verstandes, bei der Sie sich einen großen See mit klarem Wasser vorstellen. Richten Sie Ihre Aufmerksamkeit auf die Mitte des Sees, als seien Sie unter Wasser und würden problemlos atmen und schweben, während Sie sich das Wasser um Sie herum anschauen. Beobachten Sie, wie kleine Sandkörnchen langsam auf den Boden des Sees hinabschweben. Während der Sand auf den Meeresboden sinkt, wird die Wasseroberfläche klar und ruhig. Spüren Sie, wie Ihr Körper und Ihre Seele auf diese Ruhe reagieren, wie all Ihre Sorgen und Ängste sanft hinabsinken und sich eine herrliche Ruhe in Ihrem Inneren ausbreitet.

Auch Körperübungen – wie beispielsweise Gymnastik, Aerobic oder Jogging – haben einen beruhigenden Effekt. Untersuchungen zeigen, dass die chemische Zusammensetzung unseres Gehirns nach einem kräftigen Work-out eine positive, gesunde Veränderung erfährt. Das Gehirn weist dann eine gesteigerte Menge des stimmungs- und energieverändernden Neurotransmitters Serotonin auf. Viele Leute berichten außerdem von kreativen Ideen und bahnbrechenden Einfällen, während sie joggen oder sonstige Körperübungen machen. Wahrscheinlich führt das vermehrte Atmen zu dieser Art der Inspiration. Versuchen Sie, dreißig Minuten lang kräftig zu gehen, Rad zu fahren oder irgendeinen anderen Sport im Freien durchzuführen, und Sie werden feststellen, dass sowohl während dieser intensiven Tätigkeiten als auch nachher die Kommunikation mit den Engeln ganz von selbst geschieht.

Es ist leichter, Ihre Engel zu hören, wenn Sie alleine sind, vor allem in einer natürlichen Umgebung. Wir alle brauchen eine Pause vom Getriebe der Welt, um unsere Kräfte zu regenerieren und unsere Gedanken zu sammeln. Nehmen Sie sich vor, jeden Tag eine gewisse Zeit alleine zu verbringen, wobei Ihr Verstand nicht auf irgendeine Alltagsaufgabe gerichtet ist. Ob Sie dabei nun in einer meditativen Lotusposition sitzen oder sich einer schöpferischen Aktivität hingeben wie zum Beispiel Malen, Singen, Tanzen oder Gärtnern – in jedem Fall nehmen Sie sich Zeit, damit Sie und Ihre Engel miteinander kommunizieren können.

Die vier Kanäle der Kommunikation

Nicht jeder hört himmlische Stimmen als deutliche Töne. Viele Menschen empfangen göttliche Botschaften auf nonverbale Weise durch Visionen, Empfindungen oder ein Gefühl des Wissens.

Das Hören der Stimme Gottes und der Engel bezeichnet man als *Hellhörigkeit*. Die Stimme kann sich wie Ihre eigene anhören oder auch völlig anders. Sie kann den Eindruck erwecken, als würde sie aus dem Inneren Ihres Körpers kommen, aus Ihrem Kopf oder auch von außen. Als mich der Engel vor dem Diebstahl meines Autos warnte, hörte sich seine Stimme so an, als spräche er durch eine Papprolle gleich neben meinem rechten Ohr. Als ich die Botschaften dieses Buches erhielt und niederschrieb, hörte ich die Worte der Engel sowohl in meinem Inneren als auch von außerhalb.

Vielleicht vernehmen Sie eine leise Stimme und fragen sich, was sie wohl gesagt haben mag. In einem solchen Fall können Sie Ihre Engel ruhig bitten, die Botschaft zu wiederholen. Sagen Sie ihnen: »Ein wenig lauter, bitte.« Die Engel freuen sich über Ihr Feedback, weil sie klare und verständliche Anleitungen übermitteln wollen.

Zunächst glauben Sie vielleicht, dass die Stimme Ihrer Einbildung oder Ihrem Wunschdenken entspringt. Das gilt vor allem zu Beginn Ihrer bewussten Interaktion mit den Engeln. Sie denken vielleicht: »Das ist doch reine Phantasie. Ich wünschte, es wäre wahr, dass Engel mir helfen können, doch wahrscheinlich mache ich irgendetwas falsch und die Engel hören mich gar nicht.«

Diese Art des Denkens lässt sich durch Glauben, Vertrauen und Übung heilen. Wenn Ihr Glaube an die Engel auf wackligen Beinen steht, bitten Sie Gott, Ihnen zu helfen. Beten Sie: »Bitte hilf mir, mehr Vertrauen zu haben. Ich bin bereit, alle meine Ängste loszulassen, die mich davon abhalten, volles Vertrauen zu haben.« Das göttliche Universum erfüllt stets die Bitte um mehr Glauben und Vertrauen.

Die Stimmen der Engel sind immer liebevoll und unterstützend, selbst wenn sie uns vor drohender Gefahr oder falschen Entscheidungen warnen. Als Psychotherapeutin bin ich darauf trainiert worden zu glauben, das Hören von Stimmen sei ein Zeichen von Geistesgestörtheit. Doch ist die Stimme des Egos die einzige Quelle von »Geistesgestörtheit«. Die Botschaften der Ego-Stimme sind immer zerstörerisch, anklagend und impulsiv. Das Ego versucht zum Beispiel, Sie davon zu überzeugen, dass Sie versagen werden. Auch ändert das Ego laufend seine Meinung und wird Ihnen am Montag eine Sache sagen und am Mittwoch eine andere. Wenn Sie der Stimme des Egos folgen, ist Ihr Leben chaotisch und angsterfüllt.

Im Gegensatz dazu wiederholen die himmlischen Stimmen Tag für Tag geduldig ihre Anleitungen für uns, bis wir ihnen schließlich folgen. Sie hören vielleicht über

Jahre hinweg Ihre Engel sagen, dass sie ein guter Heiler oder eine große Autorin sein könnten. Oder Ihre Engel bitten Sie immer wieder, besser auf Ihren Körper zu achten. Sie wissen, dass die Botschaft von den Engeln kommt, wenn sie liebevoll ist, beständig und auf den Punkt und wenn sie weder Ihnen noch Ihrer Familie irgendeinen Schaden zufügt.

Hellhörigkeit ist jedoch nur eine von vier Möglichkeiten, durch die wir himmlische Unterstützung erhalten können. Die Engel können auch in Bildern und durch geistige Visionen zu Ihnen sprechen. Das nennen wir *Hellsichtigkeit.* Die himmlischen Botschaften können als einzelne Bilder erscheinen, entweder in Ihrem Geist oder von außen. Oder Sie sehen kurze Szenen wie in einem Film. Die Bilder können schwarzweiß sein oder bunt.

Visuelle himmlische Botschaften sind manchmal symbolisch. Vielleicht sehen Sie zum Beispiel ein Stoppzeichen als Signal dafür, dass Sie sich eine Pause gönnen oder mit dem aufhören sollten, was Sie gerade tun. Intuitiv werden Sie vielleicht sofort verstehen, was das Bild Ihnen sagen will. Sie könnten beispielsweise das Bild einer Trophäe sehen und instinktiv wissen, dass dies baldigen Erfolg bedeutet. Wenn Sie Schwierigkeiten haben, die visuellen Botschaften zu verstehen, zögern Sie nicht, um Hilfe zu bitten. Bitten Sie Ihre Engel, ihre Botschaft deutlicher zu machen, und bitten Sie so lange um Klärung, bis Sie sich absolut sicher sind.

Manchmal verschließen wir aus Angst unsere inneren Kommunikationskanäle. Vielleicht sehen Sie ein Bild Ihrer

Zukunft, das Ihnen Angst macht, und schalten Ihre Hellsichtigkeit aus, indem Sie Ihr drittes Auge schließen. Vor vielen Jahren war ich eine ungebildete Hausfrau und sehr unglücklich, weil ich einen Beitrag zur Heilung der Welt leisten wollte, doch nicht die Qualifikation zu haben glaubte, irgendetwas Sinnvolles zu tun. Dann erhielt ich mentale Bilder des Lebens, das ich eigentlich führen sollte. Ich sah, wie ich ein Studium absolvierte, Bücher schrieb und als Gast in Talkshows erschien. Diese Visionen erschreckten mich sehr, denn ich glaubte nicht, sie erfüllen zu können. Ich dachte, mir fehlten die Intelligenz, die Zeit und das Geld, um das sinnvolle Leben zu führen, das die Bilder mir zeigten.

Ich stellte fest, dass ich die Visionen abschalten konnte, indem ich viel aß. Ein voller Magen unterbrach meine Kommunikation mit Gott und den Engeln. Wenn jedoch mein Bauch das Essen verdaut hatte, war ich unglücklich und reizbar, da ich den Kontrast sah zwischen meinem gegenwärtigen Dasein und dem Leben, das ich eigentlich führen sollte. Glücklicherweise wurde ich es irgendwann leid, mich vor der göttlichen Führung zu verstecken, und überließ mich ihr. Sobald ich diesen Schritt getan hatte, begannen sich Türen für mich zu öffnen, eine nach der anderen. Die Engel sorgten dafür, dass sich alle meine Visionen erfüllten, und zwar auf eine Weise, die ich nie hätte planen oder voraussehen können.

Eine meiner Klientinnen schaltete ihre Hellsichtigkeit ab, als sie in jungen Jahren ein Bild von der zukünftigen

Scheidung ihrer Eltern sah. Eine andere Klientin schloss ihr drittes Auge, weil sie vorhersah, dass sie eine Affäre mit einem verheirateten Kollegen haben würde; da sie ihre Interaktion mit ihm fortsetzen wollte, beschloss sie, Scheuklappen gegen die Wahrheit zu tragen. Eine andere Patientin versuchte, eine beständige himmlische Stimme in ihrem Inneren zu ignorieren, die ihr riet, eine andere Arbeit zu suchen, da sie nicht darauf vertraute, dass Gott ihre materiellen Bedürfnisse während der Übergangsphase erfüllen würde.

Vielleicht schalten Sie auch Ihre Hellsichtigkeit aus, weil Sie Angst haben vor dem, was Sie sehen *könnten*. So sehr Sie sich auch wünschen, Ihre Engel zu sehen, haben Sie vielleicht doch eine tiefsitzende Angst davor, dass das Sehen eines »Geistes« sie zutiefst erschrecken könnte. Ihre Engel nehmen Rücksicht auf solche Ängste und Sie werden keine Engelserscheinung haben, bevor nicht sicher ist, dass eine solche Vision Sie trösten und nicht erschrecken würde.

Die dritte Art, auf die wir himmlische Führung erhalten können, ist durch unsere Gefühle und körperlichen Empfindungen. Dies nennen wir *Hellfühligkeit*. Hellfühlende erhalten göttliche Führung mittels körperlicher Empfindungen, wie zum Beispiel ein Zusammenziehen des Kiefers, der Fäuste, des Magens oder der Geschlechtsorgane. Diese Menschen wissen intuitiv um die besondere Bedeutung dieser Reaktionen. Hellfühlende spüren Veränderungen im Luftdruck und der Zimmertemperatur, die sie vor negativen Situationen warnen.

Jeder unserer fünf Sinne hat einen ihm entsprechenden geistigen Sinn. Hellfühlende empfangen die Botschaften der Engel durch einen ätherischen Geruchs-, Geschmacks- und Tastsinn. Vielleicht wissen Sie, dass Ihre geliebte verstorbene Großmutter in der Nähe ist, wenn Sie ihr Parfum oder den Duft ihrer Lieblingsblume riechen. Oder ein Engel erfüllt Ihr Zimmer mit dem Aroma von Orangenblüten, um Sie von einer bevorstehenden Hochzeit zu unterrichten.

Hellfühlende erhalten Botschaften durch ihre Intuition, ihre innersten Gefühle und Ahnungen. Unsere Intuition kommt größtenteils aus dem Bauch – er flattert, spannt oder entspannt sich entsprechend der himmlischen Führung. Instinktiv interpretiert der Hellfühlende die Bedeutung dieser Gefühle und wenn er weise ist, folgt er diesen inneren Weisungen ohne Zögern.

Menschen mit dieser Fähigkeit empfangen die Botschaften der Engel auch durch ihr Herz und ihre Gefühle der Liebe. Wenn der Gedanke, etwas Bestimmtes zu tun, Ihr Herz mit einem warmen Gefühl der Freude erfüllt, ist dies ein Zeichen Gottes und der Engel. Vielleicht denken Sie: »Oh, das ist zu schön, um wahr zu sein; ich träume bestimmt nur.« Doch die Freude, die der Gedanke Ihnen gebracht hat, ist wie eine Landkarte, die Sie zu dem Leben führt, das Sie eigentlich führen sollten.

Die vierte Form der himmlischen Kommunikation nennen wir *Hellwissen*. Männer sind des Öfteren hellwissend, obwohl sie sich vielleicht gar nicht bewusst sind, dass sie ganz natürlich detaillierte und genaue Informationen von

Gott und den Engeln erhalten. Sie können einem Hellwissenden eine Frage zu beinahe jedem beliebigen Thema stellen. Innerhalb von Minuten wird er Ihnen eine zutreffende Antwort geben, mit Fakten und Zahlen belegt. Vielleicht werden Sie fragen: »Wie können Sie das wissen?«, und er wird antworten: »Keine Ahnung! Vor ein paar Minuten waren mir diese Informationen noch unbekannt.«

Hellwissende wissen, ohne zu wissen, wie. Daher bezweifeln sie oft die Richtigkeit ihres Wissens. Doch das ist ein Fehler, denn wenn göttliche Weisheit unseren Geist erfüllt, ist dies ein Geschenk, das wir für uns und im Dienst der Welt weise nutzen sollten.

Wir alle haben Zugang zu allen vier Kanälen der Kommunikation. Normalerweise haben wir eine bevorzugte Methode, wie wir die himmlische Führung empfangen, und einen zweiten, weniger ausgeprägten Kanal. Durch Übung wird es Ihnen im Lauf der Zeit gelingen, auf allen vier Kanälen Botschaften zu empfangen. Im Anfangsstadium der Kommunikation mit den Engeln konzentrieren sich die meisten Menschen jedoch auf die ihnen geläufigste Form der Kommunikation.

Von Haus aus visuell orientierte Menschen sollten auf ihre geistigen Visionen achten. Wenn Sie eine Neigung für Töne und Geräusche haben, dann lauschen Sie nach inneren und äußeren Worten, Stimmen und hörbaren Botschaften. Wenn Sie eher dazu tendieren, Dinge zu fühlen, sind Ihre Emotionen und körperlichen Empfindungen die Instrumente, mit denen Ihnen göttliche Hilfe übermittelt wird. Und wenn Sie intellektuell veranlagt sind oder stets nach einem verborgenen Sinn in den Ereignissen des Lebens suchen, dann sollten Sie Ihre Gedanken überprüfen, um jene himmlischen Momente des inneren Wissens zu finden, die Ihnen Sicherheit in Ihrem Handeln geben.

Praktische Möglichkeiten der Kommunikation

Botschaft von den Engeln

»Es ist nicht schwierig, uns zu hören, wenn ihr euch uns mit offenem Herzen zuwendet. Wir sind euch meistens sehr viel näher, als ihr euch vorstellen könnt. Ein Flüstern, ein Gedanke ist das einzige Signal, das wir von euch benötigen, um eine Konversation zu beginnen. Wir haben großen Respekt vor dem, was ihr gegenwärtig hier auf dem Planeten Erde durchmachen müsst. Wir versuchen nie, uns in euer Leben einzumischen, sondern wollen euch nur den mannigfachen Segen neuer Einsichten bringen und neue Möglichkeiten, wie ihr euch selbst sehen könnt.«

Sie können mit den Engeln auf die verschiedenste Weise kommunizieren, unter anderem durch automatisches Schreiben, Traumarbeit, Orakelkarten und intuitive oder hellsichtige Kommunikation. Es ist empfehlenswert, einen Kommunikationsstil zu wählen, zu dem Sie sich ganz natürlich hingezogen fühlen. Alles, was sich erzwungen anfühlt oder Sie erschreckt, wird Ihre Fähigkeit blockieren, die Botschaften der Engel deutlich zu hören. Außerdem sind zu Beginn der Kommunikation mit den Engeln ein wenig Übung und Geduld nötig. Auch deshalb sollten Sie Methoden benutzen, bei denen Sie sicher sein können, dass Sie sich über einen längeren Zeitlang wohl damit fühlen.

Während Sie die folgenden Beschreibungen lesen, achten Sie auf Ihre Reaktionen. Fragen Sie sich selbst: »Macht mich der Gedanke, diese Methode zu versuchen, glücklich oder aufgeregt? Oder reagiere ich eher neutral oder negativ?« Dann probieren Sie die Methoden aus, die Ihnen am meisten zusagen.

Automatisches Schreiben

Ich habe die Botschaften der Engel in diesem Buch auf diese Weise erhalten. Es bedeutet, dass die Engel im wahrsten Sinne des Wortes ihre Botschaften durch das Medium schreiben.

Automatisches Schreiben kann wie eine Art Diktat sein, bei dem Sie die himmlischen Stimmen hören und dann niederschreiben, was Sie hören. Die Stimme kann in Ihrem Kopf ertönen oder von außen kommen, sie kann wie Ihre eigene Stimme klingen oder wie die eines anderen. Bei dieser Form des automatischen Schreibens ist Ihnen mit großer Wahrscheinlichkeit bewusst, was Sie zu Papier bringen.

Bei einer anderen Variante des automatischen Schreibens führen die Engel physisch Ihre Hand, wobei Sie einen Stift oder eine Tastatur benutzen. Die meisten Menschen, die auf diese Weise automatisch schreiben, sind sich der Worte nicht bewusst, die sie notieren. Dies ist die Art des automatischen Schreibens, die für dieses Buch benutzt wurde.

Wenn Sie diese zweite Form des automatischen Schreibens versuchen wollen, gehen Sie folgendermaßen vor:

1. Legen Sie ein Datum und eine genaue Uhrzeit für einen Versuch mit dem automatischen Schreiben fest. Lassen Sie Ihre Engel auf geistigem Wege von dieser Verabredung wissen, damit sie sich vorbereiten können. Dann sorgen Sie dafür, dass Sie die versprochene Verabredung auch einhalten.

2. Wählen Sie einen ruhigen Ort, an dem Sie vor Unterbrechungen sicher sind. Stellen Sie das Telefon ab und kleben Sie einen Zettel an die Tür, damit andere keine Geräusche machen, die Ihren Kommunikationsfluss blockieren würden. Am besten ist es, wenn Sie sanfte Hintergrundmusik spielen lassen oder eine Kassette mit Naturgeräuschen auflegen. Hilfreich sind auch angenehme Düfte wie frische Blumen oder Räucherstäbchen.

3. Wenn Sie vorhaben, das automatische Schreiben mit einem Bleistift oder Kugelschreiber zu versuchen, brauchen Sie ein Sitzarrangement, das es Ihnen erlaubt, den Stift bequem über einem Blatt Papier auf einer glatten Oberfläche zu halten. Zu Beginn sollten Sie es sich so leicht wie möglich machen und daher nicht versuchen, auf dem Boden sitzend oder liegend zu schreiben oder in irgendeiner anderen Position, in der sich der Stift nicht ungehindert bewegen kann.

Manche Medien benutzen Füllfederhalter; Bleistifte sind jedoch das traditionelle Werkzeug, da sie nicht aussetzen oder klecksen. Vor einigen Jahren hat man häufig »Planchetten« benutzt, um den Stift während des Schreibens ruhig zu halten. Planchetten sind hölzerne Dreiecke mit einem Loch in der Mitte, getragen von drei Kugellagern, die eine reibungslose Bewegung in jede Richtung ermöglichen. Dabei wird der Stift in dem Loch in der Mitte der Planchette befestigt und die geistige Welt führt die Hand des Mediums, die wiederum die Planchette bewegt, ähnlich wie beim Ouija-Board.

Vielleicht ist es Ihnen lieber, für das automatische Schreiben einen Computer oder eine Schreibmaschine zu benutzen anstatt Bleistift und Papier. In diesem Fall sind keine besonderen Sitzbedingungen erforderlich; Ihr normaler Stuhl, ein Schreibtisch und das Gerät sind alles, was Sie benötigen.

4. Sorgen Sie dafür, dass Sie es bequem haben. Am besten ziehen Sie lockere Kleidung an, die Sie in keiner Weise einengt. Auch ist es wichtig, mit fast leerem Magen zu schreiben und ohne den Einfluss irgendwelcher Stimulanzien (wie Kaffee und andere koffeinhaltige Getränke, Zucker, Kräuter, Schokolade) oder Nahrungs- und Genussmittel, die belasten und müde machen (wie reichhaltige Mahlzeiten, Alkohol, Drogen, bestimmte Kräuter).

5. Atmen Sie zwei- oder dreimal tief durch. Sprechen Sie ein Gebet, wie zum Beispiel das Vaterunser, oder eine Affirmation, beispielsweise: »Ich sehe mich selbst von weißem Licht und göttlicher Liebe umgeben. Ich bin sicher, beschützt und geliebt.« Sie können auch den Erz-

engel Michael bitten, Ihr Channeling zu überwachen, vor allem anfangs, wenn Sie vielleicht noch nicht in der Lage sind, einen erdgebundenen Geist von einem Engel zu unterscheiden. Michael wird dann die Funktion eines Türstehers übernehmen, der dafür sorgt, dass nur geladene Gäste Ihr Territorium betreten.

6. Wenn Sie alle Vorbereitungen getroffen haben, kann es sein, dass sie sofort ein Gefühl des Channelns verspüren. Lassen Sie sich dadurch nicht erschrecken. Als ich das erste Mal versuchte, mit einem Bleistift automatisch zu schreiben, begann er sich ganz schnell von alleine zu bewegen, was mich sehr erschreckte. Von da an war der Prozess durch meine Angst lange Zeit blockiert.

Am Anfang wird der Stift konzentrische Kreise kritzeln. Dies sind Zeichen der Engel, durch die sie ihre große Freude darüber zum Ausdruck bringen, dass sie mit Ihnen in Kontakt gekommen sind. Nachdem Sie und die Engel sich an die Zusammenarbeit gewöhnt haben, werden Buchstaben, Worte und Sätze durch Ihren Bleistift fließen. Normalerweise wird der Stift jedoch während der ersten zwei oder drei Tage, an denen Sie das automatische Schreiben üben, Kreise zeichnen.

Es ist auch möglich, dass Sie eine innere Stimme hören und den Drang verspüren, das aufzuschreiben, was Sie hören. Automatisches Schreiben kann auch auf eine mehr taktile Weise geschehen. Wenn Sie eine Tastatur benutzen, fühlt es sich vielleicht an, als würde ein Lehrer Ihre Finger führen und auf die jeweiligen Tasten legen. Oder Sie empfangen intuitive Impulse, die Ihnen ein emotionales Gespür dafür geben, was Sie schreiben sollen. Die himmlischen Botschaften können auch als Visionen sichtbar werden, wobei Sie sich veranlasst fühlen, niederzuschreiben, was Sie sehen. Sollten Sie hellwissend sein, werden Sie Informationen von den Engeln erhalten, wobei Sie sicher sind, dass die Fakten stimmen, die Sie niederschreiben, ohne zu wissen, »wie« Sie dies wissen.

Trance- und Halbtrance-Medien sind sich der Worte nicht bewusst, die durch sie geschrieben werden. Ein Volltrance-Medium verliert sogar vollständig das Bewusstsein der Umgebung. Es fühlt sich aus dem Körper herausgehoben, während die geistige Welt Botschaften durch es weitergibt. Mein eigenes Channeln findet in einem Zustand der Halbtrance statt, in dem ich mir zwar meiner selbst bewusst bin, aber meistens nichts von den Botschaften weiß, die durch mich kommen. Zudem verliere ich während fast aller Sitzungen mein Zeit- und Raumgefühl. Ich denke dann vielleicht, zwanzig Minuten seien vergangen, wenn in Wahrheit mehrere Stunden verstrichen sind.

Das Wichtigste beim automatischen Schreiben ist, sich mit jedem auftauchenden Gefühl zu verbinden. Ihre Eindrücke können als Visionen erscheinen, als Worte, Informationen, emotionale oder physische Empfindungen. Oder Sie erhalten eine Kombination dieser verschiedenen Kommunikationsformen. Übung macht beim automatischen Schreiben tatsächlich den Meister; lassen Sie sich daher nicht entmutigen, nur weil Ihre ersten paar Botschaften keinen Sinn zu ergeben scheinen. Am Anfang sollten Sie sich nur darauf konzentrieren, mit dem Vorgang des automatischen Schreibens vertraut zu werden. Dann werden Sie im Laufe der Zeit ganz von allein sinnvolle Botschaften aus der geistigen Welt empfangen.

Wenn Sie merken, dass Sie müde und desorientiert werden oder Schmerzen haben, dann ist es wichtig, die Sitzung zu beenden. Anfangs ist es gut, die Zeit auf eine Stunde oder noch weniger zu begrenzen. Geben Sie sich selbst ausreichend Zeit, um sich an längere Perioden automatischen Schreibens zu gewöhnen.

Sollten Sie jemals feststellen, dass Sie ein Wesen channeln, das Sie bevormundet oder dazu bringen will, irgendetwas zu tun, das Ihnen oder anderen Schmerz zufügen würde, hören sie sofort auf. Engel würden niemals Botschaften weitergeben, die emotionale, körperliche oder seelische Schmerzen verursachen. Rufen Sie den Erzengel Michael an und bitten Sie ihn, den erdgebundenen Geist zu verscheuchen, den Sie gerade channeln. Bekämpfen Sie den Geist nicht mit Angst oder Wut, sondern beten Sie und visualisieren Sie vor Ihrer nächsten Sitzung, dass Sie von weißem Licht umgeben sind. Ihr größter Verbündeter ist Ihre Entschlossenheit, ausschließlich ein Kanal für Liebe zu sein. Nichts, was aus der Liebe kommt, kann Ihnen jemals Schmerz zufügen.

Traumarbeit

Wie die Engel im Kapitel über Schlaf deutlich zum Ausdruck gebracht haben, interagieren wir in unseren Träumen häufig mit dem Reich der Engel. Sie können die Zahl der himmlischen Botschaften steigern und Ihre Klärungsarbeit fördern, indem Sie die Engel in Ihre Träume einladen.

Wenn Sie zum Beispiel im Hinblick auf Ihre berufliche Laufbahn unentschieden sind, sprechen Sie einfach ein Gebet wie das folgende, bevor Sie abends zu Bett gehen:

»Engel, bitte kommt heute Nacht in meine Träume und gebt mir klare Botschaften, an die ich mich erinnern werde und die mir zeigen, welche Richtung ich in meiner beruflichen Laufbahn einschlagen soll.«

Die Engel erfüllen solche Bitten immer und Sie werden wahrscheinlich vor dem Aufwachen einen luziden Traum haben, an den Sie sich ohne Schwierigkeiten erinnern können. Oder die Engel helfen Ihnen auf andere Weise, auch wenn Sie sich nicht an den Inhalt Ihrer Träume erinnern. Doch beim Aufwachen wissen Sie, dass sich in Ihrem Inneren während der Nacht etwas verändert hat. Sie fühlen sich glücklicher, positiver und haben Klarheit darüber, welche Richtung Sie einschlagen sollen. Das ist ein Zeichen dafür, dass die Engel Ihre Gedanken und Glaubenssätze neu geordnet haben, um Ihnen zu helfen, Ängste und Unentschlossenheit loszulassen.

Wenn Sie sich in irgendeinem Bereich Ihres Lebens blockiert fühlen, schreiben Sie folgende Bitte auf ein Stück Papier und legen Sie es unter Ihr Kopfkissen. Wiederholen Sie die Sätze innerlich dreimal, während Sie in den Schlaf hinübergleiten:

»Liebste Engel,

ich bitte euch, heute Nacht während meines Schlafs mit mir zu arbeiten und alle Blockaden zu beseitigen, die mich davon abhalten, mein Leben in vollen Zügen zu genießen. Bitte macht mir diese Blockaden entweder bewusst oder entfernt sie restlos aus meinem Geist, meinen Gefühlen und meinem Körper. Vielen Dank.«

Am Morgen werden Sie erfrischt aufwachen und gleichzeitig wissen, dass Sie während der Nacht gearbeitet haben. Vielleicht erinnern Sie sich nicht an die Einzelheiten Ihrer nächtlichen Arbeit, doch werden Sie sie bis ins tiefste Innere fühlen. Es kann sogar sein, dass sich Ihr Kopf irgendwie komisch anfühlt, und zwar wegen der Neuordnung, die in der Nacht stattgefunden hat. Alle Blockaden, die von den Engeln entfernt wurden, waren schwere Gewichte, die Sie an der Erfüllung Ihres Lebensplans und Ihrer Lebensaufgabe hinderten. Sie werden ein Gefühl der Dankbarkeit verspüren, dass Sie um diese Klärung gebeten haben, und vielleicht werden Sie von nun an jede Nacht die Engel in Ihre Träume einladen.

Orakelwerkzeuge

Orakelkarten und Pendel sind greifbare Mittel für die Kommunikation mit den Engeln. Wenn Sie hellfühlend sind – das heißt, wenn Sie Intuitionen durch körperliche und emotionale Empfindungen erhalten – werden die folgenden Methoden Ihnen ganz natürlich erscheinen.

Orakelkarten. Orakelkarten mit Engelmotiven finden Sie in den meisten Buchläden. Es gibt verschiedene Engelkarten und Sie werden sich wahrscheinlich zu einem oder zwei bestimmten Decks hingezogen fühlen. Dieses Gefühl zeigt Ihnen, zu welchen Karten Sie eine natürliche Affinität und Resonanz haben. Viele esoterische Buchläden haben offene Kartendecks, die Sie genauer betrachten können, bevor Sie eine endgültige Entscheidung treffen. Manche Engelkarten basieren auf dem altbekannten Tarotdeck. Die meisten Karten zeigen farbenfrohe Abbildungen von Erzengeln, Cherubim und Seraphim, begleitet von Worten oder Sätzen, die die Bedeutung der jeweiligen Karte beschreiben.

Um mit Hilfe der Orakelkarten mit den Engeln zu kommunizieren, sollten Sie beim Mischen der Karten meditieren und geistig die Engel bitten, Ihnen zu helfen. Ich persönlich zünde gerne ein Räucherstäbchen an und spiele sanfte meditative Hintergrundmusik, wenn ich die Engelkarten benutze. Während Sie das Deck mischen, können Sie den Engeln bestimmte Fragen stellen, sie um Führung in Ihrem Leben oder um Unterstützung beim Vorhersehen Ihrer Zukunft bitten.

Die Engel sagen Ihnen, wann die Karten genug gemischt sind. Sollten Sie hellfühlig sein, werden Sie spüren, wann es an der Zeit ist, mit dem Mischen aufzuhören. Sie werden dann auch spüren, ob Sie bestimmte Karten auslegen oder die Karten oben vom Deck nehmen sollen. Wenn Sie hellhörig sind, werden Ihnen die Engel sagen, wann Sie mit dem Mischen aufhören sollen. Vielleicht verkünden ihre Stimmen eine Zahl, wie zum Beispiel »sieben«, womit Ihnen signalisiert wird, sieben Karten auszulegen. Hellsichtige Menschen erhalten visuelle Hinweise, wie beispielsweise eine Karte, die beim Mischen in einer bestimmten Weise aus dem Deck hervorschaut. Die visuelle Orientierung sagt den Hellsichtigen auch, welche Karten auszulegen sind. Hellwissende wissen einfach, wann der Moment gekommen ist, die Karten auszubreiten, und welche Karten auszulegen sind.

Menschen, bei denen mehrere Kommunikationskanäle offen sind, benutzen eine Vielzahl geistiger Sinne, während sie die Karten mischen und auslegen. Zum Beispiel hilft mir meine Hellfühligkeit zu spüren, wann ich genug gemischt habe. Darauf sagt mir eine Stimme, wie viele Karten ich auslegen soll. Hellsichtig erkenne ich die Bedeutung der ausgelegten Karten.

Durch Gebet und Übung kann jeder Mensch seine Fähigkeit entwickeln, Orakelkarten zu lesen – besonders mit Hilfe der Engel!

Sie können die Engelkarten auch entsprechend den Legesystemen verwenden, die in der Gebrauchsanweisung für die Karten beschrieben sind. Eine klassische Legeform ist zum Beispiel das Auslegen von drei Karten. Die erste Karte zeigt dabei Ihre gegenwärtigen Lebensumstände, die zweite Karte repräsentiert ein Hindernis oder eine Herausforderung, die Sie bewältigen müssen, und die dritte Karte enthüllt das bestmögliche Ergebnis, nachdem Sie die Herausforderung überwunden haben.

Ich benutze mehrere unterschiedliche Kartendecks gleichzeitig. Ich lege eine Reihe von Karten aus dem ersten Deck horizontal aus. Dann platziere ich eine zweite Reihe aus einem anderen Deck horizontal darunter, und so fort. Wenn ich fünf Reihen ausgelegt habe, lese ich die Karten vertikal von oben nach unten. Ich schaue mir die erste Karte in der oberen linken Ecke an und weiß, dass sie das Hauptthema im Leben meines jeweiligen Klienten darstellt. Dann betrachte ich die Karten darunter und suche jeweils nach dem Thema in den Karten einer Reihe. Jede vertikale Reihe erzählt eine Geschichte über die Lebensaufgabe meines Klienten, über seine emotionalen Blockaden, seine Zukunft und so weiter.

Pendel. Ein Pendel ist ein Kristall oder ein Edelstein, wie zum Beispiel Jade, der an einer feinen Kette oder einem Seidenband befestigt wird. Sie halten die Kette oder das Band in der Hand und lassen den Stein ausschwingen, bis er bewegungslos hängt. Wenn Sie nun Fragen an Ihre Engel stellen, wird der Stein in eine bestimmte Richtung für »Ja« und in die entgegengesetzte für »Nein« schwingen. Um festzustellen, welche Richtung der Stein nimmt, wenn er ein »Ja« oder ein »Nein« anzeigt, stellen Sie eine Frage, deren Antwort Sie bereits kennen, wie »Ist mein Name Susanne?« oder »Wohne ich in München?« Achten Sie darauf, in welche Richtung sich der Stein bewegt, und Sie werden bald das Ja-/Nein-Muster erkennen können. Haben Sie erst einmal die »Sprache« des Pendels festgelegt, können Sie die Engel bitten, andere Fragen zu beantworten. Sie werden feststellen, dass eine ausgeprägte »Ja«- oder »Nein«-Antwort das Pendel sehr stark in die jeweilige Richtung ausschwingen lässt. Manche Menschen können durch Übung und Intuition wesentlich detailliertere Antworten als »Ja« oder »Nein« aus den Schwingungen des Pendels ablesen.

Zeichen

Bitten Sie in Ihren Meditationen die Engel darum, Ihnen ein klares Zeichen als Antwort auf Ihre Gebete zu geben. Normalerweise ist es am besten, die Art des Zeichens nicht genau festzulegen. Die Engel werden Ihnen auf jeden Fall ein unmissverständliches Zeichen zukommen lassen. Sie werden es bemerken und wissen, dass es das Zeichen ist, um das Sie gebeten haben.

Vielleicht erscheint dieses Zeichen in der Natur, wie zum Beispiel eine Feder, die vom Himmel fällt, ein Vogel, der nahe an Ihnen vorbeifliegt, oder ein Regenbogen. Ihr Zeichen kann auch aus dem Äther kommen, wie ein plötzlicher Duft, eine Musik oder ein Lichtstrahl, der keine physische Ursache hat. Zeichen der Engel erscheinen auch als unerwartet auftauchende Gelegenheiten, wie ein Telefonanruf, ein Brief mit positiven Neuigkeiten oder ein Buch, das aus dem Regal fällt, während Sie gerade daran vorbeigehen. Oder Ihr Zeichen kann auf geistigem Wege in Erscheinung treten, wie beispielsweise durch eine Vision, einen Traum, eine Stimme oder eine Intuition.

Welches Zeichen Sie auch immer bekommen, vertrauen Sie ihm. Seien Sie versichert, dass die Engel immer Ihre Gebete erhören, Ihre Bitten erfüllen, auf Ihre Rufe reagieren. Alles, was wir tun müssen, ist darum bitten.

Channeln

Die Engel können auch durch Sie sprechen, wenn Sie es möchten. Wenn Sie auf diese Weise Engel channeln, werden ihre Botschaften durch Ihren Mund und Ihre Stimme gesprochen. Manchmal gebe ich während der Sitzungen mit meinen Klienten die Botschaften der Engel direkt weiter, anstatt sie zuerst zu hören und dann weiterzuleiten. Meine Klienten wissen, dass die Engel sprechen und nicht ich, wenn sie in unseren Sitzungen Formulierungen hören wie: »Wir glauben, dass Dir (dies oder jenes) gefallen würde« oder »Wir empfehlen Dir…«.

Falls Sie im Bereich von Heilung oder Kunst involviert sind, haben Sie wahrscheinlich schon einmal Engel gechannelt. Vielleicht waren Sie gerade am Sprechen, in einer Heilungssession oder bei einer kreativen Aufgabe, als Ihnen plötzlich eine wunderbare neue Idee kam. Hinterher wunderten Sie sich: »Woher kam das nur?« Die Antwort ist natürlich – von den Engeln.

Um die Engel verbal zu channeln, sollten Sie die Entspannungstechniken und Gebete benutzen, die in dem Abschnitt über automatisches Schreiben beschrieben sind. Konzentrieren Sie sich innerlich auf den klaren Wunsch, die Engel mögen sich durch Sie ausdrücken. Bleiben Sie in einem entspannten und positiven Geisteszustand, denn

Skepsis blockiert die Engel und macht es ihnen unmöglich, durch Sie zu kommunizieren.

Sobald Sie den Impuls fühlen zu sprechen, erlauben Sie Ihrem Verstand nicht mehr, sich mit Ängsten oder Zweifeln aufzuhalten. Lassen Sie die Worte einfach aus Ihrem Mund fließen, mit einem Gefühl von Vertrauen oder auch Abenteuer. Es ist ein wenig wie damals, als Sie zum ersten Mal versuchten, mit dem Fahrrad zu fahren. Die Engel werden Ihr Vokabular benutzen, so als würden sie die Tasten einer Schreibmaschine drücken, um sinnvolle Sätze zu bilden. Manche Medien sind sich der Botschaften bewusst, die durch sie geäußert werden, andere nicht. In jedem Fall sollten Sie das Channeling mit einem Tonband aufnehmen oder im Beisein einer anderen Person sprechen, damit sie die verbalen Durchgaben später überprüfen können.

Sie wissen, dass Sie Engel channeln, wenn folgende typische Erkennungszeichen auftreten:

- *Eine sehr hohe, feine Schwingung*. Vielleicht fühlen Sie einen leichten Druck im Kopf, so als würden Sie eine sehr hohe Note singen.
- *Liebevolle, positive Worte, Sätze und Botschaften*. Engel warnen Sie vielleicht vor einer Gefahr oder bitten Sie, eine schädliche Angewohnheit abzulegen. Doch stets werden sie Ihnen das Gefühl geben, dass Sie es schaffen können.
- *Eindeutige, beständige, aufeinander aufbauende Botschaften*. Die Engel werden Sie bitten, einen Schritt nach dem anderen zu vollenden, während sie Ihnen dabei

helfen, Ihr Leben zu verbessern. Die Engel werden Sie geduldig bei jedem Schritt begleiten und es kann sein, dass sie dieselben Botschaften mehrmals wiederholen, bis Sie ihrer Aufforderung vollständig nachgekommen sind. Wenn Sie einen Schritt vollendet haben, werden die Engel Ihnen applaudieren und dann den nächsten Schritt vorschlagen.

Der Name Ihres Schutzengels

Sie werden im Laufe Ihres Lebens mit Hunderten oder sogar Tausenden verschiedener Engel interagieren. Einige der Engelgruppen, mit denen Sie arbeiten, werden immer gleich bleiben. Zu anderen Zeiten werden Sie von Engeln begleitet, die völlig neu für Sie sind.

Da die Engel nicht an persönlichem Ruhm interessiert sind, weil sie wissen, dass wir alle eins mit Gott sind, streben sie nicht nach Anerkennung für ihre himmlischen Taten. Daher werden Ihnen die persönlichen Charakteristika der individuellen Engel, die Ihnen beistehen, meist nicht bekannt sein. Es ist jedoch möglich, Ihre Schutzengel – wobei es sich um einen oder mehrere handeln kann – kennen zu lernen, die seit Ihrer Geburt stets an Ihrer Seite sind.

Ihre Schutzengel haben Namen. Manchmal klingen ihre Namen sehr menschlich. Mein Schutzengel beispielsweise heißt »Frederique«. In anderen Fällen haben Engel aussagekräftige Namen wie »Freude« oder »Frieden«.

Bitten Sie Ihre Engel, Ihnen ihren Namen zu nennen. Dann seien Sie ganz still und lauschen Sie. Vielleicht erhalten Sie die Antwort intuitiv, indem Sie ein Gefühl für den Namen bekommen. Oder Sie hören eine Stimme, sehen eine Vision oder »wissen« ganz einfach den Namen. Sollte die Botschaft nicht klar genug durchkommen, bitten Sie die Engel, den Namen zu wiederholen, bis Sie ihn verstanden haben. Sie brauchen keine Angst zu haben, dass die Engel beleidigt sein oder weglaufen könnten, wenn Sie sie bitten, den Namen ein wenig lauter zu wiederholen.

Vor einiger Zeit traf ich eine Frau, die beschlossen hatte, den Namen ihres Schutzengels zu erfragen. Nachdem sie ihren Engel gefragt hatte, hörte sie eine leise Stimme in ihrem Inneren antworten: »Engel«. Die Frau dachte: »Engel! Wie kann ein Engel Engel heißen?« Daher bat sie ihren Engel, seine Antwort ein wenig lauter und deutlicher zu wiederholen, damit sie sicher sein konnte und ihn wirklich verstand. Und wieder hörte sie die gleiche Antwort: »Engel.«

Die Frau dachte, dass dies ein eigenartiger Name für einen Engel sei – so als würde man eine Katze »Katze« nennen. Also bat sie ihren Engel, ihr ein Zeichen zu geben, ob »Engel« wirklich sein Name war. Im gleichen Augenblick fühlte sie den Impuls, während des Fahrens über ihre rechte Schulter zu schauen. Dabei erblickte sie ein riesiges Schild, das ihr nie zuvor aufgefallen war. Darauf stand »Motel zum Engel«. Und da wusste sie ohne jeden weiteren Zweifel, dass der Name ihres Schutzengels tatsächlich »Engel« lautete.

Den Engeln vertrauen

»Ich wusste, dass meine Engel mir das sagen!« In der einen oder anderen Form höre ich diesen Satz immer wieder von meinen Klienten. Wenn ich ihnen erzähle, was ich ihre Engel sagen höre, geben meine Klienten oft zu, dass sie sich dieses Rates bewusst sind. Die Engel haben sie meist schon länger aufgefordert, die Arbeitsstelle zu wechseln, besser auf ihren Körper zu achten, ihren Eltern zu vergeben oder woanders hinzuziehen. Es kommt sehr oft vor, dass meine Klienten die Weisheit der himmlischen Ratschläge anerkennen, doch dann ein »Aber…« hinzufügen.

»Aber ich habe nicht genug Zeit oder Geld.«

»Aber vielleicht versage ich und fühle mich gedemütigt und die Dinge sind dann noch schlimmer als jetzt.«

»Aber was ist, wenn die Engel Unrecht haben?«

»Aber was ist, wenn Gott in Wahrheit versucht, mich in ein Leben voll harter Armut und Leid zu tricksen?«

So wie das Gesetz des freien Willens die Engel davon abhält, uns zu helfen, es sei denn, wir bitten darum, so haben wir auch das Recht, den himmlischen Beistand, der uns angeboten wird, abzulehnen oder anzunehmen. Die meisten von uns würden nicht bewusst die Hilfe eines Engels ablehnen. Doch ist es durchaus möglich, dass wir uns aus Angst etwas Gutes versagen.

Schließlich sind viele von uns mit der Einstellung aufgewachsen, dass es uns nicht zusteht, Geschenke einfach so anzunehmen. Wir sind vielleicht getadelt worden, wenn wir uns für ein Geschenk nicht sofort bedankten. Oder vielleicht hat man uns beigebracht, dass es nichts umsonst gibt im Leben. Daher sind wir misstrauisch, wenn jemand – und sei es ein Engel – uns seine Hilfe anbietet. Wir fragen uns vielleicht: »Wo ist der Haken an der Sache?« So als ob Gott von uns erwarten würde, dass wir seine Freundlichkeit auf eine Art entgelten, die uns Leid und Härten bringt.

Seien Sie versichert, dass Sie die Hilfe von Gott und den Engeln verdienen! Sie sind ein kostbares und heiliges Kind Gottes und wir alle verdienen nur Gutes. Wenn Sie Kinder haben oder hatten, würden Sie nicht das Beste für sie wollen? Lassen Sie uns auch nicht vergessen, dass unser höheres Selbst in alle Ewigkeit eins ist mit Gott. Wenn Gott uns etwas gibt, so heißt das im Grunde genommen, dass er es Seinem eigenen Selbst gibt.

Glauben Sie nie, dass die Engel zu viel zu tun haben, um Ihnen zu helfen. Glauben Sie nicht eine einzige Sekunde lang, dass das himmlische Königreich seine Intervention versagen könnte, weil Ihre Bedürfnisse zu geringfügig oder trivial sind. Es ist nur das Ego unseres niederen Selbst, das jede Hilfe wegschiebt, denn es hat tiefsitzende Gefühle, die ihm sagen: »Du bist es nicht wert, dass dir geholfen wird.« Ihr wahres Selbst weiß, dass Sie es absolut wert sind. Ihr wahres Selbst weiß, dass wir alle Teil der himmlischen Perfektion Gottes sind.

Wenn die Bitte um göttliche Hilfe und das Annehmen dieser Hilfe ungewohnt für Sie sind, bitten Sie Ihre Engel, Ihnen dabei zu helfen. Engel können geringes Selbstwertgefühl und alle anderen persönlichen Eigenschaften heilen, die Ihnen Schwierigkeiten machen. Sie werden mit Freuden alle Steine entfernen, die Sie vom vollen Genuss Ihrer göttlichen Erbschaft abhalten.

Die Engel um Hilfe bitten

Botschaft von den Engeln

»Wir sprechen kontinuierlich zu euch, ohne Unterlass. Mit Begeisterung genießen wir mit euch die Momente, in denen ihr glücklich seid, und trösten euch, wenn ihr Kummer habt. Wir flehen euch an, mehr auf uns zu hören, denn wir können euch auf vielerlei Arten helfen, von denen ihr euch gar keine Vorstellung macht. Wir stehen euch bei den verschiedensten Gelegenheiten zur Seite und euer Glück ist unser Dank. Wenn es euch wirklich entzückt, eure Ohren der himmlischen Ebene zu öffnen, werdet ihr eine Musik in eurem Leben hören, die unvergleichlich ist. Wenn ihr wüsstet, wie herrlich euer Leben sein kann, würdet ihr nicht länger warten, sondern unserem Wink folgen und uns rufen!«

Die Engel wollen klar und deutlich mit Ihnen kommunizieren, damit Sie alles verstehen, was sie Ihnen vermitteln wollen. Sie haben Ihnen so viel zu geben! Sie können Ihnen Informationen oder Anleitung geben, Schutz, moralische Unterstützung oder einen anerkennenden Klaps auf die Schulter. Es ist eine Tatsache, dass sie genau das ununterbrochen tun. Doch ein Gebender kann nicht wirklich etwas geben, wenn es keinen willigen Empfänger gibt. Sind Sie bereit, die herrlichen Dinge zu empfangen, die Ihnen schon jetzt, in diesem Moment, gegeben werden?

Eine Möglichkeit, empfänglicher für die himmlische Kommunikation und Unterstützung zu werden, besteht darin, alle inneren Blockaden zu beseitigen, die Sie vom Empfangen abhalten. Schreiben, lesen und sprechen Sie die folgenden Affirmationen mehrmals am Tag und innerhalb von zwei Wochen werden Sie Ihren Widerstand gegenüber der himmlischen Hilfe größtenteils heilen können:

»Dankbar empfange ich Gutes in mein Leben.«

»Ich bin bereit, alle Ängste loszulassen, die mich daran hindern, Liebe zu empfangen.«

»Ich bin sicher, geliebt und unterstützt.«

»Ich verdiene Liebe und Beistand.«

Wenn Sie es gewohnt sind, immer für andere zu sorgen, müssen Sie Geduld mit sich selbst haben, während Sie die neue Gewohnheit entwickeln, Hilfe von den Engeln anzunehmen. Manchmal fühlt man sich nicht sicher und hat Angst, Beistand anzunehmen. Vielleicht fürchten Sie, dass andere Sie nicht mehr brauchen werden, wenn Sie nicht alles selbst machen. Oder Sie befürchten, die Kontrolle über eine Situation zu verlieren, wenn Sie nicht alles selbst in die Hand nehmen. In diesem Zusammenhang glauben Sie vielleicht, dass die Engel zu viel zu tun haben, um Ihnen helfen zu können, oder dass Sie die himmlische Hilfe nicht »verdienen«. Oder vielleicht tun Sie ganz automatisch alles alleine und müssen ab und zu daran erinnert werden, Ihre Engel um Hilfe zu bitten.

All diese Blockaden gegenüber himmlischer Intervention sind verständlich und sehr, sehr normal. Wenn Sie oft einfach nur vergessen, Ihre Engel um Beistand zu bitten, verteilen Sie zur Erinnerung Bilder oder sonstige Gegenstände, die Sie an die Engel denken lassen, in Ihrem Heim, Auto oder Büro. Figuren, Karten und Bilder von Engeln geben Ihrem Gedächtnis Hinweise, wann immer Sie Hilfe brauchen.

Wenn Ihnen bewusst ist, dass Sie tief in Ihrem Inneren Blockaden haben, die Sie daran hindern, um Hilfe zu bitten, können die Engel diese Blockaden dennoch beseitigen. Sollten Sie mehr Vertrauen oder Glauben benötigen, bitten Sie einfach Gott und die Engel, Ihnen dabei zu helfen! Wenn Sie das Gefühl haben, göttliche Intervention nicht zu verdienen, bitten Sie Gott und die Engel, Ihnen dieses Gefühl zu nehmen. Wenn Sie befürchten, Ihre Probleme seien zu unbedeutend für himmlischen Beistand, bitten Sie Gott und Ihre Engel trotzdem darum.

Vergessen Sie nicht, dass Gott und die Engel allen Menschen gleichzeitig helfen können, da Zeit und Raum für sie nicht gelten und sie dadurch nicht eingeschränkt werden. Ihre Bitte um göttliche Intervention lenkt Gott oder die Engel nicht von einem anderen Wesen ab, das der Hilfe bedarf.

Was immer Sie brauchen, Gott und die Engel können Ihnen helfen! Erinnern Sie sich stets daran, dass Gott und die Engel Sie lieben und dass sie Ihnen liebend gern helfen, auf dass auch Sie selbst leichten Herzens Liebe fühlen, genießen und geben können.

Die Kommunikation verbessern

Himmlische Umgebung

Ihre Engel sind bei Ihnen, wo immer Sie sind, daher ist es nicht von Bedeutung, wo Sie sich entschließen, mit ihnen zu kommunizieren. Es ist nur so, dass bestimmte Arten von Umgebung es leichter machen, ihre Stimmen zu hören.

Als ich begann, mit meinen Engeln zu sprechen, drängten sie mich, ein paar Kassetten mit klassischer Musik und frische Blumen für mein Büro zu kaufen. Zunächst war ich nicht bereit, Geld für Blumen auszugeben, die bald verwelken, oder für Musik, die man schließlich umsonst im Radio hören kann. Doch die Engel drängten mich dazu, bei einem Blumengeschäft anzuhalten und Blumen zu kaufen, dann in einen Musikladen zu gehen und eine Kassette zu erstehen. Und ihre Anweisungen waren ziemlich spezifisch!

Schließlich fragte ich sie, um was es hier eigentlich ging. Sie erklärten, all die Engelfiguren und -bilder in meinem Büro würden zwar schon für eine gute Atmosphäre sorgen, doch ich sollte die Räume auch noch mit Dingen aus der Ebene des Unsichtbaren schmücken. Musik, angenehmer Duft und Farben bestehen aus

Schwingungen, die unseren Geist auf eine höhere Ebene heben, auf der wir die Botschaften der Engel besser verstehen können. Radiomusik ist gut, doch all die Unterbrechungen mit Werbung erschweren es uns, die Engelsmusik zu hören.

Also kaufte ich ein paar Kassetten mit Musik von Beethoven, Händel und Vivaldi. Viele Komponisten aus der Barockzeit hatten eine starke Beziehung zur Spiritualität. Antonio Vivaldi zum Beispiel war ein Priester, der sein Leben lang Waisenkindern das Musikspielen beibrachte. Georg Friedrich Händel erklärte dem König von England, dass Engel ihm beim Komponieren seines berühmten »Halleluja-Chores« geholfen hätten. Die Musik hört sich wirklich so an, als hätten Engel sie ihm eingegeben. Ich verstand vom ersten Moment an, warum sie so darauf gedrängt hatten, dass ich mich mit herrlicher klassischer Musik umgebe.

Monate später hörte ich von wissenschaftlichen Forschungen, die das bestätigten, was meine Engel bereits wussten: Menschen haben mehr statistisch belegbare Erlebnisse von Telepathie, wenn in ihrem Zimmer sanfte Musik spielt. Außerdem habe ich festgestellt, dass mein Geist sich beflügelt fühlt, wenn ich Kassetten mit Geräuschen aus der Natur spiele, so als sei ich tatsächlich draußen und würde diese Töne hören.

Zudem nahm ich mir den Rat der Engel zu Herzen und kaufte duftende Blumen, vor allem Hyazinthen und Lilien. Diese wunderschönen Blumen beglücken meine Seele. Ich liebe ihren Duft so sehr, dass ich die Vase immer aus dem Büro mit nach Hause nehme und sie auf meinen Nachttisch stelle, damit ich sie während der Nacht riechen kann. Die Blumen inspirieren immer wunderbare Träume und erleichtern die Interaktion mit den Engeln.

Heute verwende ich auch Räucherwerk, wenn ich bewusst Kontakt mit den Engeln aufnehmen möchte. Herrlich duftende Räucherstäbchen beflügeln ebenso wie Blumen den Geist und erhöhen die Schwingungen, sodass das Channeln leichter ist.

Auch Beleuchtung gehört in den Bereich der unsichtbaren Ebene, da die Strahlen, die von Kerzen und bunten Glühbirnen ausgehen, nicht fassbar sind. Die Engel schlagen hier vor, dass wir eine Auswahl verschiedener Lichtquellen in unserem Meditationsbereich benutzen. Engel reagieren auf jede Art von weicher, natürlicher Beleuchtung, doch auch verspielte bunte Lichter gefallen ihnen, da sie eine vergnügte Stimmung schaffen. Und Sie haben bereits gelesen, wie sehr die Engel es genießen, wenn wir entspannt und fröhlich sind!

Die Kanäle der Kommunikation reinigen

Botschaft von den Engeln

»Ihr könnt uns viel besser hören, wenn ihr die Luft um euch herum reinigt. Stellt euch vor, dass die göttliche Kommunikation wie durch einen Nebel zu euch dringt. Dies ist der

Puffer, der die geistigen Reiche voneinander trennt. Je feiner der Nebel, desto leichter ist die Kommunikation zwischen uns. Eine dichte Nebelschicht hält uns davon ab, eure Gedanken klar zu hören und eure Taten deutlich zu sehen, und auf diese Weise können schnell Missverständnisse entstehen. Wenn ihr euch reinigt, soweit ihr das vermögt, macht uns das froh, weil wir dadurch viel einfacher für euch zu erreichen sind.«

Wenn die Engel davon sprechen, »die Luft um euch herum zu reinigen«, so meinen sie damit nicht saubere Luft im herkömmlichen Sinne. Vielmehr wollen sie damit ausdrücken, dass Ihre Gedanken und Handlungen Ihre Aura und das Energiefeld um Sie herum beeinflussen. Man kann es ein wenig damit vergleichen, die Statik aus einer Telefonleitung zu entfernen, damit Sie den Anrufer besser verstehen können. Himmlische Kommunikation ist leichter zu verstehen, wenn Sie Ihre Aura und Ihr Energiefeld vorher reinigen und klären.

Die einzelnen Schritte der Reinigung wirken am besten, wenn sie Ihrem innersten Wunsch und Ihrer Bereitschaft entspringen. Zwingen Sie sich nicht dazu, irgendwelche Schritte zu unternehmen, bei denen Sie das Gefühl haben, dass Sie sich etwas vorenthalten müssten. Machen Sie das, wozu Sie sich bereit fühlen. Übernehmen Sie die neuen Gewohnheiten in dem freudigen Wissen, dass sie zu einem besseren Verständnis Ihrer eigenen wahren Gottesnatur beitragen.

Klären Sie Ihre Gedanken.

Botschaft von den Engeln

»Wir verlangen nicht von dir, ein Heiliger auf Erden zu werden, doch tue dein Bestes, die Worte, Sätze und Ideen zu prüfen, die du dir selbst und anderen gegenüber äußerst. Alle auf Angst basierenden Gedanken, wie Eifersucht, Konkurrenz, Ablehnung, Opfergefühl oder Rache, sorgen dafür, dass dein Energiefeld schwer und dunkel wird. Die Unfähigkeit zu verzeihen – dir selbst, einer Situation, einem anderen Menschen, einer öffentlichen Figur oder Organisation – verdunkelt deine Aura wie dicker Rauch.«

Ich kann aufgrund meiner Hellsichtigkeit Gedankenformen erkennen. Sofort nachdem Sie einen Gedanken hatten, setzt sich dieser als seifenblasenähnliches Objekt mit einem eigenen Leben frei. Die Größe der Gedankenform scheint dem Maß an Energie zu entsprechen, die Sie in den Gedanken investieren. Gedankenformen folgen jedem Ihrer Befehle. Sie begeben sich hinaus in die Welt und erschaffen, was immer Sie gedacht haben.

Eine meiner Klientinnen zum Beispiel wollte unbedingt einen bestimmten Job haben. Während unseres Gespräches sah ich, wie sie eine riesige Gedankenform entsandte, die wie eine dicke, schimmernde Seifenblase aussah und ungefähr eineinhalb Meter hoch und dreißig Zentimeter breit war. Sie besaß ihre eigene Lebenskraft und hatte eine nach vorne drängende Energie. Als meine Klientin mich eine Woche später anrief, um mir mitzuteilen, dass sie den gewünschten Job bekommen hatte, war ich nicht überrascht. Die von ihr in die Welt geschickte Energie mit der Botschaft »Dies ist der Job, den ich haben möchte«, sorgte dafür, dass sich ihr Wunsch erfüllte.

Es gibt keine neutralen Gedanken oder Zeiten im Laufe des Tages, in denen Ihre Gedanken nicht Gedankenformen und daraus resultierende Wirkungen erschaffen. Angsterfüllte Gedanken wirken wie blutrünstige Handlanger, die Angst und Schrecken zu Ihnen, ihrem Meister, zurückbringen. Liebevolle Gedanken bringen Ihnen erfreuliche Situationen und Beziehungen. Sie haben die Wahl!

Viele Menschen, die sich dazu berufen fühlen, Engel zu channeln, spüren, dass sie negative Medien meiden sollten. Daher hören sie vielleicht auf, Fernsehen zu schauen, Radio zu hören oder die Zeitung zu lesen. Sie halten sich von Freunden fern, die ständig klagen und sich beschweren, und unter Umständen geben sie sogar ihren Beruf auf, falls er sich nicht mit einer positiven Weltanschauung vereinbaren lässt.

Um die Engel zu channeln, müssen unsere Gedanken auf die höchste Frequenz der Liebe eingestimmt sein. Jegliche Sorgen oder Ängste behindern unsere Fähigkeit, die Worte der Engel weiterzuleiten, da diese Gedanken Statik in unsere geistige Telefonleitung bringen. Im Kapitel über »Engeltherapie« (siehe Seite 308) erfahren Sie von einer wirksamen Methode, die ein schnelles Loslassen solcher Gedanken des Ego-Selbst ermöglicht.

Klären Sie Ihre Motive.

Übergeben Sie Ihre Motive Gott und den Engeln mit der Bitte, sie zu reinigen. Dies können Sie tun, indem Sie einfach Gott bitten, Ihnen zu helfen. Sagen Sie beispielsweise: »Gott, ich übergebe Dir meine Motive und bitte um Deine Hilfe bei ihrer Läuterung, damit alle meine Absichten in Übereinstimmung sind mit der höchsten Wahrheit und Liebe.« Sehr bald schon werden Sie eine ausgeprägte Erleichterung verspüren, während die Liebe Ihre Gedanken und Gefühle neu organisiert. Darauf folgt ein tiefes Gefühl des Friedens und der Ordnung.

Ihr höchstes Motiv besteht darin, Gott in allem, was Sie denken und tun, Ehre zu erweisen. Da Ihr höheres Selbst natürlich eins ist mit Gott, erweisen Sie letzten Endes Ihrem eigenen wahren Selbst Ehre, zusammen mit dem wahren Selbst jedes anderen Gotteskindes. Die Motivationen des niederen Selbst treten in Erscheinung, wenn Sie glauben, dass Sie nur sich selbst Ehre erweisen wollen, so als seien sie ein besonderes Wesen, das besser ist als alle anderen. Doch jeder ist gleichermaßen besonders. Wenn wir also eine getrennte Besonderheit wollen, rufen wir damit den Schmerz und die Einsamkeit hervor, die aus der Überzeugung kommen, dass wir von Gott und unseren geistigen Brüdern und Schwestern getrennt sind.

Klären Sie Ihre Handlungen.

Bevor Sie irgendetwas tun, bitten Sie Ihr höheres Selbst, Gott und die Engel um Führung. Seien Sie versichert, dass diese göttliche Führung Ihre Handlungen aus der einen, einzigen Kraft der Liebe heraus anleiten wird. Auf diese Weise können Sie sicher sein, dass Sie kontinuierlich in einem Meer von Wundern schweben, dessen Schönheit Sie in staunendes Entzücken versetzen wird.

Klären Sie Ihr Zuhause.

Die Umwelt absorbiert negative Energien, die der Angst entspringen. Alles, was in Ihrem Heim irgendwie mit Angst besetzt ist – Zeitungen, Zeitschriften, Post, Fernseh- und Radioprogramme, Streitereien zwischen Familienmitgliedern oder Gedanken, die frühere Mieter des Hauses noch immer aufrechterhalten –, kann dunkle Energien in Ihre Umgebung bringen.

Daher sollten Sie Ihr Zuhause, Ihr Büro und jede Umgebung, in der Sie sich oft aufhalten, reinigen. Eine Klärung erlaubt dem Licht, frei zu zirkulieren, und sie bringt die Energien in Ihrer Umgebung auf die höchstmögliche Stufe. Einige Möglichkeiten, wie Sie Ihr Zuhause reinigen können:

- die Wände frisch streichen,
- den Teppich gründlich reinigen oder einen neuen Teppich auslegen,

- in jedem Zimmer Schüsseln mit Reinigungsalkohol aufstellen und mindestens 24 Stunden lang stehen lassen,
- klare Quarzkristalle vier Stunden ins Sonnenlicht legen (um sie von negativer Energie zu reinigen) und sie dann in den Räumen Ihres Hauses oder Ihrer Wohnung verteilen,
- in jedem Raum Salbei oder Räucherwerk verbrennen.

Doch die vielleicht beste Art der Reinigung besteht darin, die Engel zu Hilfe zu rufen. Bitten Sie innerlich den Erzengel Michael und seine »Truppe der Barmherzigkeit«, die betreffende Umgebung aufzusuchen und alle dunklen Energien oder erdgebundenen Geister, die sich dort aufhalten, zu entfernen. Vielleicht können Sie sogar Michael mit Ihrem geistigen Auge wahrnehmen. In diesem Fall werden Sie sehen, wie er eine ganze Engelschar anführt, die sämtliche Formen niederer Energie einsammelt, die Ihre göttliche Kommunikation und Ihr freudevolles Leben stören könnten.

Klären Sie Ihre Beziehungen.

Obwohl Sie zweifellos in Beziehungen schon einmal Schmerzen erfahren haben, können Sie doch alle zurückgebliebenen Gefühle heilen und dadurch alle Schwere oder Dunkelheit beseitigen. Dabei handelt es sich um einen wichtigen Teil der Klärungsarbeit. Dies wird Ihnen helfen, leichter die Kommunikation mit den Engeln aufzunehmen. Ob Sie nun alte Schmerzen aus der Kindheit, der Jugend oder der jüngsten Vergangenheit mit sich herumtragen, Sie können dadurch jegliche Negativität, die Sie belastet, loslassen.

Die Engel erinnern Sie zunächst einmal daran, dass jedes negative Gefühl, das Sie einem anderen gegenüber hegen, einen Bumerangeffekt besitzt. Es ist unmöglich, einen anderen Menschen zu verurteilen oder ihm Schuld zuzuweisen, ohne emotionalen Schmerz zu empfinden. So sehr wir uns auch wünschen mögen, uns von einer Person, die wir als »schlecht« betrachten, zu unterscheiden, letzten Endes ist diese Trennung unmöglich. Wir sind alle miteinander verbunden – auf ewig. Das ist der Grund, warum Sie sich deprimiert fühlen, wenn Sie sich über einen anderen Menschen ärgern. Der ausgesandte Zorn wirkt wie ein auf einen Spiegel gerichteter Laserstrahl, der umgehend zu Ihnen zurückkommt und Sie trifft.

Andere Menschen sind ein Spiegel für uns! Wenn die Engel von der Notwendigkeit des Vergebens sprechen, wollen sie damit nicht sagen, dass Sie aus moralischen Gründen verzeihen sollten. Sondern sie wissen, dass Vorurteile, Schuldzuweisungen und Zorn Ihre Seele belasten. Daher fordern die Engel Sie auf, Ihre Last abzulegen – das ist die wahre Definition von Vergebung. Sie bedeutet, sich selbst zu befreien.

Wenn Sie noch nicht bereit sind, bestimmte Taten zu vergeben, dann vergeben Sie stattdessen der Person. Betrachten Sie diesen Menschen mit den Augen eines Engels. Der Schutzengel sieht nur das Gute, die Güte dieser anderen Person. Engel blicken hinter die oberflächliche Persönlichkeit, die Irrtümer und Fehler eines Menschen und sehen direkt ins Herz des Betreffenden. Wenn Sie schon einmal von einem Nahtoderlebnis gelesen oder selbst diese Erfahrung gemacht haben, dann haben Sie sicher auch schon von dem Führer gehört, der uns in solch einer Situation begleitet. In der bedingungslosen und allumfassenden Liebe dieses Schutzengels lösen sich alle Ängste derer auf, die dabei sind, in die himmlische Dimension hinüberzugehen.

Auch Sie können eine wunderbar heilende Wirkung auf die Welt ausüben – und dabei gleichzeitig Ihre Beziehung zu sich selbst und allen anderen Menschen heilen –, indem Sie sich die Sichtweise des Schutzengels zu eigen machen. Je mehr Sie üben, den in jedem Menschen lebenden Engel zu erkennen, desto mehr werden Sie den Engel kennen und lieben lernen, der Sie selbst in Wirklichkeit sind.

Klären Sie Ihren Terminplan.

Zuweilen schieben wir geistiges Wachstum auf, indem wir uns einen übervollen Terminplan kreieren. Geschäftigkeit sorgt dafür, dass wir keine Zeit haben, unser inneres Selbst zu entdecken. Aus diesem Grund bitten uns die Engel, unseren Terminplan zu klären und unnötige oder überflüssige Aktivitäten zu eliminieren.

Zu diesem Zweck können Sie zum Beispiel zwei Tage lang eine Inventur Ihrer Aktivitäten machen und aufschreiben, wie Sie Ihre Zeit verbringen. Dann prüfen Sie, womit Sie Ihre Zeit verschwenden. Entspannung zählt jedoch nicht dazu, denn die Engel sind absolut der Meinung, dass Ausruhen eine wertvolle und wichtige Aktivität darstellt. Stattdessen sollten Sie die Zeiten überprüfen, in denen Sie voll beschäftigt sind, ohne ein sinnvolles Resultat zu erhalten – Dinge, die Sie aus Gewohnheit oder aus Angst machen. Haben Sie erst einmal Ihre gewohnheitsmäßigen Zeiträuber identifiziert, wird es Ihnen wahrscheinlich leicht fallen, gesündere Gewohnheiten zu entwickeln.

Wenn Sie jedoch weiter stark beschäftigt bleiben, kann es sein, dass Sie damit der himmlischen Führung und der von ihr empfohlenen Umstrukturierung Widerstand entgegensetzen. Denn schließlich haben Sie, wenn Sie kontinuierlich aktiv sind, keine Zeit, um über Ihre Lebensaufgabe, Ihr wahres Selbst und Gott nachzudenken. Doch genau das sind doch eigentlich die wichtigsten Dinge im Leben! Letzten Endes ist nichts wichtiger als die Erfüllung der heiligen Mission, für die Sie geboren wurden. Nichts kann Ihnen auch nur einen Bruchteil der Freude geben, die ein richtig verbrachtes Leben mit den richtigen Beziehungen Ihnen schenkt.

Wenn Sie Ihre fünf Prioritäten aufschreiben – was Ihnen wirklich wichtig ist im Leben –, können Sie diese mit Ihrem tatsächlichen Terminplan vergleichen. Dann fragen Sie sich selbst: »Verbringe ich meine Zeit auf eine Weise, die meinen Prioritäten entspricht?« Wenn nicht, dann suchen Sie sorgfältig nach Möglichkeiten, Zeiträuber aus Ihrem Terminplan zu streichen und die dadurch entstehenden Lücken mit etwas auszufüllen, das mehr Bedeutung für Sie hat. Sie werden feststellen, dass ein Ausmisten und Neugestalten Ihres Zeitplanes Ihre Energie und Begeisterung mehr steigert als jeder andere Schritt, denn Sie tun könnten.

Die Engel legen Ihnen ans Herz, so oft wie möglich allein in der Natur zu verweilen. Machen Sie dies zu einer Ihrer Prioritäten. Die heilende Wirkung der Natur bietet Ihnen die perfekte Gelegenheit, Ihr wahres inneres Selbst zu hören. Gott und die Engel sprechen zu Ihnen. Die Naturgeister werden Sie beruhigen und trösten. In einer natürlichen Umgebung wird es Ihnen leichter fallen, ehrliche Gespräche mit sich selbst und der göttlichen Ebene des Geistes zu führen.

Reinigen Sie Ihren Körper.

Wenn Sie dazu aufgerufen wurden, Engel zu channeln, haben Sie zweifellos innere Anweisungen in Bezug auf Ihre Ernährungsweise und Ihren Lebensstil erhalten. Diese Anweisungen raten Ihnen sicher dringend, Zucker, Fleisch, Alkohol, Milchprodukte und gewisse andere Lebensmittel aus Ihrem Speiseplan zu entfernen. Diese Botschaften sind sehr wichtig und wurden Ihnen vom Himmel gesandt.

Die von den Engeln übermittelten Ernährungsratschläge sind Antworten auf Gebete, in denen Sie um Hilfe beim Hören der Stimme Gottes und der Engel gebeten haben. Dass die Engel sich in Ihre Ernährungsweise einmischen, liegt daran, dass Ihr Körper auf eine Neueinstimmung vorbereitet wird. Die Schwingungsfrequenz der Engel ist so hoch und fein, dass Ihr Körper darauf eingestellt werden muss, bevor Sie ihre Stimmen hören können. Man kann das mit dem Stimmen eines Klaviers vergleichen, das notwendig ist, damit harmonische Musik ertönt.

Gott ruft Sie auf, ein Übermittler himmlischer Botschaften zu werden. Ihr Nervensystem kann nur dann die Frequenz der Engel aushalten, wenn Ihr Körper auf einer ausreichend hohen Ebene schwingt. Eine falsche Ernährungsweise kreiert Statik auf den himmlischen Kommunikationsleitungen, daher bitten die Engel Sie, Ihren Körper zu reinigen. Die Ernährungsvorschläge der Engel kommen auf verschiedene Weise zu Ihnen: als ein Gefühl oder eine Ahnung, in Form einer »zufälligen« Begegnung mit einem Ernährungsspezialisten oder durch ein bestimmtes Kochbuch, durch das Hören einer inneren Stimme oder durch Visionen zu bestimmten Nahrungsmitteln.

Die Engel sagen, dass alle Nahrungsmittel eine innere Botschaft haben, die auf uns wirkt, noch lange nachdem wir die Nahrung verdaut haben. Wenn Sie Ihren Körper auf immer höhere Schwingungsfrequenzen einstimmen wollen, werden die Engel Sie bitten, nur noch vollwertige und natürliche Kost zu sich zu nehmen.

Normalerweise fordern die Engel Sie zuerst auf, Rind- und Schweinefleisch aus Ihrem Speiseplan zu streichen. Danach folgt die Bitte, den Verzehr jeglicher Art von Geflügel und schließlich auch Fisch zu meiden. Das Fleisch der Tiere beeinträchtigt die himmlische Kommunikation, da es die Energie der Schmerzen in sich trägt, die das Tier während seines Lebens und seines Todes erleiden musste. Schmerzenergie hat die niedrigste und dichteste Schwingung und wenn Sie schmerzerfüllte Nahrung zu sich nehmen, kann Ihr Nervensystem nicht sein höchstes Frequenzpotenzial erreichen.

Dann werden die Engel Ihnen wahrscheinlich raten, weniger Genussmittel wie koffeinhaltige Getränke, Zucker und Schokolade zu sich zu nehmen. Vielleicht werden die Engel Sie bitten, sämtliche Genussmittel völlig zu meiden, oder sie werden Sie zu einem allmählichen Aufhören anleiten. Die Engel werden außerdem stimmungsverändernde Substanzen wie beispielsweise Alkohol und Nikotin eliminieren.

Dann kann es sein, dass Ihre Engel Ihnen empfehlen, den Verzehr einiger oder aller Milchprodukte aufzugeben, da diese Nahrungsmittel unsere Kanäle verstopfen. In diesem Fall werden Sie wahrscheinlich Anleitung durch einen guten Ernährungsberater oder ein Buch über Ernährung erhalten. Oder die Engel werden Sie bitten, als fleisch- und milchlosen Proteinersatz Tofu und Nüsse zu essen.

Wenn Sie Ihren Körper immer mehr reinigen, werden Sie sich ganz automatisch zu einer Ernährungsweise hingezogen fühlen, die reich ist an frischem, biologischem Gemüse und Obst und Backwaren aus vollwertigem Getreide. Die Veränderungen Ihrer Ernährung werden für Sie keine Entbehrungen sein, sondern Ihnen vielmehr ein Gefühl von Liebe und Freude vermitteln.

Sie werden sich ohne Schwierigkeiten jeder Veränderung Ihrer Lebensweise anpassen, zu der die Engel Sie liebevoll führen. Bei jedem Schritt werden Sie wissen, dass letztendlich nur Sie selbst Ihre Ernährungsweise bestimmen. Da Sie jedoch die himmlischen Stimmen hören möchten, werden Sie sich ganz natürlich dafür entscheiden, alle Schritte vorzunehmen, die die Kanäle der inneren Kommunikation klären.

Klären Sie Ihre Beziehung zu Gott.

Manchmal geschieht es, dass Menschen sich von Gott entfernen. Vielleicht haben sie eine große Enttäuschung erfahren und glauben, dass Gott sie verlassen hat. Oder die Manipulationen der Mitglieder einer religiösen Gruppe hat ihnen großen Schmerz zugefügt. Sehr oft ist der Grund für eine Entfremdung von Gott eine Verwirrung im Bereich der Themen Spiritualität und Religion oder Unklarheit über die Natur Gottes und des Menschen.

Es ist schwierig, die Stimme Gottes und der Engel zu hören, wenn Sie sich vom Himmel distanziert fühlen. Da unser höheres Selbst jedoch auf ewig mit seinem Schöpfer im Himmel verbunden ist, können wir uns niemals vollkommen von dem Gedanken an Gott lösen. Tief in unserem Inneren sehnen wir uns danach, die vollkommene Einheit mit den Engeln und Gott zu erleben.

Fragen Sie sich manchmal, ob Gott andere Menschen mehr liebt als Sie? Glauben Sie, dass andere mehr Zuwendung und Geschenke empfangen als Sie? Haben Sie einen Verlust erlitten, der Sie dazu gebracht hat, Gottes Motive in Frage zu stellen? Sind Sie zur Angst vor Gott erzogen worden?

Gott und die Engel wissen genau, wie Sie sich fühlen. Sie wissen es, weil Ihre Gefühle und Gedanken in der geistigen Welt klar sichtbar sind. Alle Ihre Enttäuschungen, Verletzungen und Ängste leuchten wie riesige Neonzeichen um Sie herum auf.

Die Engel wollen Ihnen wirklich helfen, Ihre Freude an der Liebe zu Gott wiederzufinden! Sie bitten Sie um Ihr Einverständnis, ihnen die ganze Situation zur Reparatur zu übergeben. Teilen Sie Gott und den Engeln alle Ihre Sorgen mit, Ihre Verwirrungen und Ängste. Befürchten Sie nicht, dass Ihre Ehrlichkeit negative Auswirkungen haben könnte, da Gott und die Engel ja bereits wissen, was Sie ihnen sagen wollen. Ihre himmlischen Helfer fordern Sie im Grunde nur auf, sich Ihre Gefühle von der Seele zu reden.

Nachdem Sie Gott und den Engeln von all Ihren Frustrationen, Enttäuschungen und Ängsten berichtet haben, werden sie Sie fragen, ob Sie Ihre schmerzhaften Gedanken gegen heilsamere Glaubenssätze eintauschen wollen. Wenn Sie damit einverstanden sind, werden die Engel sofort darangehen, Ihre Beziehung zu Gott und zum Himmel zu heilen. Dann werden Sie feststellen, dass Ihre Gedanken und Gefühle sich zu einer neuen Perspektive verändern.

Diese Heilung geschieht auf einer sehr tiefen Ebene. Zunächst werden Sie spüren, dass Ihre wiederhergestellte Verbindung mit dem Schöpfer auch zu einer besseren Beziehung mit Ihrem eigenen Selbst führt. Das ist ganz natürlich, da Ihr höheres Selbst eins ist mit Gott. Sie werden glücklicher darüber sein, wer Sie sind, weil Sie tatsächlich Ihr eigenes Selbst so lieben, wie Sie Gott lieben. Und da alle Engel und irdischen Wesen eins sind mit Gott, werden Sie größeres Mitgefühl für andere Menschen und eine tiefere Verbundenheit mit ihnen empfinden.

Welche Hilfe Sie auch immer benötigen – welche Blockaden und Begrenzungen Ihnen auch im Weg stehen –, die Engel haben eine Lösung, die schon jetzt nur darauf wartet, von Ihnen angenommen zu werden. Sie müssen nur darum bitten.

Klärungsarbeit mit Hilfe des Erzengels Michael

Sensitive Menschen – auch als Hellfühlende oder Empathen bekannt – übernehmen oft die Energien anderer Menschen. Sie erinnern sich vielleicht, dass ein »Hellfühlender« jemand ist, der eine stark entwickelte Intuition besitzt und göttliche Kommunikation durch physische Empfindungen und Gefühle empfängt.

Ungewollt nehmen Hellfühlende die Ängste und Sorgen anderer auf, so wie ein Schwamm Wasser aufsaugt. Das gilt vor allem für hellfühlende Heiler und Lehrer, deren fürsorgliche Natur Menschen anzieht, die ihnen ihr Herz ausschütten und ihre Nöte bei ihnen abladen. Der verwirrte Mensch fühlt sich erleichtert und befreit, nachdem er über seine Probleme sprechen konnte. Der Hellfühlende jedoch fühlt sich möglicherweise ausgelaugt oder schwer, da er die Sorgen des anderen aufgenommen hat.

Ein belasteter Mensch ist weniger fähig, der Welt zu helfen; daher ist es wichtig für Hellfühlende, ihr Energiefeld zu schützen und zu klären:

– Meiden Sie Orte, an denen Alkohol und andere Drogen konsumiert werden. Solche Umgebungen ziehen die erdgebundenen Seelen Verstorbener an, die die Gesellschaft berauschter Individuen genießen. Sensitive Menschen sind anfällig für solche Geister, daher sollten sie am besten Bars, Cocktailparties und Diskotheken meiden.
– Meiden Sie Orte, an denen ego-orientierte Geisteszustände herrschen. Dies gilt zum Beispiel für Firmen mit manipulativen Philosophien, Zeitschriften und andere Medien, die Gerüchte und Angst verkaufen, Organisationen, die auf Konkurrenzdenken oder Eifersucht basieren, und Gruppen, bei deren Mitgliedern eine niedrige Moral herrscht.
– Umgeben Sie sich mit einem Schutzschild aus Licht. Wenn Sie negative Umgebungen betreten müssen, schützen Sie sich, indem Sie eine weiße Hülle aus Licht visualisieren, die mindestens drei Zentimeter dick sein sollte und Sie wie ein Schutzschild umgibt. Sie können mental eine Lichtwand zwischen

sich und anderen ziehen oder sich komplett mit Licht einhüllen.

– Richten Sie sich auf Liebe, Licht und Wahrheit aus. Wann immer Sie mit einem Menschen reden, der sich in einer egoistischen Geistesverfassung befindet, halten Sie ununterbrochen an der Wahrheit fest, mental oder verbal. Lassen Sie sich nicht dazu verleiten, die Ängste des anderen als real zu betrachten, oder Sie werden Ihr eigenes Ego auf den Plan rufen. Vergessen Sie nie, dass Sie andere so sehen, wie Sie sich selbst sehen. Am besten ist es, mitfühlend zuzuhören, als würde der Betreffende Ihnen von einem Horrorfilm erzählen, der ihn furchtbar erschreckt hat. Dann haben Sie Verständnis für seine Gefühle und wissen gleichzeitig, dass die Quelle seiner Angst irreal ist.

Der Erzengel Michael ist der höchste Beschützer und Schutzengel der Erde. Er heilt den Planeten und seine Bevölkerung von der Dunkelheit. Wenn Sie sich erschöpft oder gereizt fühlen, haben Sie möglicherweise Dunkelheit absorbiert. Diese Dunkelheit ist in Wahrheit nicht real, denn sie ist nur die Illusion der Abwesenheit von Liebe. Da Abwesenheit von Liebe unmöglich ist, gibt es keinen Grund, Angst zu haben. Solange wir jedoch in physischen Körpern auf einem materiellen Planeten leben, üben die irdischen Regeln eine Wirkung auf uns aus. Eine dieser Regeln besteht darin, dass dunkle Energie unsere Energie und Stimmung nach unten zieht.

Sobald Ihnen bewusst wird, dass Sie sich erschöpft und niedergeschlagen fühlen, können Sie davon ausgehen, dass ein liebloser Gedanke dahintersteckt. Wahrscheinlich haben Sie sich irgendwie mit den Ängsten oder Sorgen eines anderen identifiziert, indem Sie ihn verurteilten, weil er Ihnen leid tat oder weil Sie wütend auf ihn wurden. Wenn wir uns mit den Ängsten anderer Menschen in irgendeiner Weise identifizieren, absorbieren wir ihre dunkle Energie, indem wir durch unser Einfühlungsvermögen eins mit ihnen werden.

Sie müssen nicht allein darum kämpfen, sich von der Dunkelheit und übernommenen Ängsten zu befreien. Rufen Sie stattdessen den Erzengel Michael. Dazu bedarf es keiner formalen Invokation, sondern nur des ehrlichen Wunsches nach seiner Hilfe. Es genügt zu sagen oder zu denken: »Michael, bitte hilf mir!«, um seine sofortige Hilfe herbeizurufen.

Sie werden wissen, dass Michael in Ihrer Nähe ist, wenn Sie eine auffällige, plötzliche Veränderung im Luftdruck um Sie herum spüren. Seine Gegenwart fühlt sich an wie eine ätherische Umarmung, beruhigend, ohne abhängig zu machen. Michael liebt und beschützt uns, doch er sieht uns nicht als hilflos – er weiß um unsere wahre Macht!

Dann bitten Sie Michael (mental oder laut), alle Dunkelheit zu beseitigen. Dabei müssen Sie dem Engel in keiner Weise helfen. Im Gegenteil – wenn wir versuchen, Michael zu helfen, uns zu helfen, verbauen wir ihm oft den Weg. Es ist am besten, einen Schritt zurückzutreten, sich ganz und gar zu öffnen und seiner Hilfe zu vertrauen. Halten Sie Michael keinerlei Geheimnisse oder Themen vor, die Ihnen am Herzen liegen – er kann sowieso alles sehen. Jedoch kann er Ihnen in den Bereichen nicht helfen, die Sie seiner heilenden Berührung vorenthalten.

Vielleicht spüren Sie, wie Michael Ihren Kopf im Bereich des Kronenchakras öffnet. Michael und seine Helfer, bekannt als die »Truppe der Barmherzigkeit«, können Ihren Körper betreten und die dunklen Gedankenformen in Ihren Zellen einsammeln, als würden sie Äpfel pflücken. Außerdem benutzt Michael ein Werkzeug, das einem Staubsauger ähnlich ist und die Dunkelheit sehr schnell aus Ihnen heraussaugt. Wenn die dunkle Energie verschwunden ist, kehrt er den Staubsauger um, sodass eine dicke, zahnpastaähnliche weiße Energie in Ihren Körper fließt und ihn dort ausfüllt, wo vorher die Dunkelheit war.

Unter Umständen spüren Sie, wie Michael »ätherische Schnüre« durchtrennt, die zwischen Ihnen und einer anderen Person bestehen. Wir alle – nicht nur Hellfühlende – entwickeln diese Schnüre zu Menschen, denen wir uns nahe fühlen. Sie sehen aus wie Arterien und können dünn oder dick sein. Normalerweise sind ätherische Schnüre an den wichtigsten Chakren befestigt und reichen beispielsweise von Herz zu Herz oder von Solarplexus zu Solarplexus. Diese Schnüre stellen kein Problem dar, wenn sie zwei hochentwickelte Menschen miteinander verbinden. Doch wenn Sie zum Beispiel eine Verbindungsschnur zu einem nahen Verwandten haben, der gerade eine Lebenskrise durchmacht, ist es möglich, dass der Betreffende durch diese ätherische Schnur Ihre Energie anzapft und Sie sich ausgelaugt und schwach fühlen, ohne zu wissen, warum. Der Grund ist der, dass der andere Ihnen Ihre Kraft raubt, anstatt seine eigene natürliche Energiequelle anzuzapfen.

Wenn Sie den Erzengel Michael bitten, Ihre Energie und Ihre Zuversicht wiederherzustellen, benutzt er sein Schwert, um damit die ätherischen Schnüre zu durchtrennen, die Ihnen Energie rauben. Michael und seine himmlischen Assistenten sammeln außerdem erdgebundene Seelen ein, die sich an Sie gehängt haben. Diese Wesen gehören in den Bereich des Jenseits. Michael begleitet sie ins Licht, damit sie ihr eigenes geistiges Wachstum fortsetzen können. Sehr oft wissen erdgebundene Verstorbene nicht, dass sie tot sind. In anderen Fällen haben sie Angst, ins Licht zu gehen. Manchmal befürchten sie einen strafenden, zornigen Gott. Oder sie wollen die materiellen Besitztümer nicht aufgeben, die sie während ihres irdischen Lebens angesammelt haben. Wie bereits erwähnt, halten sich einige dieser verirrten Seelen, die während ihres Erdendaseins übermäßig Alkohol und Drogen genommen haben, gerne in Bars und bei gesellschaftlichen Anlässen auf, um die Energie des Rausches zu absorbieren.

Sensitive Menschen sollten aufmerksam ihre Energie und ihre Stimmungen überwachen, um eine Ansammlung von Ängsten, Sorgen und erdgebundenen Seelen in ihrer Aura zu vermeiden. Fürchten Sie nie, dass es dem Erzengel Michael irgendwann zu viel werden könnte. Er kann an vielen Orten und bei vielen Menschen gleichzeitig sein, denn er lebt in einer Dimension, die von Zeit und Raum unberührt ist. Wenn Sie möchten, bitten Sie ihn, mit Ihnen zu leben. Es gibt keinerlei Einschränkungen oder Grenzen, außer denen, die Sie sich selbst auferlegen.

Michael an unserer Seite zu haben erlaubt uns natürlich nicht, die innere Stimme Gottes zu ignorieren, die uns Führung in Bezug auf unsere Sicherheit im materiellen Erdenbereich gibt. Wenn Ihre innere Stimme Sie warnt, sich von einer bestimmten Gegend fern zu halten, wäre es nicht weise, diese Warnung in den Wind zu schlagen, nur weil Sie Michael gebeten haben, Sie zu begleiten. Michael ist ein wunderbarer Diener und Beschützer, doch – wie Gott und alle Engel – wird er nicht die Verantwortung für Ihre Entscheidungen übernehmen.

Spirituelle Sicherheit

Sie sind auf dieser Welt tatsächlich vollkommen sicher, denn nichts kann das verletzen, was Sie wirklich sind. Verletzung, Tod und Verlust sind Illusionen der materiellen Welt. Diese Wahrheit in Ihrem Herzen und in Ihrem Geist immer wachzuhalten ist das höchste Geheimnis, das es Ihnen gestattet, in völliger Sicherheit zu sein, wo immer Sie sich befinden.

Die Engel werden Ihnen helfen, sich sicher und beschützt zu fühlen, indem sie Sie mit ihrer liebevollen Energie umgeben. Bevor Sie zum Beispiel des Nachts schlafen gehen, visualisieren Sie, wie Ihr Heim von weißem Licht eingehüllt wird. Dies ist eine sehr reale Möglichkeit, Ihr Zuhause zu »versiegeln« und es gegen jede Form niedriger Gedankenenergien zu isolieren. Dann bitten Sie mental darum, dass vier Schutzengel an der nördlichen, südlichen, östlichen und westlichen Seite Ihres Heims Wache stehen mögen.

Nehmen wir an, dass ein Mensch erfüllt ist von Ego-Gedanken wie: »Ich muss von anderen stehlen, um meine materiellen Bedürfnisse zu erfüllen.« Lassen Sie uns weiter annehmen, dass der Betreffende des Nachts in Ihrer Nachbarschaft umherschweift in dem Glauben, dass Raub seine Einkommensquelle ist. Ihr von Engeln beschütztes Heim wird diesen Menschen jedoch abstoßen. Er wird nicht wissen, warum, doch Ihr Heim wird ihn nicht anziehen.

Es ist negativen Kräften unmöglich, den liebevollen Schutz der Engel zu durchdringen. Die himmlische Energie lenkt die Energie jener Individuen ab, die böse Absichten hegen, so wie zwei Magnete sich gegenseitig abstoßen. Die Engel werden Sie außerdem warnen, sollten Sie Informationen brauchen, um eine gefährliche Situation zu vermeiden. Das ist ein anderer Grund, warum es gut ist, mit klarem und nüchternem Geist schlafen zu gehen. Schließlich brauchen wir zu unserem geistigen Wachstum, zu unserem Schutz und zu unserer Sicherheit Zugang zu unseren Träumen.

Bitten Sie Ihre Engel, immer bei Ihnen und Ihren Lieben zu sein. Wenn ich in einem Flugzeug sitze, bitte ich die Engel, das Flugzeug einzuhüllen und auf Kurs zu halten. Im Auto bitte ich die Engel, das Fahrzeug zu führen und über den Zustand der Reifen und des Motors zu wachen.

Wenn Sie sich in einer fremden Gegend befinden, in der Sie sich unsicher oder gefährdet fühlen, rufen Sie die Engel zu Ihrem Schutz herbei. Wenn Sie eine einsame Straße hinuntergehen, werden Ihre Engel vor Ihnen herfliegen und Ihnen den Weg freihalten. In einer Situation, in der jemand unfreundliche oder unehrliche Absichten hegt, werden die Engel zu Ihrem Schutz eingreifen. Wenn jemand Sie hintergehen möchte, werden Sie in vielerlei Form Warnungen Ihrer Engel erhalten. Ignorieren Sie diese Antworten auf Ihre Gebete nicht!

Statt negative Situationen auf einer menschlichen Ebene zu kontrollieren oder zu korrigieren, werden die Engel meist von einer geistigen Ebene aus mit Ihnen zusammenarbeiten. Sie werden Sie kontinuierlich daran erinnern, dass Sie selbst in Ihrem Inneren alle Macht haben, die Sie brauchen. Sie und die Engel sind miteinander verwandt, da wir alle Kreationen desselben allmächtigen Schöpfers sind. Sie können sich auf Ihre göttliche Kraft berufen, um jegliche Situation zu heilen, und sich mit Ihren Engeln zusammentun, um Liebe und Wahrheit auszustrahlen, wo immer Sie auch sein mögen.

Unsere Lieben liegen uns allen sehr am Herzen und Sie können Engel zu ihnen senden, um sie zu führen, zu schützen und über sie zu wachen. Visualisieren Sie Ihr Kind umgeben von Dutzenden weiser und liebevoller Engel. Seien Sie versichert, dass Ihre Visualisierung die Einladung ist, die dafür sorgt, dass Ihrem Kind noch im gleichen Moment himmlische Wesen zur Seite stehen. Wenn Sie einen Freund haben, der in Not ist, bitten Sie die Engel, ihn zu trösten und ihm zu helfen.

Sie können auch auf Ihre Stadt, Ihr Land und den ganzen Planeten positiven Einfluss nehmen, indem Sie den politischen und militärischen Führern Engel schicken. Diese himmlischen Abgesandten umgeben die Regierungen mit höherer Weisheit und göttlicher Liebe. Stellen Sie sich vor, wie liebevolle Engel über den Regierungssitzen der Welt schweben. Seien Sie versichert, dass Ihre Visualisierung zu den machtvollen Heilkräften beiträgt, die den Geist der Regierungsführer auf das höchste Wohl für alle Beteiligten einstimmt. Die Engel helfen diesen Führern, das Ego hinter sich zu lassen und sich mit dem einen universalen Geist göttlicher Intelligenz zu verbinden.

Engeltherapie

Ich bin seit vielen Jahren Psychotherapeutin und habe im Laufe der Zeit beinahe alle verfügbaren Therapien kennen gelernt oder angewandt. Ich habe mehrere Universitätsabschlüsse und einen Doktortitel in Psychologie und war Direktorin mehrerer ambulanter psychiatrischer Programme. Ich habe neben Psychiatern gestanden, die Elektroschock, Psychopharmaka oder traditionelle Psychoanalyse verschrieben haben. Ich habe die Therapie nach Jung, nach Freud und nach Rogers in Aktion erlebt. Ich habe Seminare mit Größen der Psychologie wie Carl Rogers, Rollo May und William Glasser besucht. Ich erwähne all dies, weil es die Grundlage ist für das, wovon ich Ihnen im Folgenden berichten möchte.

Bei der Arbeit mit meinen Klienten, die hartnäckige emotionale Blockaden haben – in der Regel alte Gefühle der Bitterkeit sich selbst, einem Menschen, der sie misshandelt hat, einem Elternteil, Geschwister oder Liebespartner gegenüber –, habe ich festgestellt, dass das einzige Hindernis in ihrer Entscheidung liegt, diese Blockaden nicht loszulassen. Wenn ein Mensch sich entscheidet, unglücklich zu bleiben, wird keine noch so aufwändige Therapie wirksam sein. Nur wenn jemand sagt: »Ich bin bereit, geheilt zu werden«, kann Heilung geschehen.

Oft kommt es vor, dass Klienten nicht zur Heilung bereit sind, da sie die Auswirkungen auf ihre emotionale und physische Gesundheit fürchten. Sie haben Angst vor Langeweile in einem Leben, das frei von Krisen ist. Sie schrecken davor zurück, Veränderungen in ihren Gedanken und ihrem Verhalten vorzunehmen. Sie haben Angst, dass Gesundheit oder der Prozess des Gesundwerdens schmerzhafter sein könnte als die Krankheit.

In solchen Fällen ist die Engeltherapie genau richtig. Sie ist die schnellste, wirksamste und angenehmste Form von Heilung, die ich je kennen gelernt habe.

Ich habe den Engeln zu danken, dass sie mich mit ihren therapeutischen Methoden vertraut gemacht haben. Nachdem die Engel mich vor dem Diebstahl meines Wagens gewarnt hatten, begann ich sie in allen Bereichen meines Lebens um Rat zu bitten – auch in meiner Tätigkeit als Therapeutin und Beraterin. Sie lehrten mich die Techniken, die ich in diesem Kapitel beschreibe, und versicherten mir, dass sich diese Methoden schnell großer Beliebtheit erfreuen würden. Ich habe sie anfänglich nur bei meinen Langzeitklienten angewandt, die bald ihre große Zufriedenheit mit der Engeltherapie zum Ausdruck brachten. Dann begann ich, in meinen Seminaren diese Methoden zu demonstrieren und sie den Anwesenden beizubringen. Als ich regelmäßig positives Feedback bekam, beschloss ich, sie in all meinen therapeutischen Sitzungen anzuwenden.

Heute besteht meine Arbeit darin, meinen Klienten zuzuhören und ihnen die Botschaften weiterzugeben, die ich von ihren Engeln erhalte. Dabei benutze ich eine Kombination von Hellsichtigkeit, Hellhörigkeit und Engelkarten. Nachdem die emotionalen Blockaden identifiziert sind, die meinen Klienten Schwierigkeiten bereiten, benutzen wir die Engeltherapie, um die Hindernisse zu beseitigen. Häufig anzutreffende Blockaden, auf die die Engel in unseren Sitzungen hinweisen, sind unter anderem geringes Selbstvertrauen, Geldprobleme, die Unfähigkeit, sich selbst und anderen zu verzeihen, Eifersucht, Gefühle von Unsicherheit sowie die Angst, die eigene Lebensaufgabe nicht zu erfüllen.

Engeltherapie beginnt mit dem Verständnis, dass jede Form von Schmerz, den Sie empfinden – ob emotional oder physisch –, bedeutet, dass Sie eine Gedankenform ihres niedrigen Selbst oder Ego übernommen haben. Ich werde Ihnen kurz aufzeigen, wie so etwas geschehen kann. Diese Einzelheiten sind nicht entscheidend für die Wirksamkeit der Engeltherapie, doch ist es hilfreich, die Dynamik von Schmerz und Heilung zu verstehen.

Da Gott nur Liebe erschaffen hat, ist Schmerz nicht real. Die Ursache von Schmerz liegt in Ego-Gedanken wie: »Ich bin von Gott und anderen Menschen getrennt.« Das Ego ist völlig unfähig zur Liebe und es bringt Gedanken hervor, die von Gereiztheit bis Mord reichen können. Zuweilen sind geistig Suchende zutiefst erschrocken, wenn sie merken, dass sie gewalttätige und lieblose Gedanken haben. Sie glauben dann vielleicht: »Irgendwas ist falsch mit mir! Ein spiritueller Mensch sollte nicht so denken«, und ziehen daraus den Schluss, dass sie auf ihrem geistigen Weg Rückschritte gemacht haben.

Wenn wir jedoch einen Ego-Gedanken als »schlecht« oder »falsch« verurteilen, geben wir dem Ego Macht und die Illusion von Wirklichkeit. Eine bessere Methode im Umgang mit Ego-Gedanken ist die, die wir in den östlichen Philosophien finden: Nehmen Sie diese Gedanken einfach wahr, ohne sie zu be- oder verurteilen. Sagen Sie zu sich selbst: »Oh, ich sehe, dass ich einen Ego-Gedanken von Wut, Eifersucht, Rivalität oder … (setzen Sie das Entsprechende ein) habe.«

Alle Gedanken schaffen ätherische Formen, die für Hellsichtige wie Seifenblasen aussehen. Es gibt keine neutralen Gedanken und keine Zeiträume, in denen Ihre Gedanken keine Formen bilden. Diese Gebilde gehen hinaus in die physische Welt und manifestieren sich in Kreationen, die Ihre Gedanken widerspiegeln.

Bei der Engeltherapie erkennen Sie Ihre Ego-Gedanken und bitten dann Ihre Engel, zu Ihnen zu kommen und Sie in ihre Mitte zu nehmen. Im selben Augenblick werden sie an Ihrer Seite sein. Vielleicht können Sie die Engel sehen oder ihre Gegenwart aufgrund einer Luftdruckveränderung im Raum spüren.

Stellen Sie sich Ihren Ego-Gedanken vor – ungefähr wie eine Seifenblase von der Größe einer Melone. Dann visualisieren Sie, wie Sie die Gedankenform in der Hand halten, mit der Sie normalerweise schreiben. Das ist Ihre loslassende Hand. Sehen oder fühlen Sie, wie Sie diese Gedankenform den Engeln übergeben.

Die Engel werden Ihre Gedankenform sofort an sich nehmen und sie zum Licht bringen, wo sie geläutert wird. Die Engel geben Ihnen dann Ihr Gedankengebilde in seiner reinsten Form, der Liebe, zurück. Diese Liebe kann Ideen enthalten, die Ihnen helfen werden, gewisse Persönlichkeitsmerkmale oder Umstände in Ihrem Leben zu verändern. Auf diese Weise können Sie jede Gewohnheit korrigieren, die den ursprünglichen Ego-Gedanken kreiert hat.

Wenn Sie sich von Ihrem Schmerz befreit fühlen, ist es wichtig, den Engeln zu danken. Ihre Dankbarkeit und Freude sind der Lohn für die von ihnen geleisteten Dienste. Wenn Sie dann gemeinsam mit den Engeln Gottes Ruhm preisen – der eins ist mit Ihrem höheren Selbst –, sind die Engel doppelt entzückt.

Von Engelsflügeln umfangen

Sie sind niemals allein. Engel begleiten Sie ständig, selbst wenn Sie sich ihrer Anwesenheit nicht bewusst sind. Die Engel würden gerne öfter mit Ihnen in Kontakt treten. Sie lieben es, in jeden Aspekt Ihres Lebens involviert zu sein, doch können sie Ihnen nicht helfen, wenn Sie nicht ausdrücklich darum bitten. So wie bei vielen anderen Praktiken, die gut für uns sind – wie beispielsweise Meditation und Yoga –, sollten wir die Kommunikation mit den Engeln zu einem regelmäßigen Bestandteil unseres Lebens machen. Umgeben Sie sich mit Hinweisen wie Engelfiguren oder Engelbildern, damit Sie nicht vergessen, Ihre himmlischen Freunde um Hilfe und Beistand zu bitten.

Wir müssen nicht warten, bis eine Krise oder Notlage uns trifft, bevor wir unsere Engel um Hilfe bitten. Im Gegenteil, es ist eine gute Idee, mit Ihren Engeln in jeder schwierigen Situation zusammenzuarbeiten, lange bevor sie kritisch wird. Doch auch wenn Sie einmal vergessen, die Engel in Ihre Pläne einzuschließen, werden sie Ihren Ruf nach Hilfe erhören, wenn Sie in eine ausweglose Situation geraten.

Es gibt keine Grenze für das, was die Engel in Ihrem Leben tun können. Sie sind sehr, sehr mächtige Wesen.

Haben Sie sie erst einmal in Ihr Leben eingeladen, dann wird sich Ihr Dasein auf wunderbare Weise verändern. Sollten Sie noch nicht hundertprozentig an die Engel glauben, werden Sie wissen, dass es sie wirklich gibt, wenn Sie um ihre Hilfe gebeten und diese ein paar Mal erhalten haben.

Die Engel des Himmels lieben Sie und sie sehen Sie so, wie Sie wirklich in Ihrer Seele sind – ein unschuldiges und perfektes Kind Gottes. Sie wissen, dass Sie gelegentlich Fehler begehen, genau wie der Rest von uns. Doch die Engel übersehen unsere Irrtümer und erkennen stattdessen die liebevollen und guten Absichten in unseren Herzen. Betrachten Sie sich selbst und andere Menschen mit den Augen eines Engels und Sie werden eine wunderschöne Welt erblicken, die hell, strahlend und voller Hoffnung ist.

Sie sind ein Engel und ein Segen für die Welt.

Selbsthilfe-Adressen

Es gibt zahlreiche Selbsthilfe-Organisationen, die Ihnen bei der Heilung und Genesung nach einer Lebenskrise helfen können. Schauen Sie in Ihrem Telefonbuch nach, rufen Sie eine Beratungsstelle in Ihrer Nähe an oder nehmen Sie Kontakt auf mit einer der folgenden Adressen.

NAKOS – Internationale Kontakt- und Informationsstelle
zur Anregung und Unterstützung von Selbsthilfegruppen
Albert-Achilles-Straße 65
D-10709 Berlin
Telefon 0 30-8 91 40 19

Deutsche Arbeitsgemeinschaft Selbsthilfegruppen
Friedrichstraße 33
D-35392 Gießen
Telefon 06 41-7 45 03

Bundesarbeitsgemeinschaft
Hilfe für Behinderte
Kirchfeldstraße 149
D-40215 Düsseldorf
Telefon 02 11-3 10 06-0

Al-Anon Familiengruppen-Interessengemeinschaft e.V.
Emilienstraße 4
D-45128 Essen
Telefon 0201-773007
(Zentralbüro, bei dem Adressen örtlicher
Al-Anon-Gruppen erfragt werden können)

Deutsche Aids-Hilfe
Dieffenbachstraße 33
D-10967 Berlin
Telefon 030-690087-0

Anonyme Alkoholiker
Interessengemeinschaft
Lotte-Branz-Straße 14
D-80939 München
Telefon 089-3164343

Aktionskreis Ess- und Magersucht Cinderella
Westendstraße 35
D-80339 München
Telefon 089-5021212

Bundesverband der Elternkreise drogengefährdeter
und drogenabhängiger Jugendlicher
Köthener Straße 38
D-10963 Berlin
Telefon 030-5567020

Deutsche Krebshilfe
Thomas-Mann-Straße 40
D-53004 Bonn
Telefon 0228-72990-0 · Fax 0228-72990-11

Förderkreis Krebskranke Kinder
Büchsenstraße 22
D-70174 Stuttgart
Telefon 0711-297356 · Fax 0711-294091

Bundesarbeitsgemeinschaft Schuldnerberatung
Wilhelmstraße 11
D-34117 Kassell
Telefon 0561-771093

Aktion Glücksspiel
Venloer Straße 865
D-50827 Köln
Telefon 0171-8348985

Hilfe zur Selbsthilfe Suchtkranker und Suchtgefährdeter
Schubertstraße 17
D-69214 Eppelheim
Telefon 06221-767655

Kreuzbund
Selbsthilfe- und Helfergemeinschaft für Suchtkranke
und deren Angehörige
Münsterstraße 25
D-59065 Hamm
Telefon 02381-67272-0

Telefon-Notruf für Suchtgefährdete
Tal 19
D-80331 München
Notrufnummer 089-282822
Telefon 089-222822 · Fax 089-225096

Über die Autorin

Doreen Virtue ist Psychologin und war als Direktorin in psychiatrischen Kliniken tätig. Seit sie begonnen hat, mit dem Reich der Engel zu arbeiten, lehrt sie ihre Klienten und Seminarteilnehmer, auf die Stimmen ihrer eigenen Engel zu lauschen und mit Hilfe der Engel auf emotionaler, mentaler und physischer Ebene Heilung zu finden. Im vorliegenden Buch stellt sie den Lesern die von ihr entwickelten Techniken der »Engeltherapie« vor.

Wenn Sie mit Doreen Virtue Kontakt aufnehmen möchten, besuchen Sie ihre Website unter:
www.AngelTherapy.com

oder wenden Sie sich an Hay House:

Hay House, Inc.
P. O. Box 5100
Carlsbad, CA 92018-5100
USA
Tel.: 001-760-431-7695
Fax: 001-760-431-6948
www.hayhouse.com